刘 准 编著

象棋实用杀法大全

·北京·

图书在版编目（CIP）数据

象棋实用杀法大全/刘准编著. —北京：化学工业出版社，2023.3

ISBN 978-7-122-42845-5

Ⅰ.①象… Ⅱ.①刘… Ⅲ.①中国象棋-基本知识 Ⅳ.①G891.2

中国国家版本馆CIP数据核字（2023）第022641号

责任编辑：杨松淼　　装帧设计：张　辉

责任校对：边　涛

出版发行：化学工业出版社（北京市东城区青年湖南街13号　邮政编码100011）

印　　装：三河市延风印装有限公司

710mm × 1000mm　1/16　印张11¾　字数200千字　2023年4月北京第1版第1次印刷

购书咨询：010-64518888　　售后服务：010-64518899

网　　址：http://www.cip.com.cn

凡购买本书，如有缺损质量问题，本社销售中心负责调换。

定　　价：59.80元

前言

顾名思义，“杀法”就是将死对方将（帅），完成杀棋的方法。

象棋是以捉死对方将（帅）作为决出胜负标志的，如果双方最终都不具备捉死对方将（帅）的能力，则判定为和局。因此我们可以说，基本杀法是棋手最重要的基本功之一。

象棋初学者必须掌握各种典型的基本杀法才能在对局中明确目标，把握时机，准确迅速地入局擒敌致胜。基本杀法是学习象棋技战术的前提，是形势判断的依据，是战略得以建立和实施的基础。

《象棋实用杀法大全》总结了象棋中实用性较强的十八种杀法，以兵种配合为前提，以典型常见的杀棋形式为依据，既体现出严谨的科学性，突出杀法的内在规律，又有较强的实战适用性，体现出这些杀法的鲜明特点。

本书根据象棋入门的认识规律，遵循由浅入深、从易到难的原则，并不按照参与杀法的兵种来排列，而是把初学者实战中运用较多的基础杀法和常用杀法排在前面，把兵种配合难度更大、变化更复杂的一般杀法和特殊杀法放在后面。

本书以杀法的基本型为例题，提示各种杀法的运用要点和需着重强调的难点。每种杀法的练习题涵盖面广，精选日常棋局中出现频率较高的常见型，以及古谱及名手对局中具有典型学习价值的实战型。以基本型、常见型、实战型的编排顺序，在题目中将杀法运用的难度逐渐递增，让读者在轻松理解杀法架构的同时，能迅速把知识技法转化为实战棋力。

书中若有纰漏之处，敬请读者朋友批评指正，以便重印再版时修订。先致谢意。

刘　准

目录

第四章　特殊杀法

第一章　基础杀法

本章基础杀法有白脸将、马后炮两种。其特点如下。

1. 白脸将是其他十七种杀法成立的基础和前提，主要是依靠各兵种和将（帅）的配合。

2. 马后炮杀法是以炮为主的直线进攻和以马为主的区域控制相结合，是炮马配合的基础，起到以炮为主的杀法和以马为主的杀法的衔接作用。

3. 白脸将和马后炮涵盖其他杀法的范围广泛。

4. 白脸将和马后炮在实战中可以贯穿中局和残局。

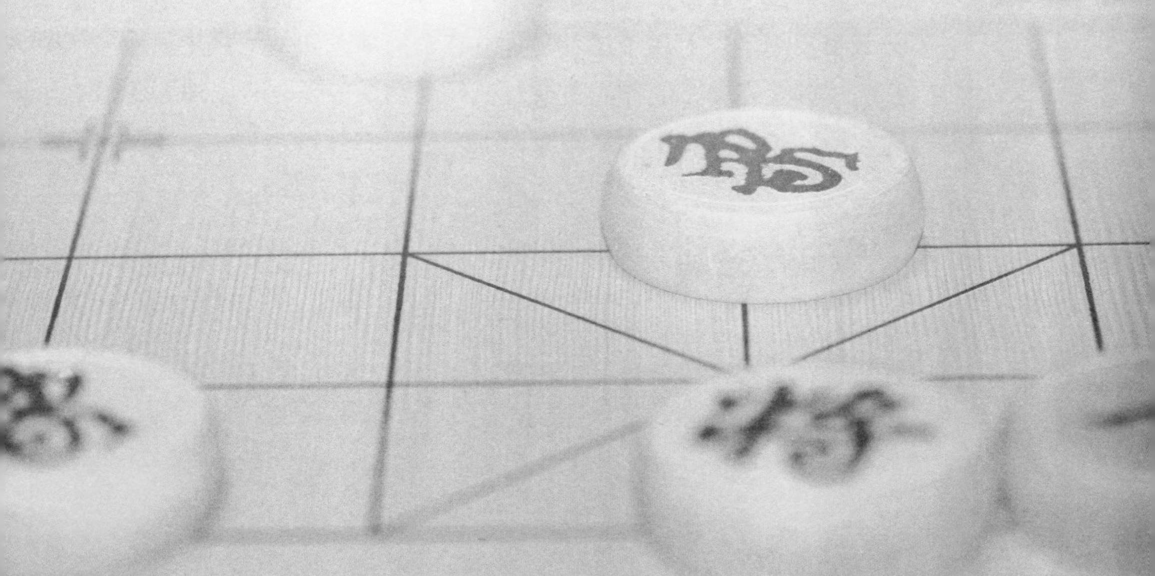

第1课　白脸将

利用竞赛规则中“双方将帅不能照面”的规定将死对方，就叫白脸将杀法。此杀法在实战中和其他杀法配合应用极为广泛，在残局中的地位更是十分重要。

【要点】

一、此杀法将（帅）能发挥出的三种不同的作用。

1. 将（帅）起控制作用，控制对方主将的横向移动。

2. 将（帅）助攻己方兵力，由中路或肋道直接进攻。

3. 将（帅）牵制对方保护主将的兵力，为己方其他兵力的进攻创造机会。

二、此杀法是其他杀法的基础

1. 本书后面的十七种杀法都是建立在白脸将杀法的基础上。

2. 将（帅）在中路的作用主要是在残局运用较多；将（帅）在四、六路的作用，主要是在中局运用较多。

【例局1】帅在中路

如图1–1，红方先行。

①车三进三

红方借帅力牵制中路象，突破底线。

①……　　将5进1　　②兵四平五

红帅掩护四路兵进攻中路。

②……　　将5平4　　③兵五平六　将4进1

④车三平六

红帅控制中路，车在肋道将死黑将。

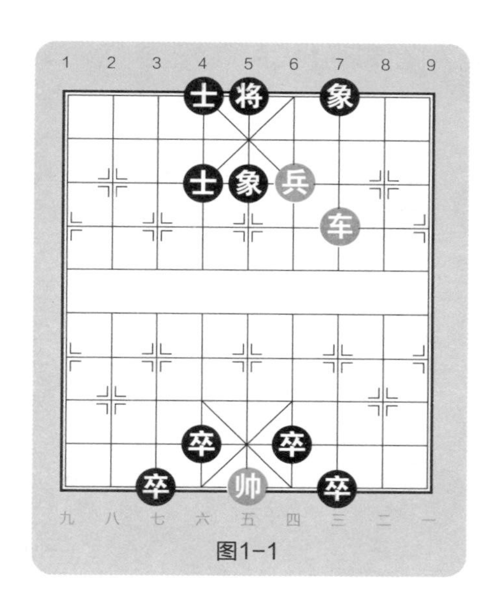

图1-1

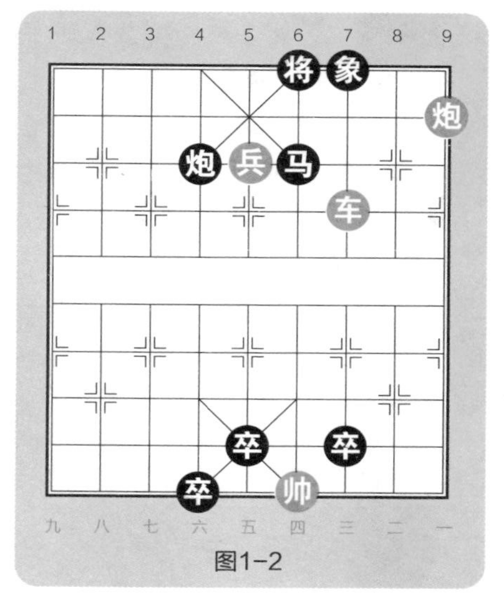

图1-2

【例局2】帅在肋道

如图1-2，红方先行。

①车三进三

红方借帅肋道牵制黑马，红车突破底线。

①……　　将6进1　　②兵五平四

红帅掩护中兵进攻肋道。

②……　　将6平5　　③兵四进一　将5进1

④车三平五

红帅控制肋道，车在中路将死黑将。

【例局 3】帅在中局

如图 1-3，红方先行。

① 车八进五　车 3 退 1　　② 车八平二　前炮平 6

③ 车二进四　炮 6 退 5　　④ 车二平四

红方借帅助攻成铁门栓杀。

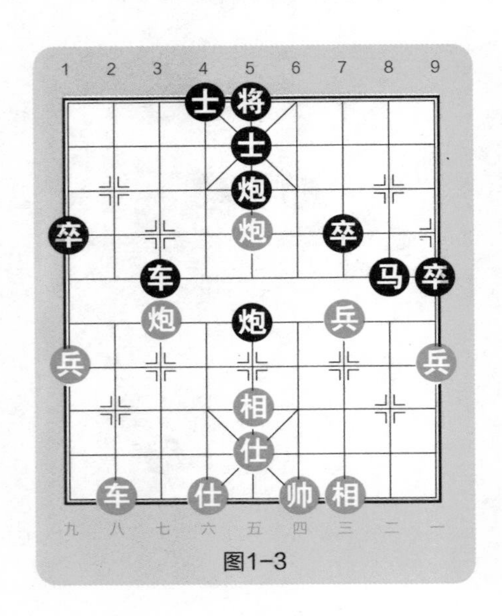

图1-3

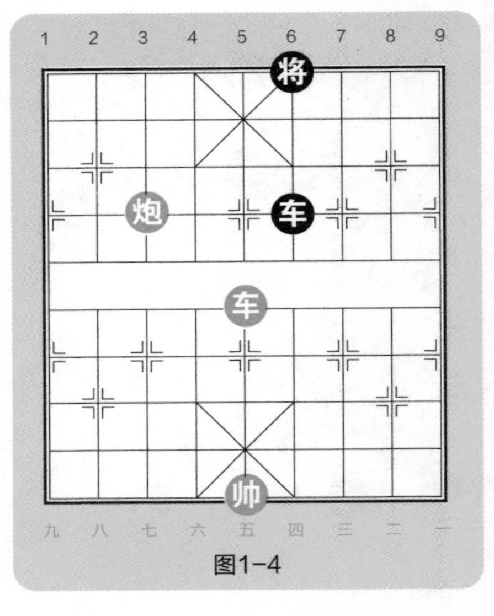

图1-4

【例局 4】帅在残局

如图 1-4，红方先行。

① 炮七退三　车 6 进 1　　② 车五进五　将 6 进 1

③ 炮七平三　车 6 平 7　　④ 车五退六　车 7 平 6

⑤ 炮三进六　车 6 进 1　　⑥ 车五进六　车 6 退 1

⑦ 炮三平四　车 6 平 7　　⑧ 车五退六

至此，红方下一步车五平四胜。

练习题

如图 1–5，红方先行。

①炮九平七　车 2 平 3　　②炮七进七　象 5 退 3

③车三进五（红帅控中胜）

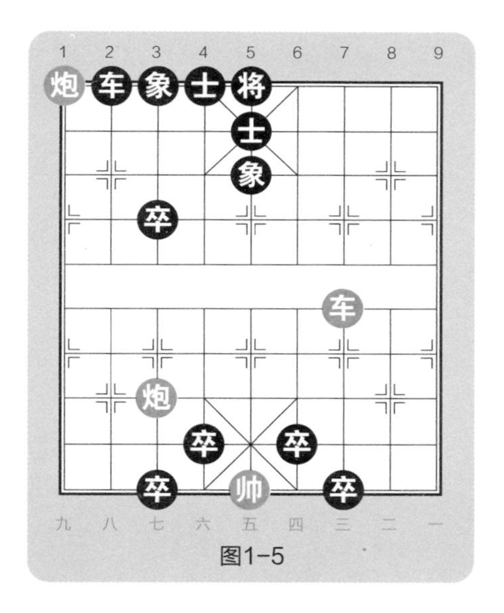
图1–5

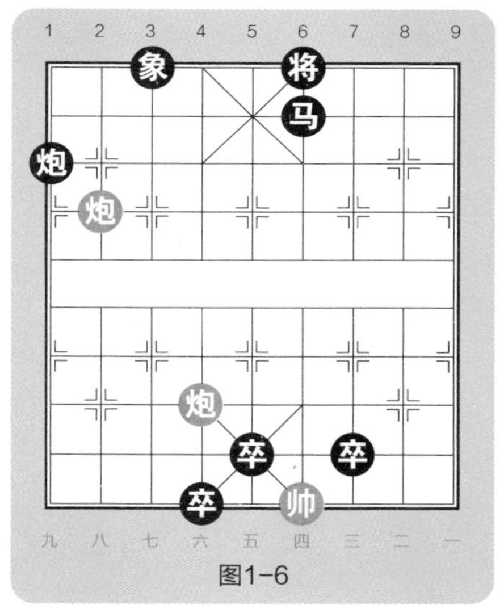
图1–6

如图 1–6，红方先行。

①炮八进三　象 3 进 5　　②炮六进七　象 5 退 3

③炮六退一

至此红方退六路炮塞住象眼，黑象无处飞，马被牵制从而形成白脸将杀，也可称臣压君杀。

如图 1-7，红方先行。

①车三进一　将 6 进 1　　②兵三平四　士 5 进 6

③马三进二（红帅控中胜）

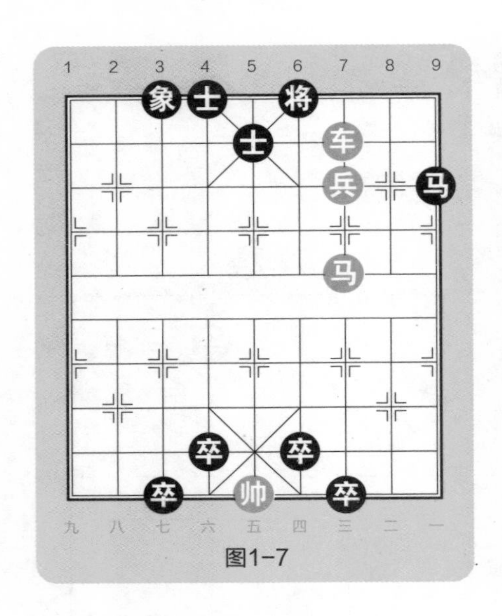

图1-7

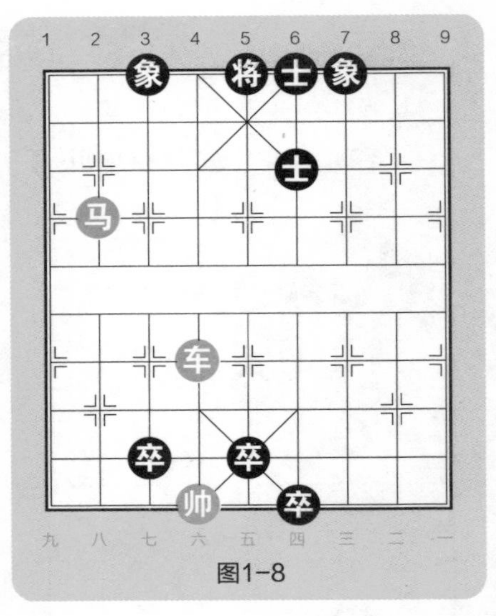

图1-8

如图 1-8，红方先行。

①马八进七　将 5 进 1

②车六进五　将 5 退 1

③车六平四（红帅控肋道胜）

如图 1-9，红方先行。

①车四进六　将 6 进 1

②马五退四　将 6 退 1

③炮五平四（红帅控中胜）

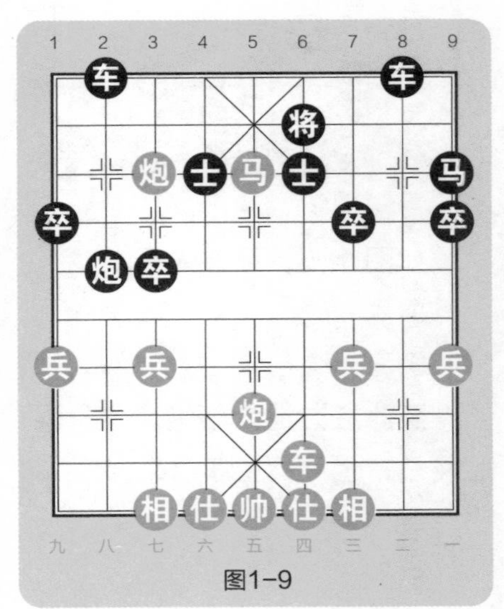

图1-9

如图 1–10，红方先行。

①前兵平四　将6进1　②兵三平四　将6退1

③兵四进一　将6进1　④车八平四（红帅控中胜）

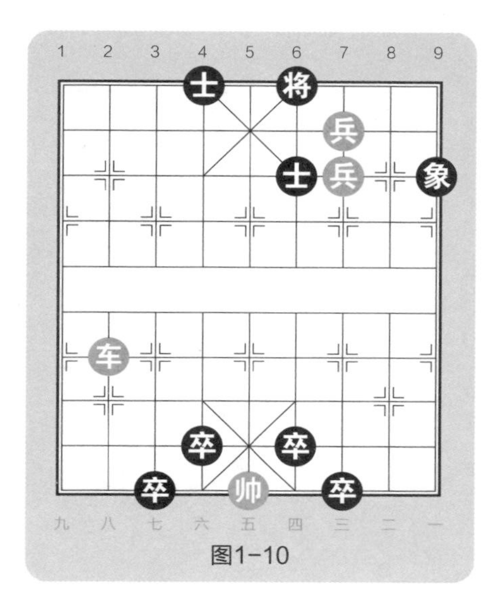
图1–10

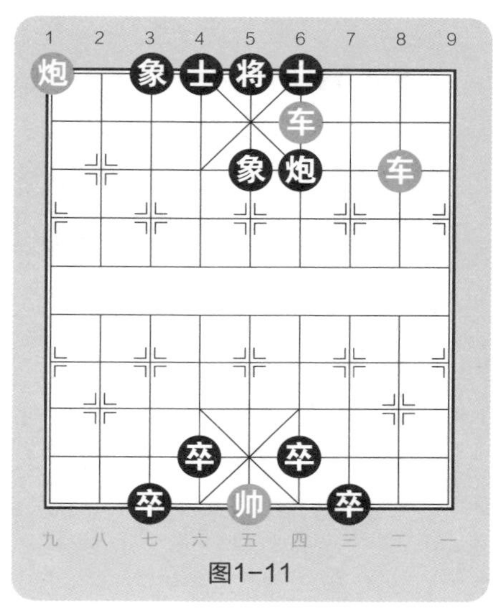
图1–11

如图 1–11，红方先行。

①车四进一　将5平6

②车二平四　将6平5

③车四平五　将5平6

④车五平四（红帅控中胜）

如图 1–12，红方先行。

①兵六平五　士6退5

黑方如改走将6平5，则车五进一，将5平6，车六进四，士6退5，车六平五，红胜。

②车六平四　士5进6

③车四进三　将6平5

④车五进一（红帅控肋道胜）

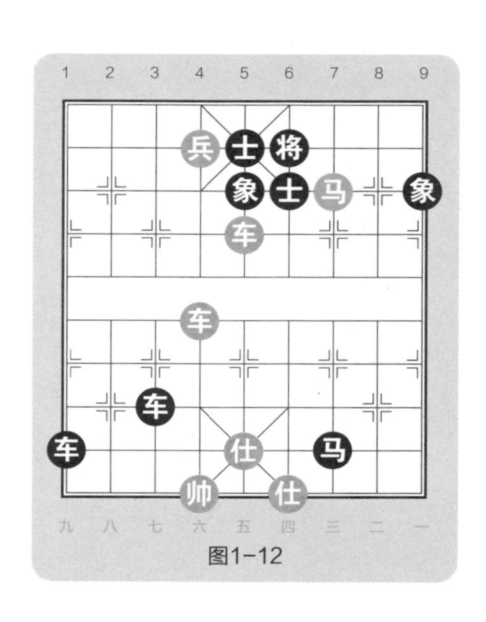
图1–12

如图 1-13，红方先行。

①前车进一　士5退6　②车四进七　将5进1

③马六进七　将5进1　④车四退二（红帅肋道助攻胜）

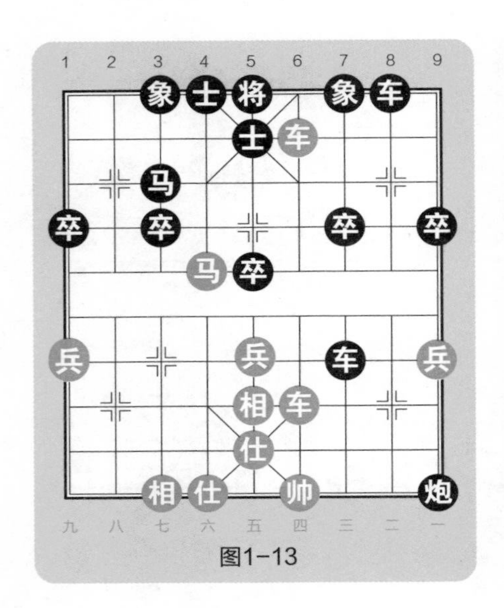
图1-13

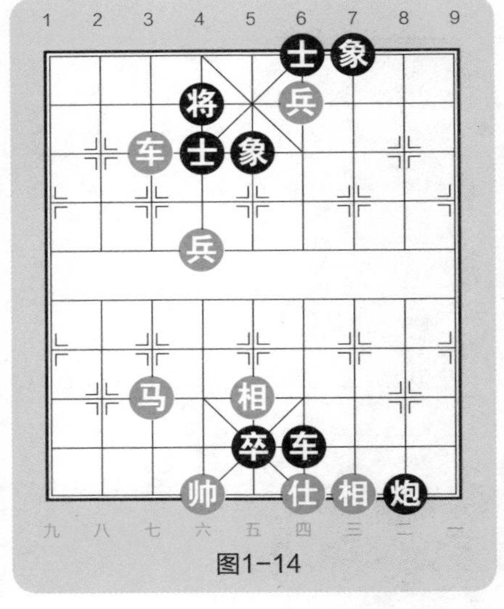
图1-14

如图 1-14，红方先行。

①车七平六　将4进1

②兵六进一　将4退1

③兵六进一　将4退1

④兵六进一　将4平5

⑤兵六进一

（红帅肋道助攻胜）

如图 1-15，红方先行。

①炮九进一　象5退3

黑方如改走士4进5，则车六进七，红方借帅助攻形成双将杀。

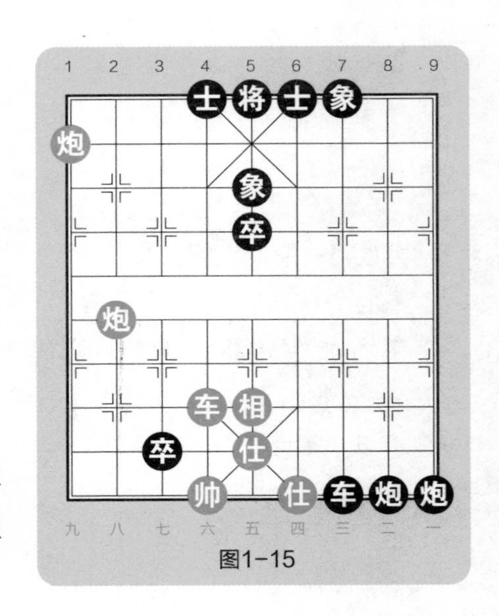
图1-15

② 炮八平五　象 7 进 5
③ 车六进七　将 5 进 1
④ 车六退一
（红帅肋道助攻胜）

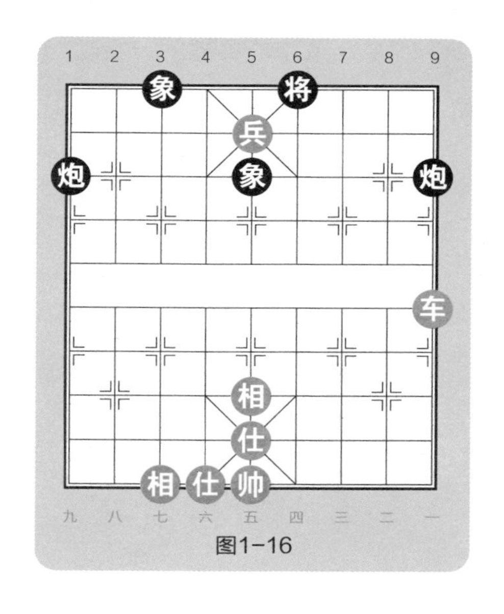

图1-16

如图 1-16，红方先行。
① 车一平四　炮 9 平 6
② 车四平六　炮 1 平 4
③ 帅五平四　象 3 进 1
④ 车六进三

至此，红帅肋道牵制黑炮，下一步车六进二胜。

第2课　马后炮杀法

用马控制对方将帅使其不能上下或左右移动，炮在马后将死对方，称为马后炮杀法。

【要点】

1. 先使马和对方将（帅）处于同一条线上，控制对方将（帅）上下或左右的移动，再用炮在马后将军。

2. 先使炮和对方将（帅）处于同一条线上，然后跃马做炮架将死对方。

【难点】

1. 在实施马后炮杀法时，要注意马对“面”的控制以及炮在“线”上的攻击，做到点、线、面结合的立体攻击态势。

2. 在不能一步到位的棋形中，要熟练掌握马追击将（帅）的技巧，在追击的过程中，把马调整到最好的位置上。

【例局1】用炮瞄准对方将

如图2-1，红方先行。

①炮一平四　士6退5　　②马六进四（红胜）

红方先使炮与黑将处于同一条直线上，再跃马做炮架将死黑方。

本题若是黑方先行，同样有马后炮杀棋，着法如下。

①……　　　炮 1 进 3　　　②相七进九　马 2 进 3（黑胜）

黑方同样先使炮与红帅处于同一直线上，再跃马做炮架将死红方。

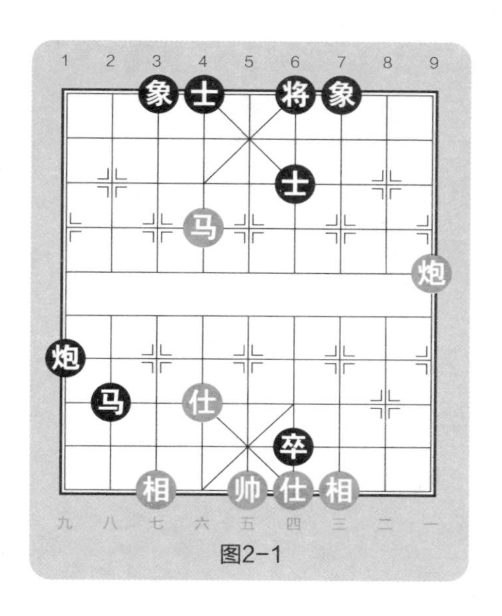

图2-1

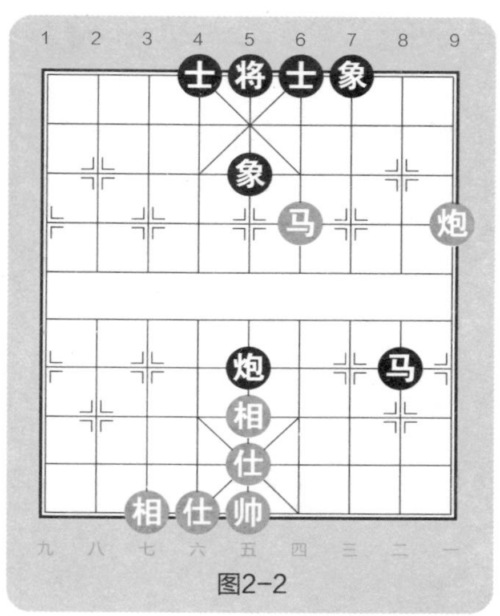

图2-2

【例局 2】用马控制对方将

如图 2-2，红方先行。

①马四进三　将 5 进 1　　　②炮一进二（红胜）

红方先使马与黑将处于同一直线，再用炮在马后将死黑方。

本题若是黑方先行，同样有马后炮杀棋，着法如下。

①……　　　马 8 进 6　　　②帅五平四　炮 5 平 6（黑胜）

黑方同样先使马与红帅处于同一直线，再用炮在马后将死红方。

练习题

如图 2-3，红方先行。

① 车八进五　士 5 退 4　　② 车八平六　将 5 平 4

③ 马三进四（红胜）

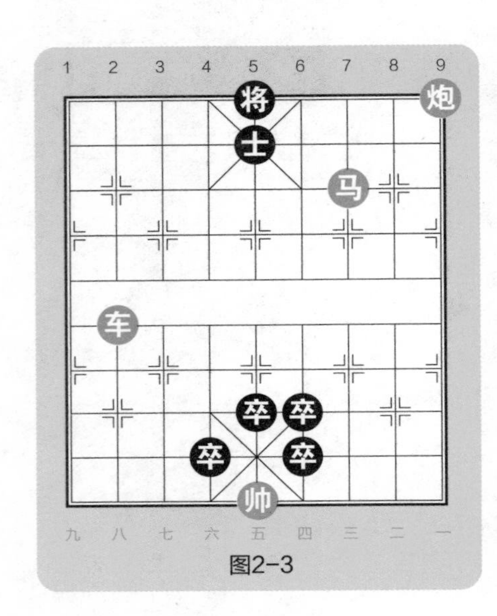

图2-3

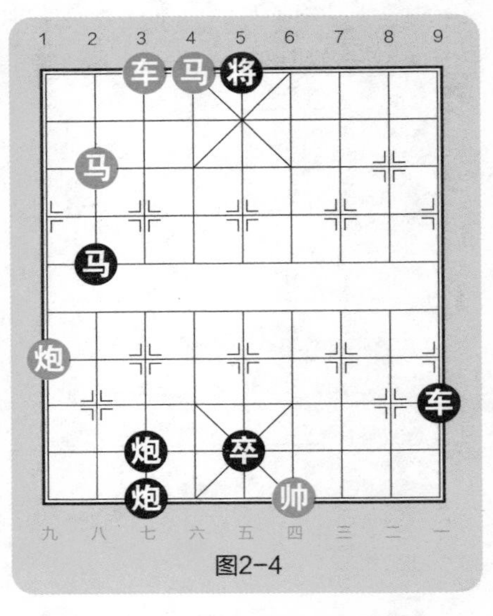

图2-4

如图 2-4，红方先行。

① 马六退七　后炮退 8

② 炮九进六　炮 3 进 1

③ 马八进七（红胜）

如图 2-5，红方先行。

① 马三进五　将 6 退 1

② 马五进三　将 6 退 1

③ 马三进二　将 6 进 1

④ 炮一进四（红胜）

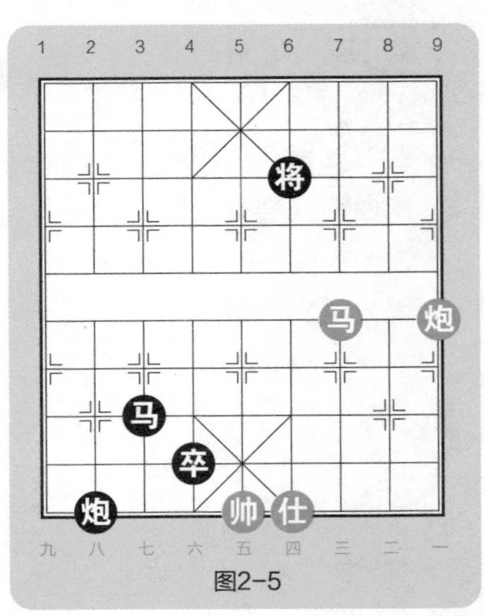

图2-5

如图 2-6，红方先行。

①车八平四 将 6 退 1 ②马四进三 将 6 退 1

③马三进二 将 6 进 1 ④炮一进八（红胜）

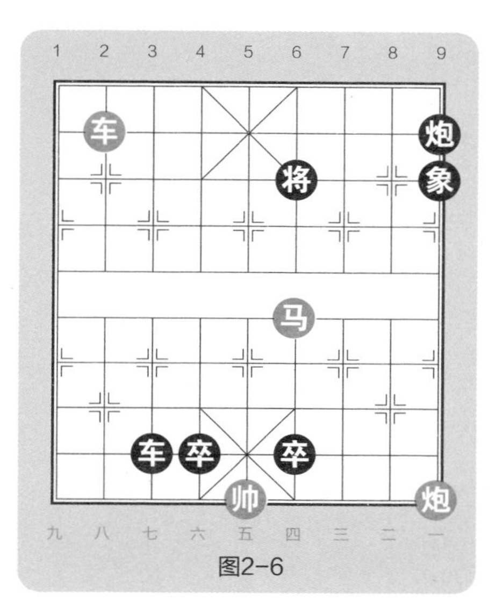

图2-6

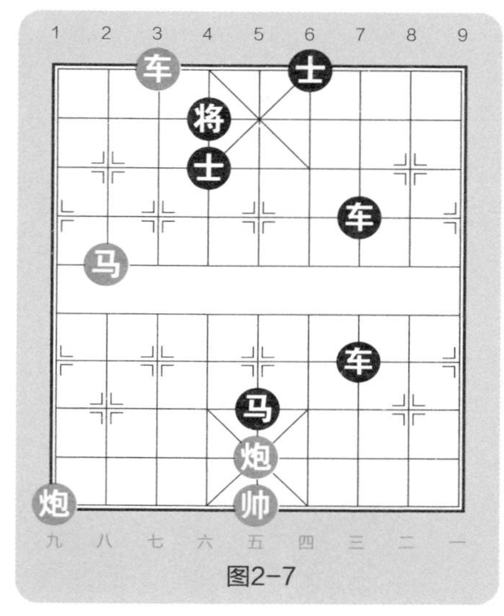

图2-7

如图 2-7，红方先行。

①车七平六 将 4 退 1

②马八进七 将 4 进 1

③马七进八 将 4 退 1

④炮九进九（红胜）

如图 2-8，红方先行。

①车九平六 马 2 进 4

②车五平六 将 4 进 1

③马六退八 将 4 退 1

④炮九进八（红胜）

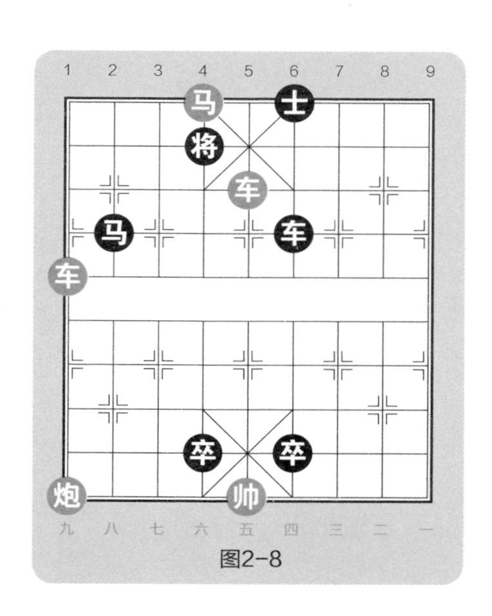

图2-8

如图 2-9，红方先行。

① 兵四进一　将 5 平 6　　② 马一进二　将 6 平 5

③ 马二退四　将 5 平 6　　④ 炮一平四（红胜）

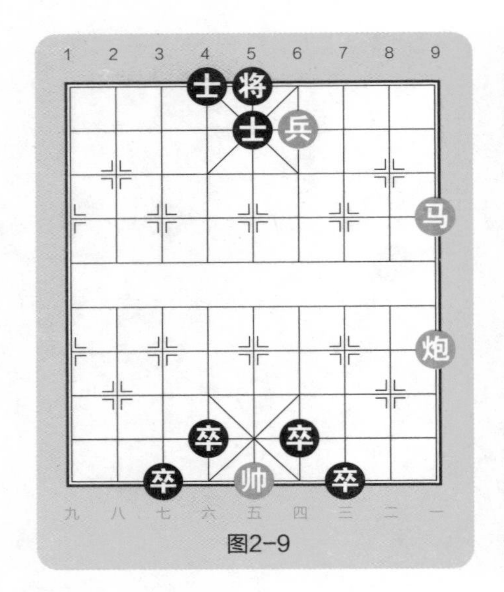
图2-9

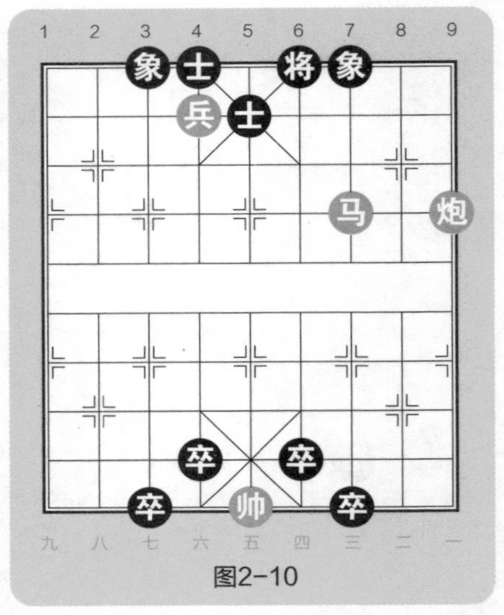
图2-10

如图 2-10，红方先行。

① 马三进二　将 6 平 5

② 炮一平五　士 5 进 6

③ 马二退四　将 5 平 6

④ 炮五平四（红胜）

如图 2-11，红方先行。

① 车七平六　将 4 平 5

② 车六进一　将 5 退 1

③ 马六进四　将 5 平 6

④ 炮八平四（红胜）

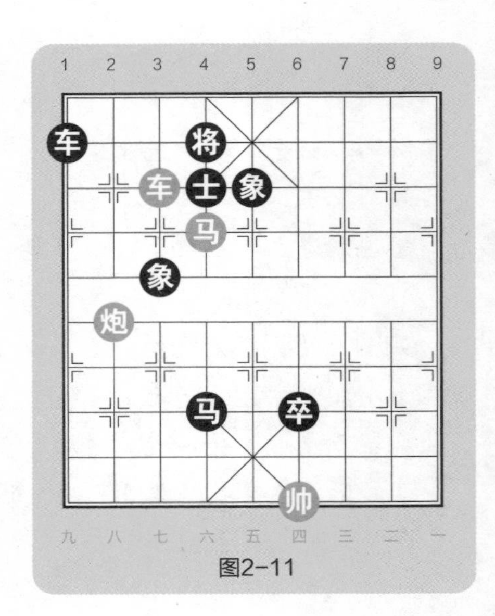
图2-11

如图 2-12，红方先行。

①炮一进七　士 6 进 5　　②炮九平六　将 4 平 5

③马二进四　将 5 平 6　　④炮六平四（红胜）

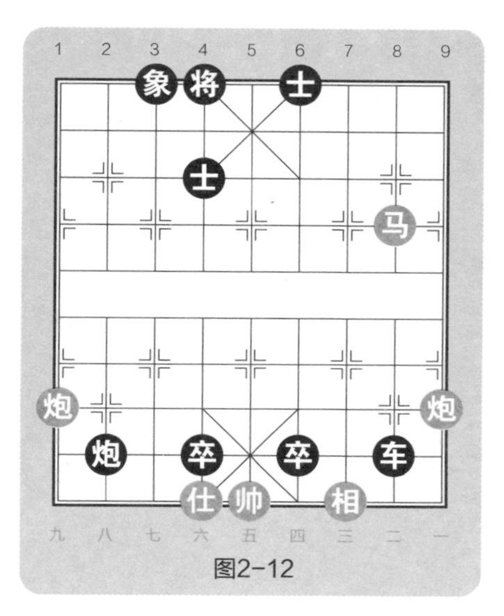

图2-12

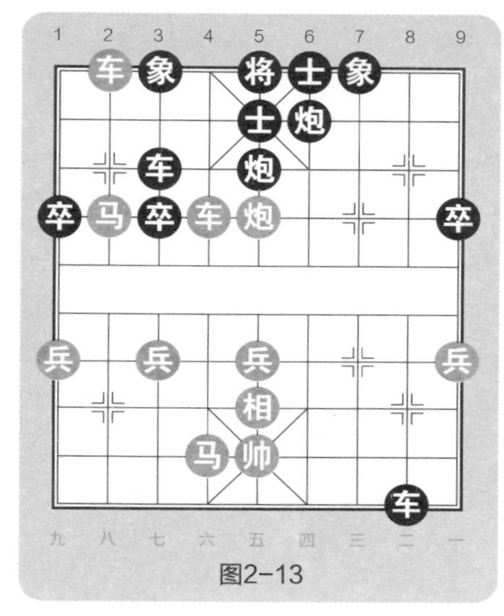

图2-13

如图 2-13，红方先行。

①车六平七　车 3 进 1

②车八平七　车 3 退 3

③马八进六　将 5 平 4

④炮五平六（红胜）

如图 2-14，红方先行。

①炮八平六　将 4 进 1

黑方如改走炮 3 退 1，则车八平六，炮 3 平 4，炮六进六，黑方失炮后同样难挽败局。

②马三退四　士 5 进 6

③车八进二　将 4 退 1

④马四进六（红胜）

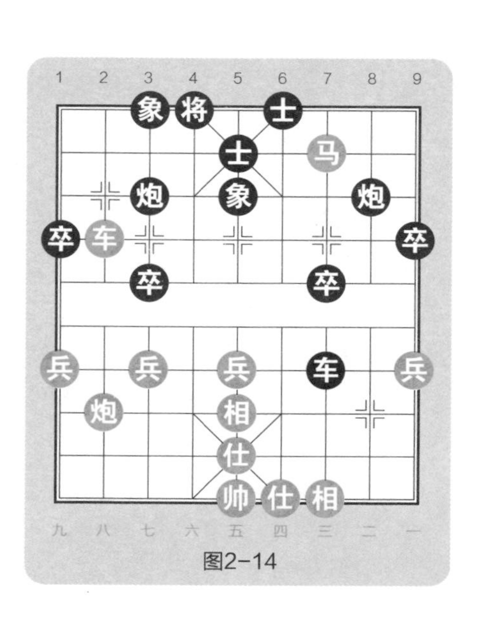

图2-14

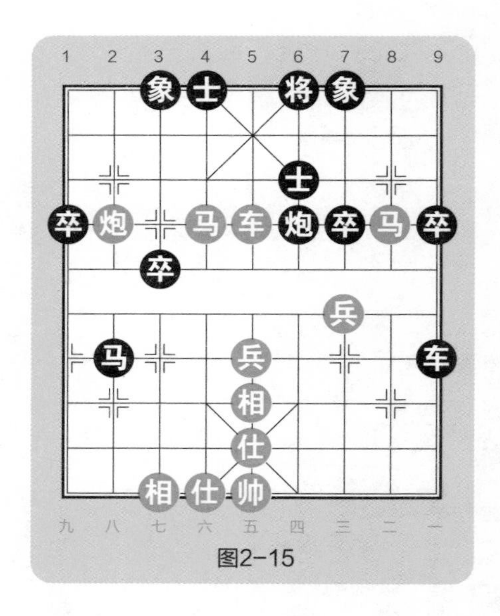

图2-15

如图 2-15，红方先行。

①车五进三　将 6 平 5

黑方如改走将 6 进 1，则车五平四，将 6 退 1，炮八平四，士 6 退 5，马六进四，红胜。

②马二进三　将 5 平 6

③炮八平四　士 6 退 5

④马六进四（红胜）

如图 2-16，红方先行。

①兵七平六　将 4 进 1

②马三进五　将 4 退 1

③马五进七　将 4 退 1　　④马七进八　将 4 进 1

⑤炮九进二（红胜）

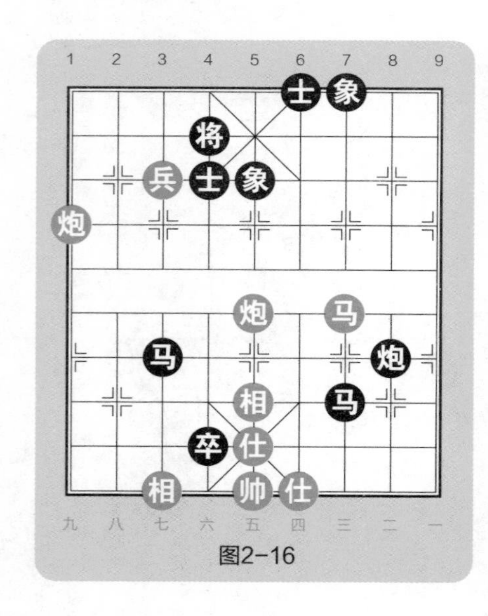

图2-16

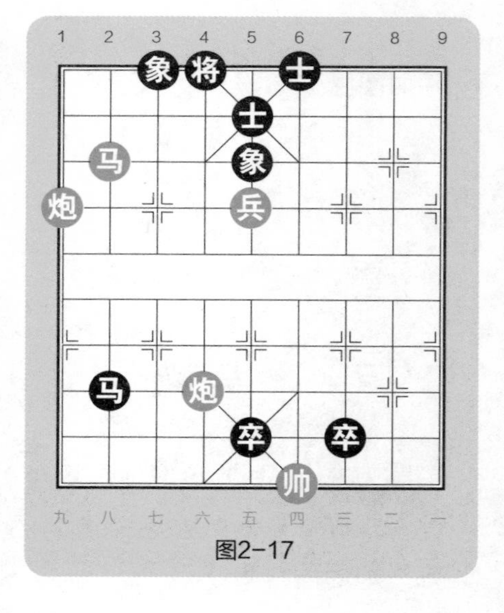

图2-17

如图 2-17，红方先行。

①炮九进三　象 3 进 1　　②马八进七　将 4 进 1

③ 马七退六　马2退4　　④ 马六进八　士5进4
⑤ 炮九退一（红胜）

如图2-18，红方先行。

① 炮二进三　士6进5　　② 车三进一　士5退6
③ 车三平四　将4进1　　④ 车四平六　将4退1
⑤ 马三进四（红胜）

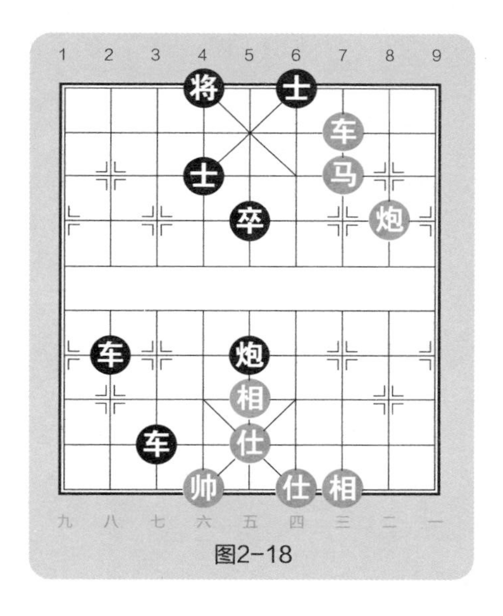
图2-18

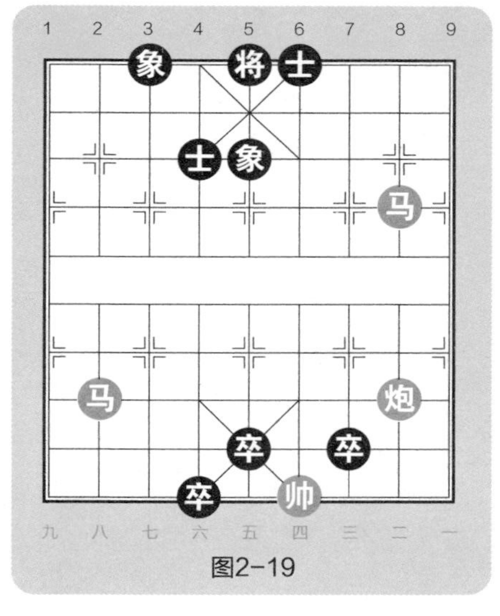
图2-19

如图2-19，红方先行。

① 马二进三　将5平4　　② 炮二平六　士4退5
③ 马八进六　士5进4　　④ 马六进五　士4退5
⑤ 马五进六（红胜）

如图2-20，红方先行。

① 车一进二　车6退2　　② 炮二平五　炮8平5
③ 马三进二　车6平9　　④ 马二进四　将5平6
⑤ 前炮平五（红胜）

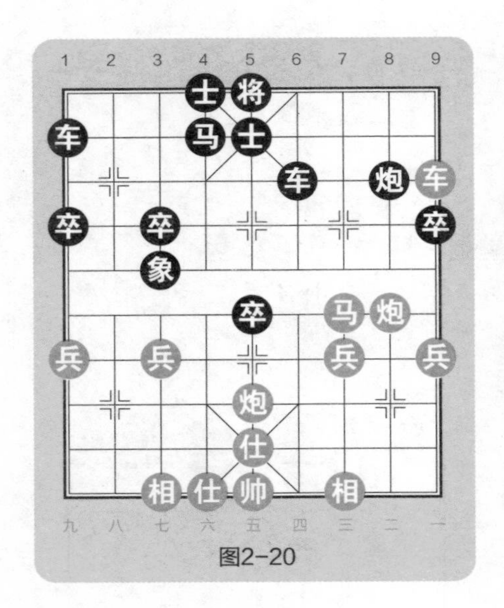
图2-20

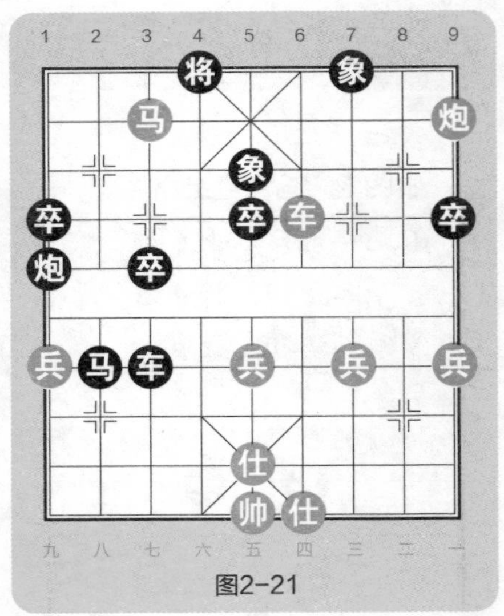
图2-21

如图 2-21，红方先行。

① 车四进三　将 4 进 1
② 车四退一　将 4 退 1
③ 马七退五　将 4 平 5
④ 车四进一　将 5 进 1
⑤ 马五进三（红胜）

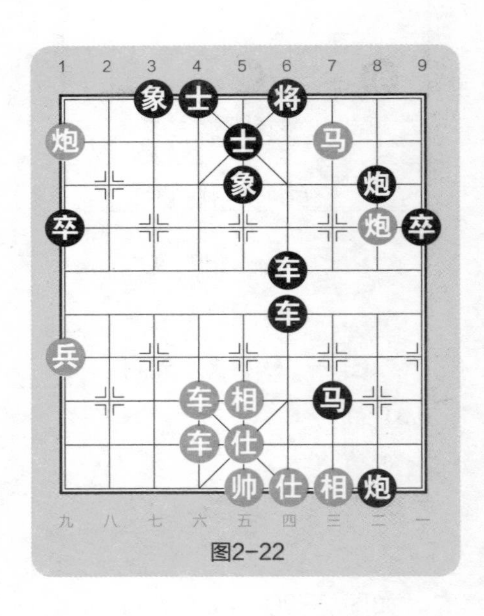
图2-22

如图 2-22，红方先行。

① 前车进七　士 5 退 4
② 车六进八　将 6 进 1
③ 车六退一　将 6 退 1
④ 马三退五　将 6 平 5
⑤ 炮二平五（红胜）

如图 2-23，红方先行。

① 兵六平五　士 4 进 5　　② 车八平五　将 5 进 1

③马三进四　将5退1　　④马四进三　将5进1

⑤炮二进四（红胜）

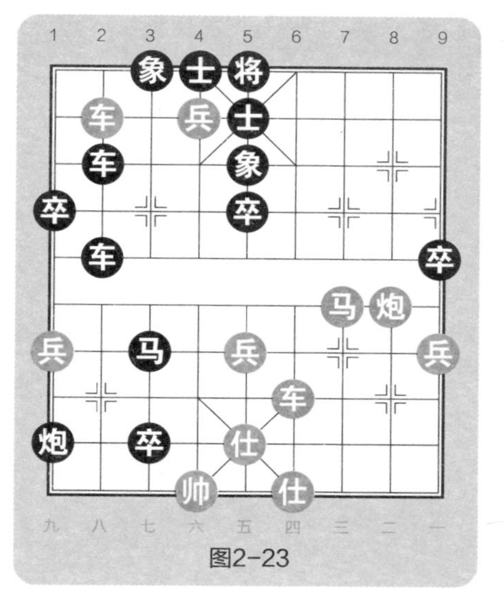
图2-23

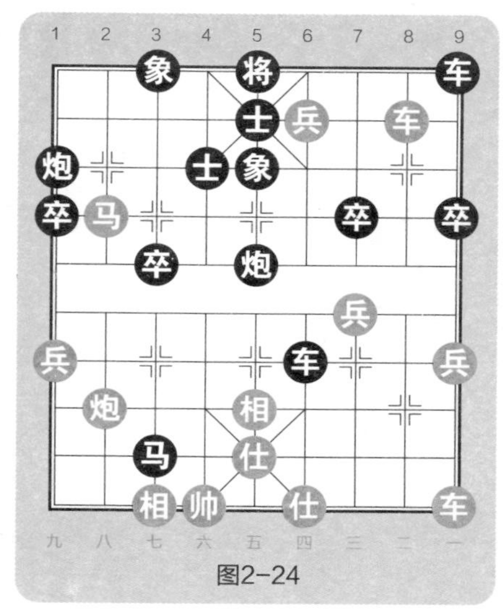
图2-24

如图2-24，红方先行。

①马八进七　将5平4　　②炮八进七　将4进1

③兵四平五　炮5退3

④车二平五　将4平5

⑤炮八退一（红胜）

如图2-25，红方先行。

①车四退一　士4退5

②车四平五　将4退1

黑方如改走将4进1，则马二进四，红方下一着车五平六胜。

③马二进四　象5退7

④车五平六　将4平5

⑤马四退五（红胜）

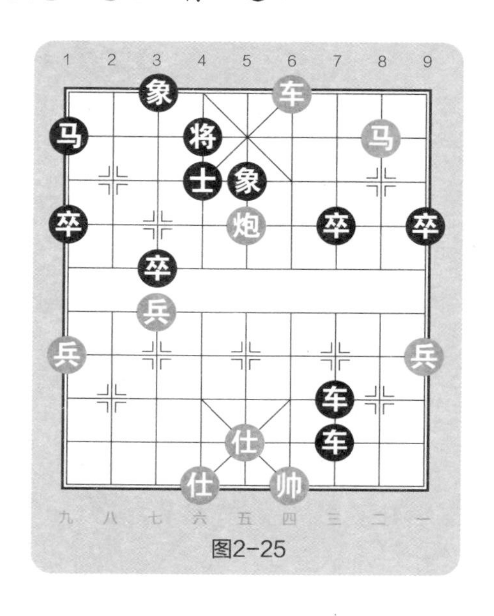
图2-25

如图 2–26，红方先行。

①车八平六　士5进4　②马八退六

妙手！此着初学者容易犯车六进四或车六平九抽吃黑马的错误。

②……　将4平5　③马六退四　将5退1

④车六进六　将5平4　⑤马四进六（红胜）

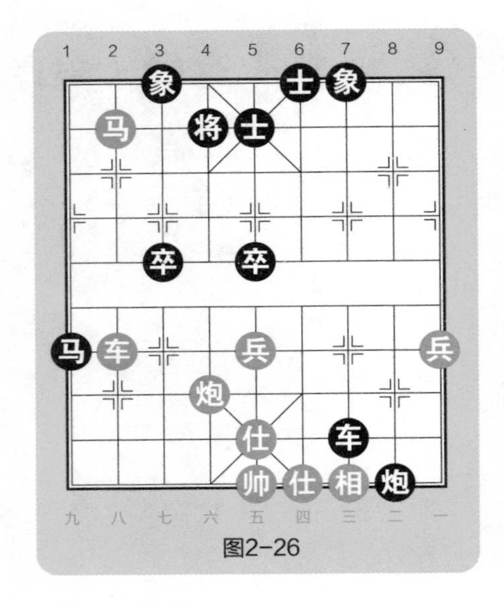

图2–26

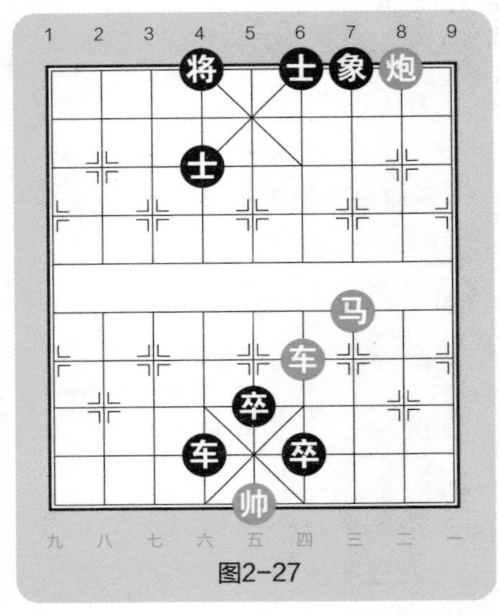

图2–27

如图 2–27，红方先行。

①车四进六　将4进1

②车四平六　将4平5

③马三进四　将5进1

黑方如改走将5平6，则车六平四，红胜。

④马四进三　将5退1

⑤炮二退一（红胜）

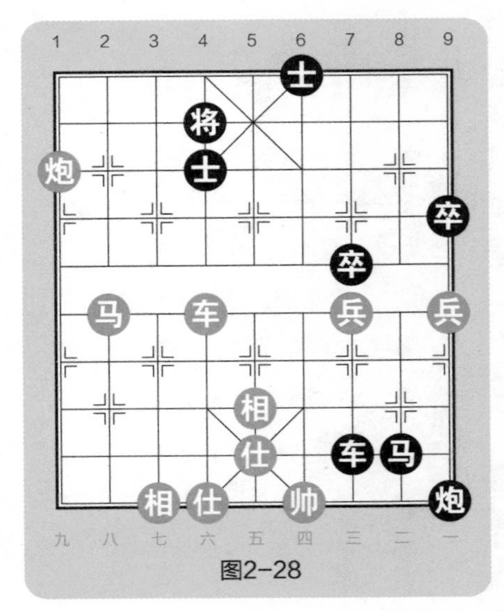

图2–28

如图 2–28，红方先行。

①马八进七　将4退1

②马七进八　将4平5　　③马八退六　将5进1

④马六进七　将5退1

黑方如改走将5进1，则车六进三，红胜。

⑤炮九进二（红胜）

如图2-29，红方先行。

①炮七平五　将5平4　　②马五进七　车8进4

③仕四进五　车8平6　　④马七进八　将4进1

⑤炮五平九

红方下一着炮九进一，马后炮胜。此局是马后炮杀法中，宽一步胜的典型代表。

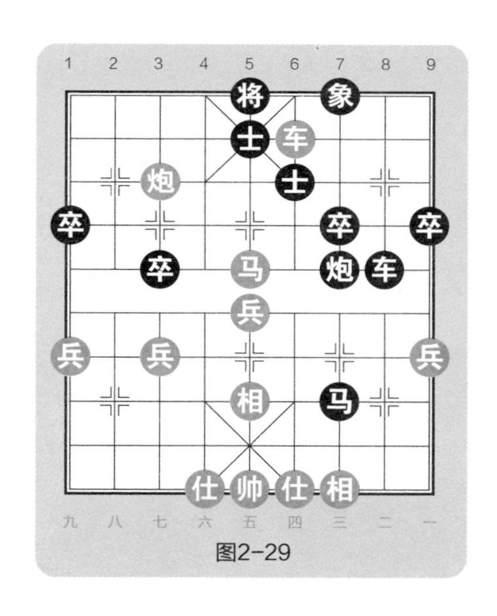

图2-29

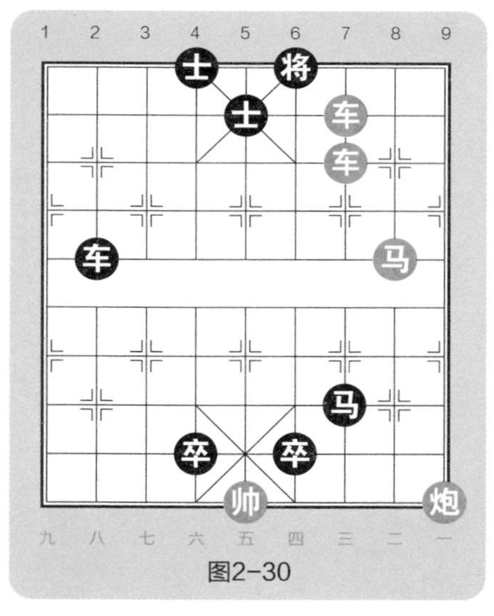

图2-30

如图2-30，红方先行。

①后车平四　士5进6　　②车三进一　将6进1

③车三平四　将6退1　　④马二进三　将6进1

⑤马三进二　将6退1　　⑥炮一进九（红胜）

如图 2-31，红方先行。

① 车七平五	士 4 进 5	② 车九进六	士 5 退 4
③ 炮七进六	士 4 进 5	④ 炮七平一	士 5 退 4
⑤ 车九平六	将 5 平 4	⑥ 马三进四（红胜）	

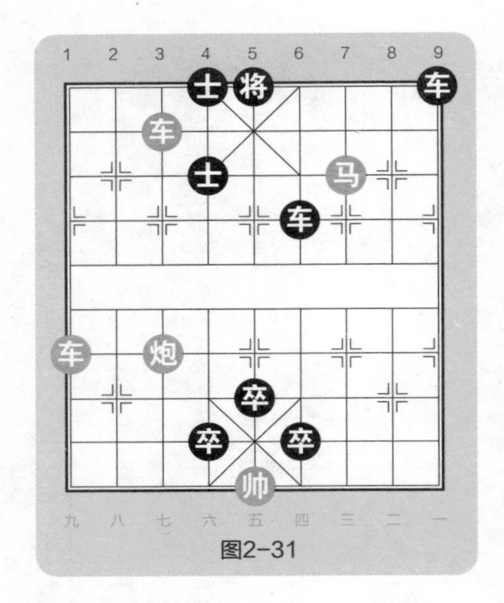

图2-31

图2-32

如图 2-32，红方先行。

① 车二进三	士 5 退 6	② 车二平四	将 4 进 1
③ 马四进五	将 4 平 5	④ 马五进三	将 5 平 4
⑤ 车四平六	将 4 退 1	⑥ 马三进四（红胜）	

第二章　常用杀法

本章包含闷宫、重炮、卧槽马、挂角马、铁门栓、大胆穿心、双车错，共七种杀法。这些杀法的特点如下。

1. 承接基础杀法，常与基础杀法组合应用。

2. 兵种配合相对简单，闷宫、重炮、双车错更是只需单一兵种的配合即可。

3. 杀法的典型棋形相对容易记忆和掌握。

4. 在实战对局中涵盖范围大，特别是初学者运用机会多。

5. 为进一步学习后面更为复杂的多兵种组合杀法起到衔接作用。

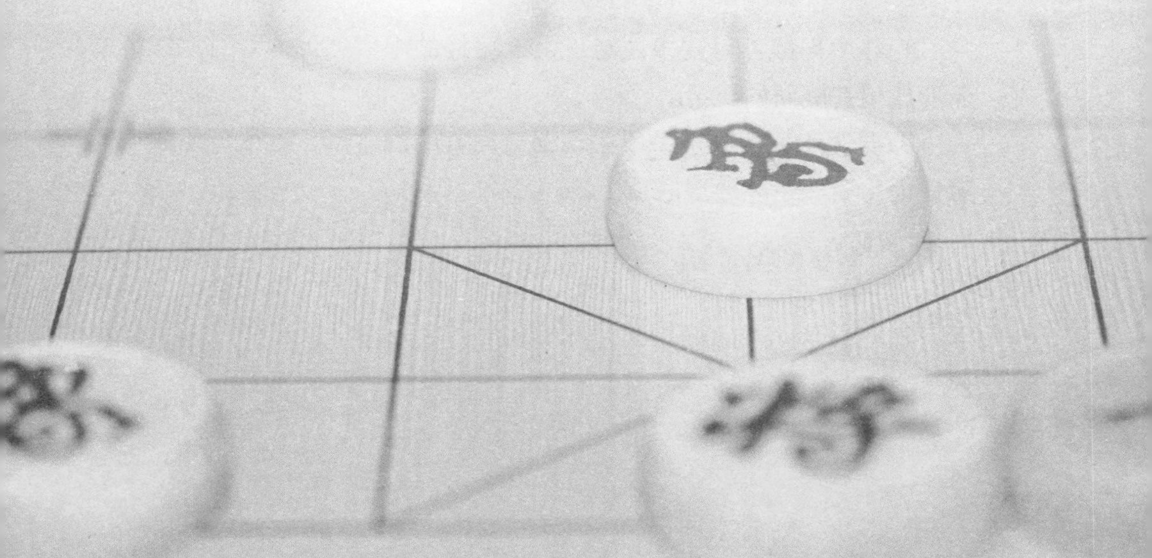

第3课　闷宫

攻击方利用对方双士（仕）自阻将（帅）路的弱点，用炮把无法移动的对方将（帅）将死，就叫作闷宫杀法。

【要点】

此杀法有两种形式，一种是横线闷宫，另一种是竖线闷宫。

1. 横线闷宫有两个位置：被攻击的将（帅）在九宫原位或九宫宫顶，攻方炮在底线或下三路线形成闷宫。

2. 竖线闷宫也有两个位置：被攻击的将（帅）在左、右肋道和下二路线的交叉点上，攻方炮在四、六路肋道形成闷宫。

【难点】

1. 在中局战斗时要多注意三、七路线的炮突然沉入对方底线，从而形成闷宫威胁的机会。

2. 要注意运用弃子手段主动促成闷宫的基本形，在残局阶段要有意识地用引离手段形成肋道上的闷宫。

【例局 1】炮在底线闷宫

如图 3-1，红方先行。

①马八进七　车 4 退 4　　②炮八进五　象 1 退 3

③炮七进三（红胜）

黑方双士在己方右侧和中路保卫黑将，红方双炮马在黑方右翼底线形成闷宫。

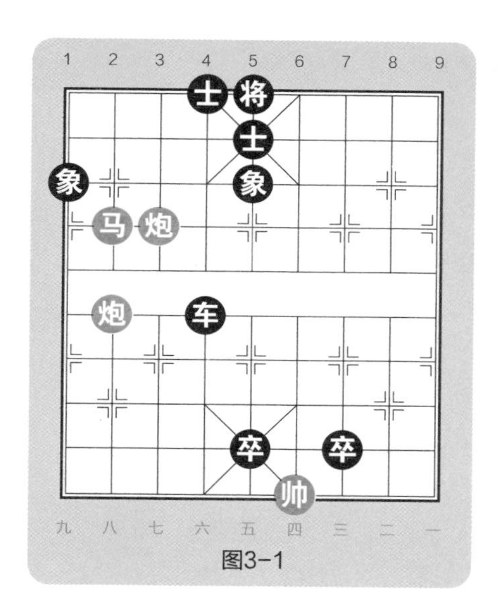

图3-1

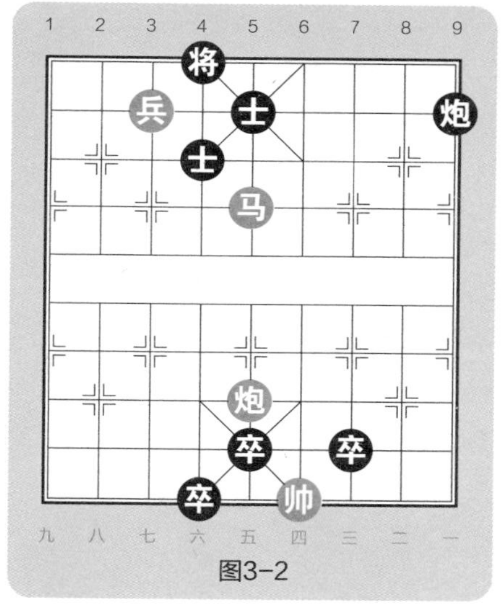

图3-2

【例局 2】炮在肋道闷宫

如图 3-2，红方先行。

①兵七进一　将 4 平 5　　②兵七平六　将 5 平 4

③马五进七　将 4 进 1　　④炮五平六（红胜）

此例红方弃兵腾挪，再进马将军迫黑将进下二路肋道位形成闷宫基本型，再运炮闷宫成杀。

如图 3-3，红方先行。

①炮七进七　士 4 进 5　　②炮七退一　士 5 退 4

③车一平五　士 6 进 5　　④炮七进一（红胜）

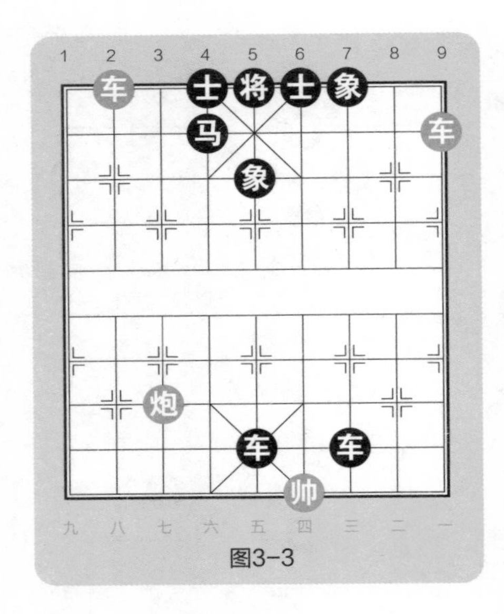

图3-3

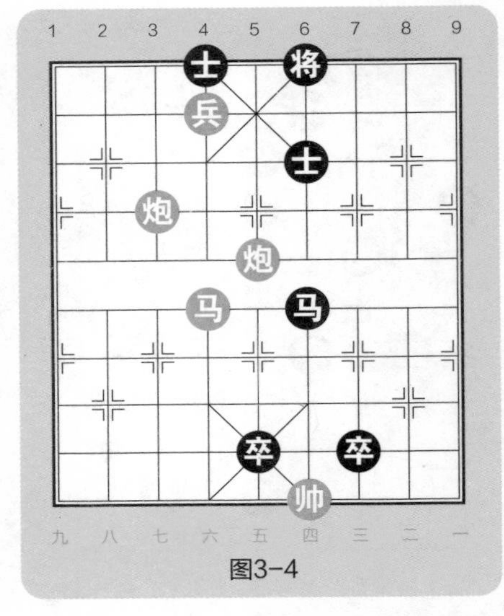

图3-4

如图 3-4，红方先行。

①炮七进三　将 6 进 1

②马六进五　马 6 退 5

③兵六平五　士 4 进 5

④炮五平四（红胜）

如图 3-5，红方先行。

①车七进三　象 5 退 3

②炮三进七　士 6 进 5

③车九平六　将 4 进 1

④炮五平六（红胜）

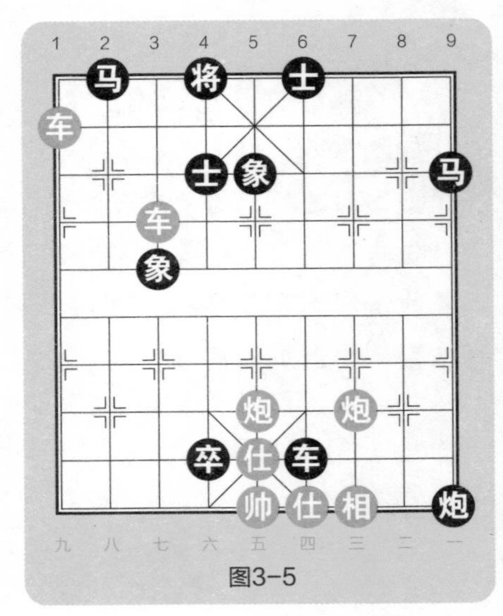

图3-5

如图 3-6，红方先行。

① 车八平五　将 5 平 6　　② 炮八进八

红方也可走炮五平四，则士 6 退 5，车五平四，将 6 平 5，炮八进八，红胜。

② ……　　士 4 进 5　　③ 车六进一　将 6 进 1

④ 炮五平四（红胜）

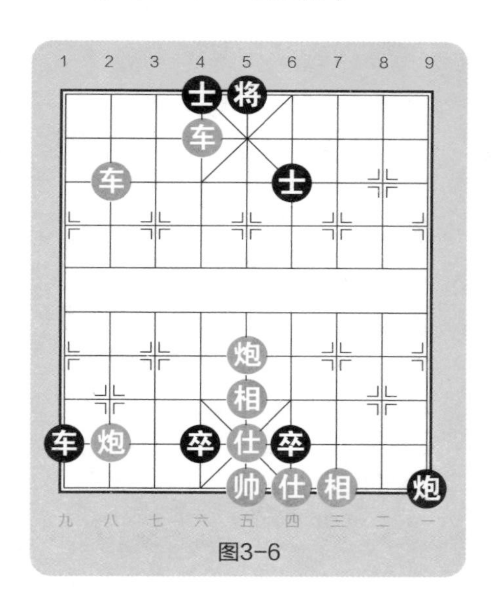
图3-6

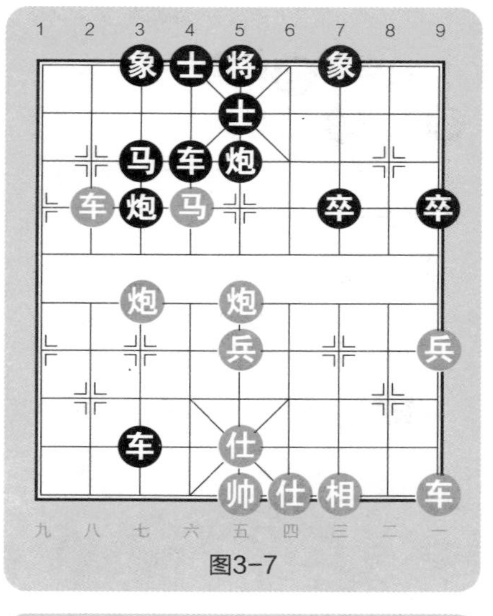
图3-7

如图 3-7，红方先行。

① 马六进四　将 5 平 6

② 炮五平四　炮 3 平 6

③ 马四进二　将 6 平 5

④ 炮七进五（红胜）

如图 3-8，红方先行。

① 炮九平七　士 4 进 5

② 炮七退一　士 5 退 4

③ 车四平六　士 6 进 5

④ 炮七进一（红胜）

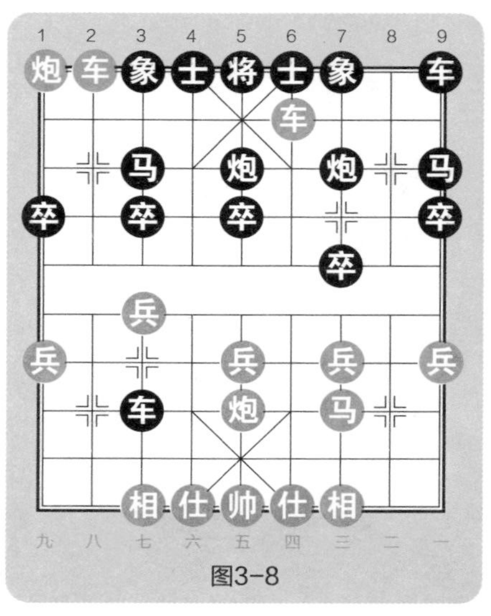
图3-8

如图 3-9，红方先行。

①炮五进四　士 4 进 5　②车三平五　将 5 平 4
③炮五平六　炮 4 平 3　④车五平六　将 4 平 5
⑤炮三进五（红胜）

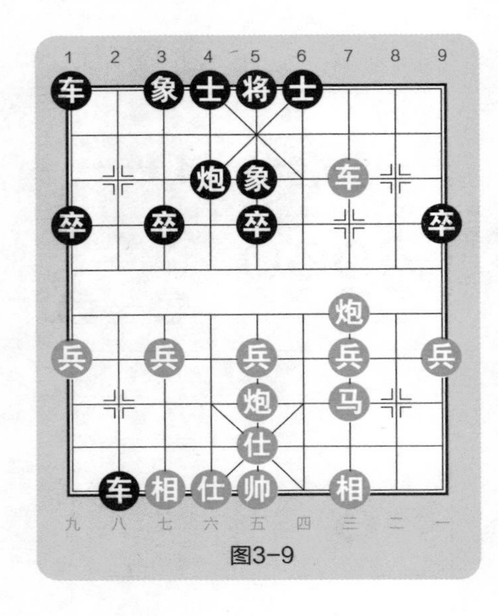
图3-9

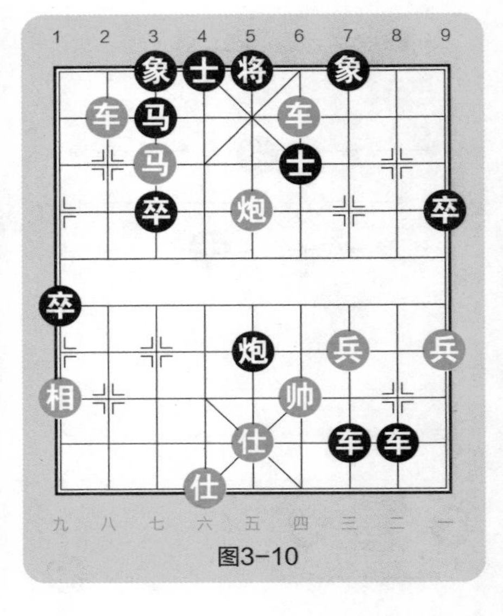
图3-10

如图 3-10，红方先行。

①马七进五　象 3 进 5
②车四进一　将 5 平 6
③马五退三　将 6 进 1
④车八平七　士 4 进 5
⑤炮五平四（红胜）

如图 3-11，红方先行。

①炮一进一　士 6 进 5
②车二进九　士 5 退 6
③车二退一　士 6 进 5
④车三进二　士 5 退 6

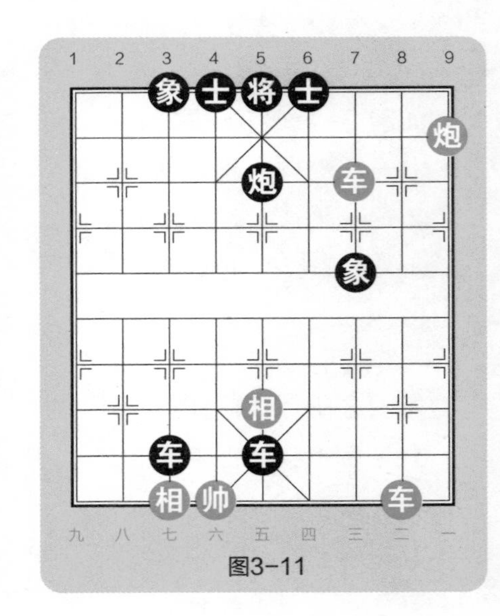
图3-11

⑤ 车二平五　士4进5

⑥ 车三退一（红胜）

如图3-12，红方先行。

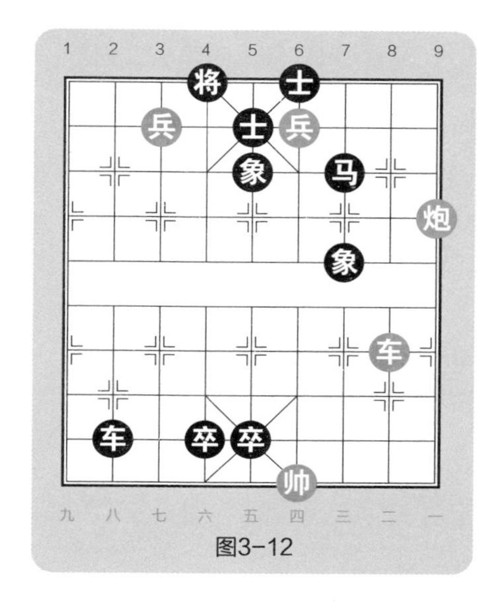

图3-12

① 兵七平六　将4进1

黑方如改走将4平5，则炮一进三，马7退8，兵四平五，红胜。

② 车二平六　士5进4

③ 炮一平六　士4退5

④ 炮六平五　士5进4

⑤ 兵四平五　士6进5

⑥ 炮五平六（红胜）

第 4 课　重炮

双炮在同一直线上重叠相呼应，前炮充当炮架，后炮将军，使对方无法应将而将死对方的杀法，称为重炮杀法。

【要点】

1. 前炮直面对方将（帅），控制其他子力无法进行保护和垫将，后炮将死对方。

2. 前炮以对方兵力为炮架将军，后炮控制该子使其无法移开，从而将死对方。

【难点】

1. 把对方将（帅）引至下二路肋道是实施重炮杀法的有利条件。

2. 通常情况下，保留对方的士（仕）更有利于实施重炮杀法。

【例局 1】控制将避将的位置

如图 4-1，红方先行。

①车七进六　将 5 进 1　　②车七退一　将 5 退 1

③炮九平五（红胜）

红车两次将军，使黑将回到不能左右移动的底线，并为边炮腾路，形成重炮杀棋。

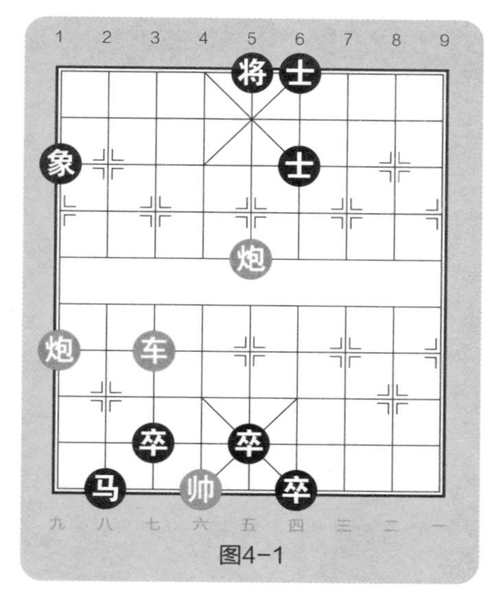

图4-1

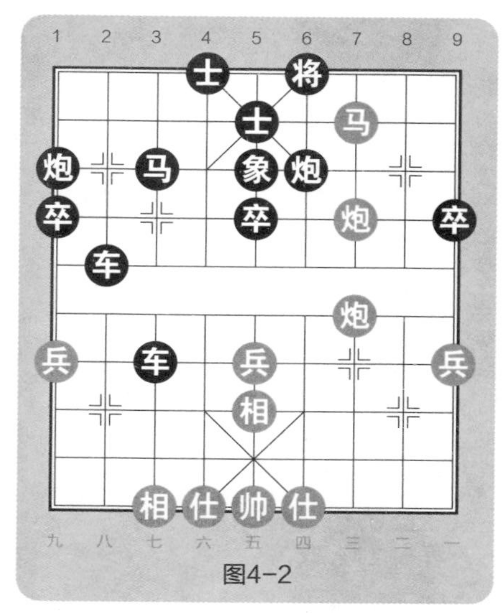

图4-2

【例局 2】避免重炮被破坏

如图 4-2，红方先行。

① 前炮平四　炮 6 平 8　　② 炮四退四　车 3 平 4

③ 炮三退三　车 2 进 4　　④ 仕四进五

至此，黑方既不能在两炮之间插入兵力，又不能拼掉后炮，红马控将，下一步可炮三平四重炮杀，红胜。

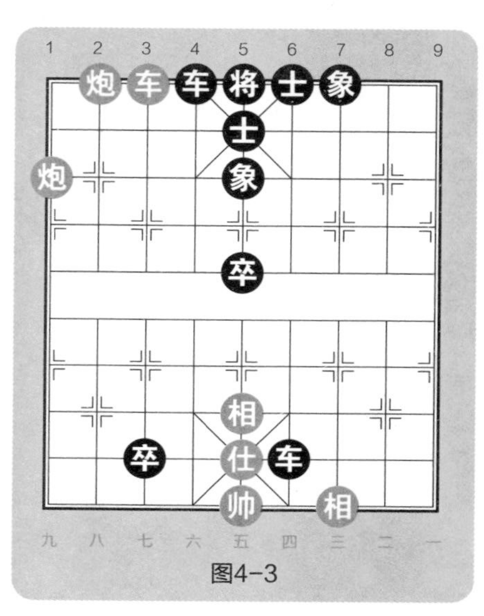

图4-3

【例局 3】前炮将军，后炮控制

如图 4-3，红方先行。

① 炮九进二　象 5 退 3

黑方如改走士 5 进 6，则车七退一，象 5 退 3，炮九平七，红胜。又如黑方对红方的攻势置之不理，直接卒 3 平 4，则车七平六，红胜。

② 炮九平七（红胜）

至此，七路炮将军，八路炮控制，红方重炮杀胜。

【例局 4】黑方有士，引将至下二路线肋道

如图 4-4，红方先行。

①兵六进一　将 5 平 4

②车四进一　士 5 退 6

③兵七平六　将 4 进 1

④炮一平六　士 4 退 5

⑤炮五平六（红胜）

红方连弃车双兵，把黑将引至下二路线肋道，形成重炮杀。

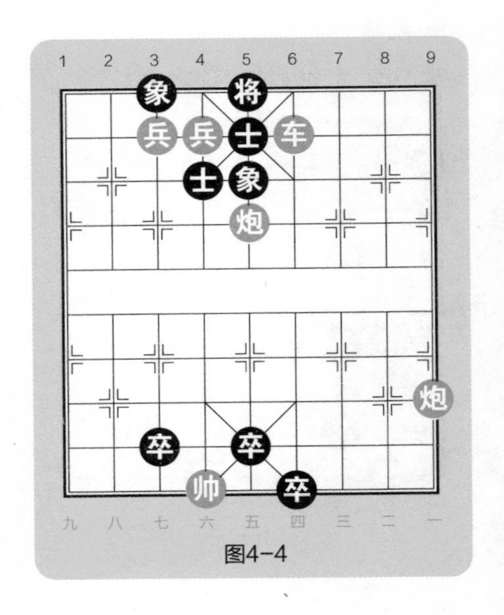

图4-4

练习题

如图 4-5，红方先行。

①车八进一　马 3 退 2

②车七进四　车 4 退 6

③后炮进五（红胜）

如图 4-6，红方先行。

①车四进五　士 5 退 6

②马六进七　将 4 进 1

③炮二平六　士 4 退 5

④炮五平六（红胜）

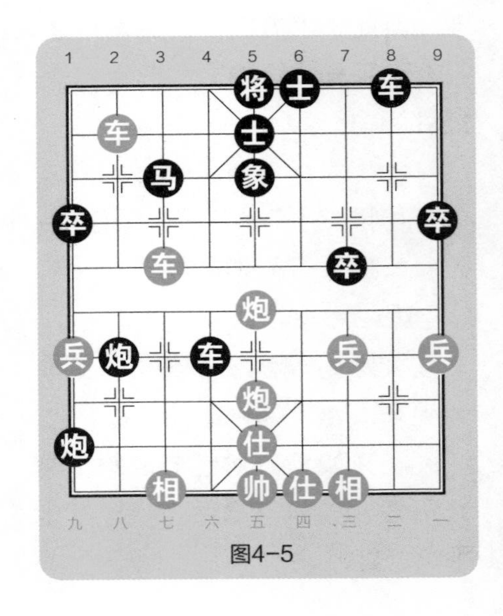

图4-5

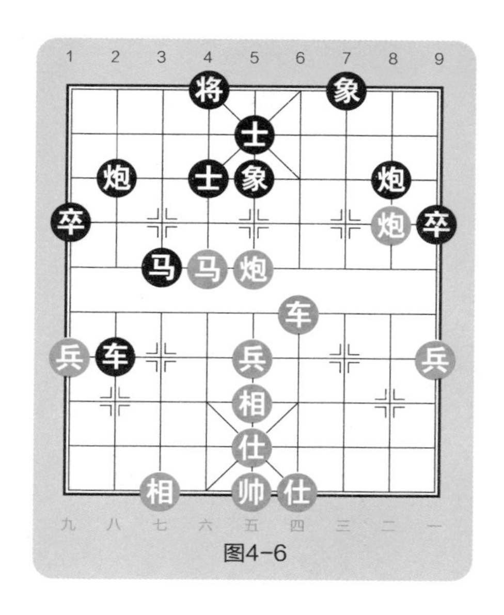

图4-6

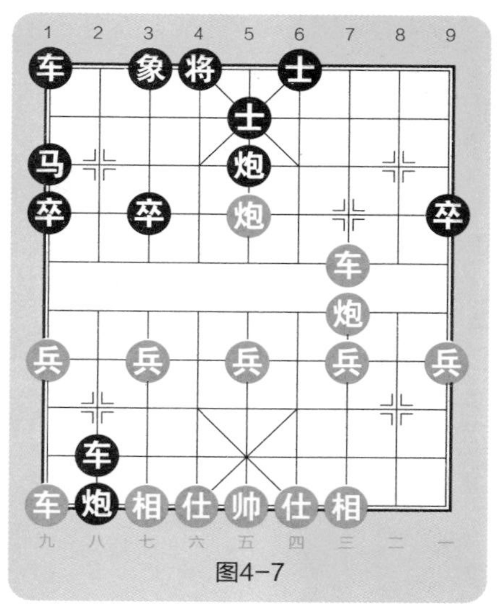

图4-7

如图 4-7，红方先行。

①车三平六　炮 5 平 4　　②炮三平六　将 4 进 1

黑方如改走士 5 进 6，则车六进一，将 4 平 5，炮六平五，红胜。

③车六平五　炮 4 平 5　　④炮五平六（红胜）

如图 4-8，红方先行。

①炮八进五　前炮退 3

黑方如改走象 5 进 7，则炮八平三，炮 4 退 3，炮五进四，象 7 退 5，车四退四，车 7 平 8，马三进二，以下帅五平四，红方可形成铁门栓杀。

②炮八平五　士 5 退 6

③车四退一　将 5 进 1

④后炮进四（红胜）

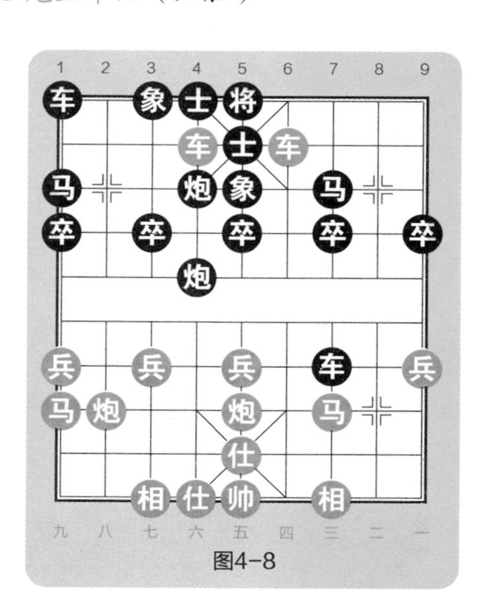

图4-8

如图 4-9，红方先行。

①马六进七　车 8 退 5

②马七进五　象 7 进 5

黑方如改走炮 3 退 7，则马五进七，马 6 退 4，前车平六，将 5 平 4，车八进八，红胜。

③炮五进三　士 5 进 4

④炮四平五（红胜）

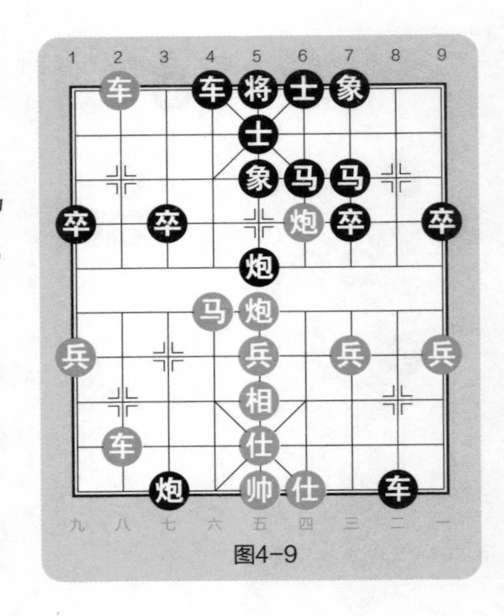

图4-9

如图 4-10，红方先行。

①车七进五　士 5 退 4

②兵四平五　将 5 进 1

③车七退一　将 5 退 1

④炮八进五　士 4 进 5

⑤炮九进五（红胜）

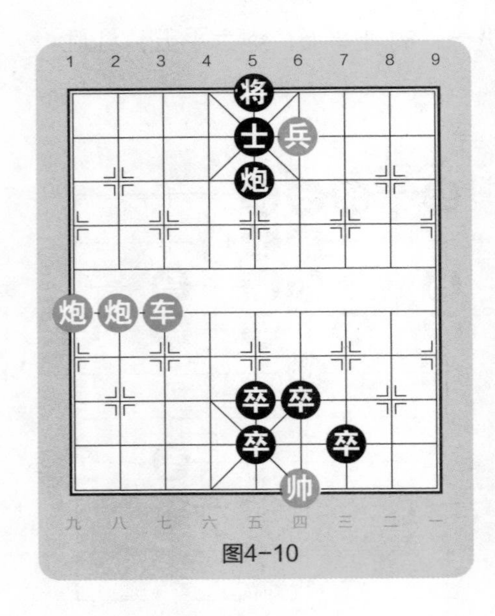

图4-10

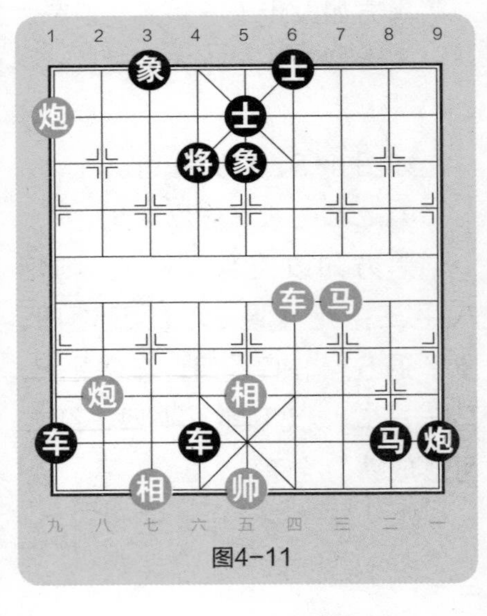

图4-11

如图 4-11，红方先行。

①车四平六　车 4 退 3

②马三进五　将 4 退 1

③ 马五进七　将 4 退 1
④ 炮八进七　象 3 进 1
⑤ 炮九进一（红胜）

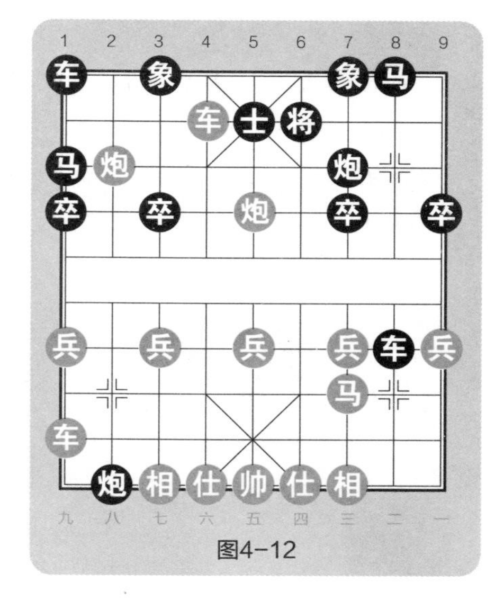
图4-12

如图 4-12，红方先行。
① 车九平四　炮 7 平 6
② 炮八平五　炮 2 退 7
③ 车六平五　将 6 退 1
④ 后炮平四　炮 6 进 6
⑤ 炮五平四（红胜）

如图 4-13，红方先行。
① 炮三进三　将 5 进 1　　② 炮三退一　炮 6 进 2
③ 马五进四　将 5 退 1　　④ 炮二进二　士 6 进 5
⑤ 炮三进一（红胜）

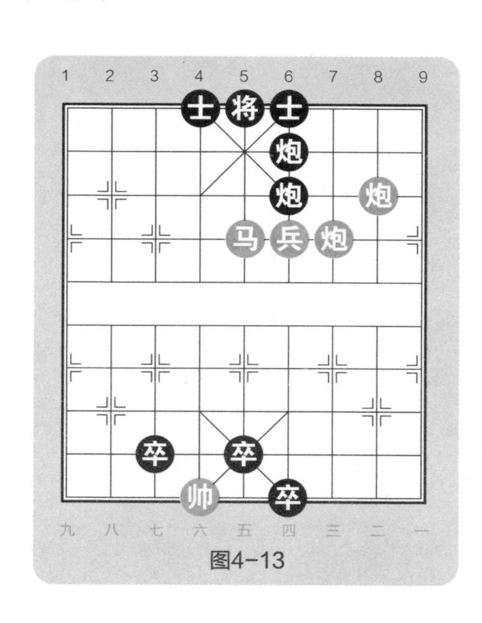
图4-13

如图 4-14，红方先行。

① 车四进七　士 5 退 6　　② 炮三进三　士 6 进 5

③ 炮三退四　士 5 退 6　　④ 炮一平五　炮 5 平 6

黑方如改走士 4 进 5，则炮三进四，红方闷宫胜。

⑤ 炮三平五（红胜）

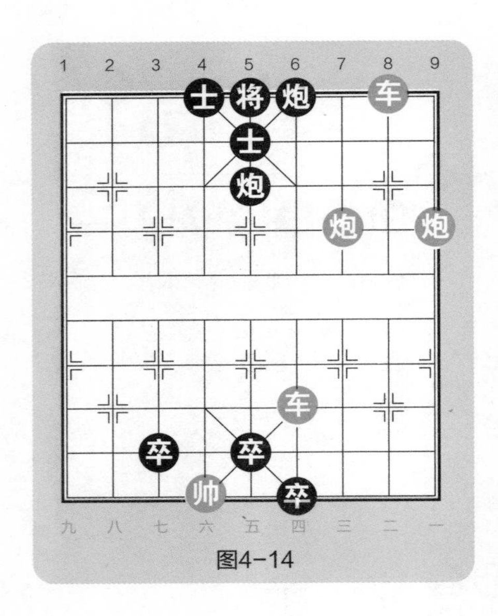

图4-14

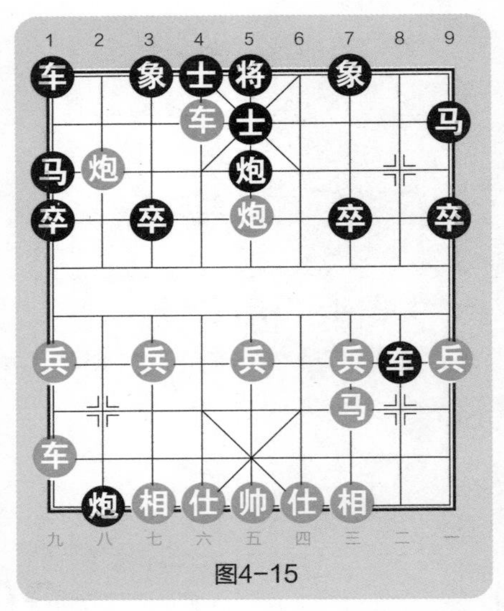

图4-15

如图 4-15，红方先行。

① 车九平六　将 5 平 6　　② 前车进一　士 5 退 4

黑方如改走将 6 进 1，则前车退一，炮 5 平 6，炮八平五，接下来红方有前车平五的杀着。

③ 车六平四　炮 5 平 6　　④ 车四进六　将 6 平 5

⑤ 炮八平五（红胜）

如图 4-16，红方先行。

①炮五进二　士 5 进 6

黑方如改走车 3 平 5，则车四平五，将 5 平 6，车五平三，红方胜势。

②炮五退四　将 5 平 6　　③车六平四　将 6 进 1

④炮三平四　士 6 退 5　　⑤炮五平四（红胜）

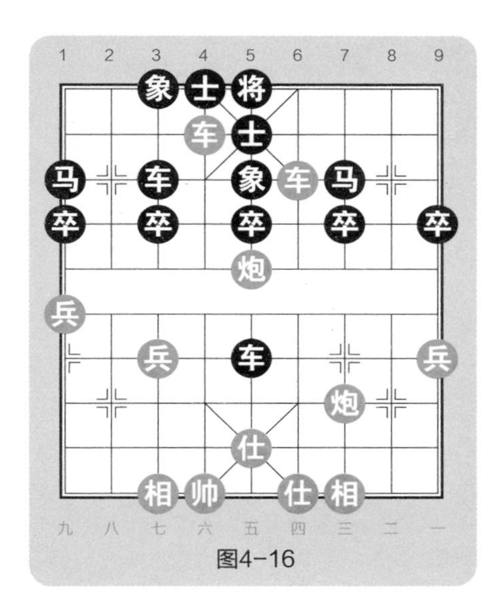

图4-16

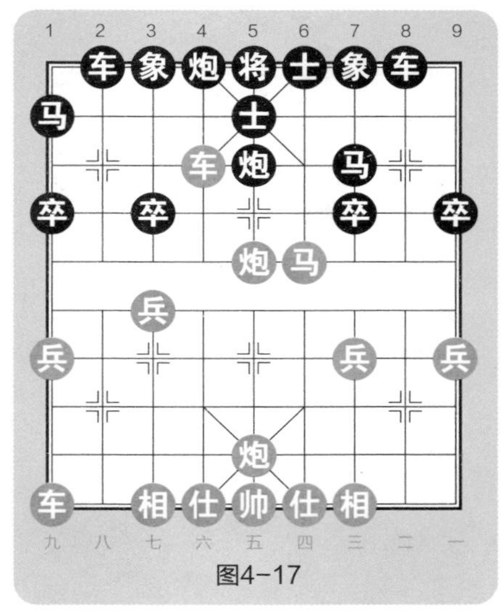

图4-17

如图 4-17，红方先行。

①马四进五　象 3 进 5　　②车六平五　炮 4 进 3

黑方如改走炮 4 进 8，则车五平六，象 7 进 5，后炮进六，红胜。

③车五进一　将 5 平 4　　④前炮平六　炮 4 平 5

⑤炮五平六（红胜）

如图 4-18，红方先行。

① 车四平六　士 4 进 5

黑方如改走炮 4 退 3，则炮七进二，士 4 进 5，炮八进一，红胜。

② 炮七进二　将 5 平 6　　③ 车六进一　马 6 退 5

④ 车六平五　将 6 平 5　　⑤ 炮八进一（红胜）

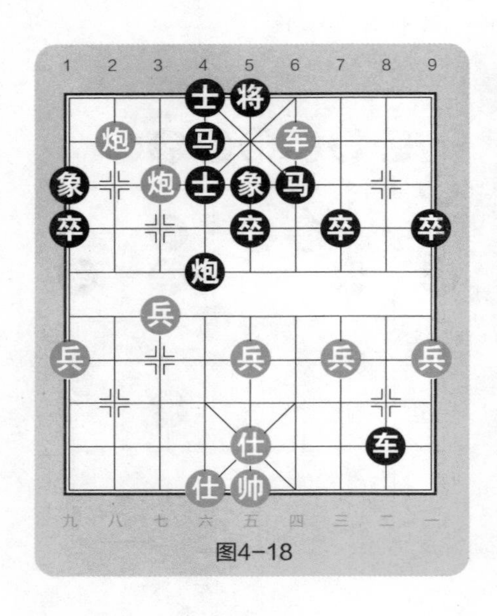
图4-18

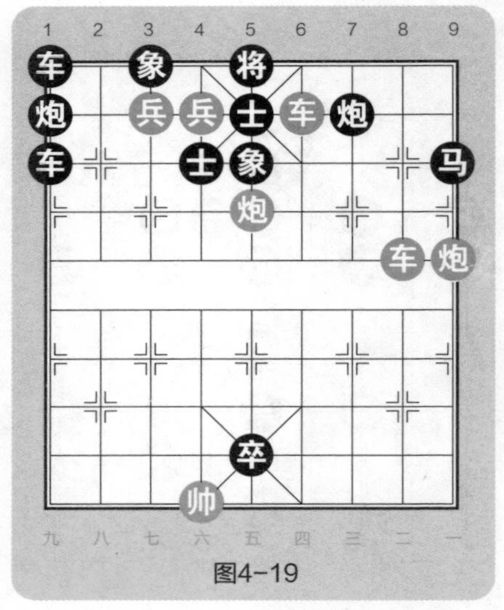
图4-19

如图 4-19，红方先行。

① 车二进四　马 9 退 8

② 兵六进一　将 5 平 4

③ 车四进一　士 5 退 6

④ 兵七平六　将 4 进 1

⑤ 炮一平六　士 4 退 5

⑥ 炮五平六（红胜）

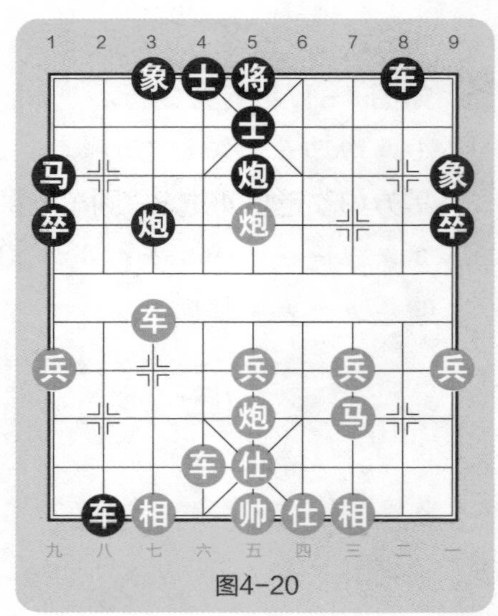
图4-20

如图 4-20，红方先行。

① 帅五平六　将 5 平 6

② 车七平四　炮 5 平 6

③ 车四进三　士5进6　　④ 车六进八　将6进1
⑤ 前炮平四　士6退5　　⑥ 炮五平四（红胜）

如图4-21，红方先行。

① 马五进三　炮4平7

黑方如改走将6进1，则马三进二，将6退1，车二平四，士5进6，车七平四，红胜。

② 车二平四　炮7平6　　③ 车四进一　士5进6
④ 车七平四　将6进1　　⑤ 炮八平四　士6退5
⑥ 炮五平四（红胜）

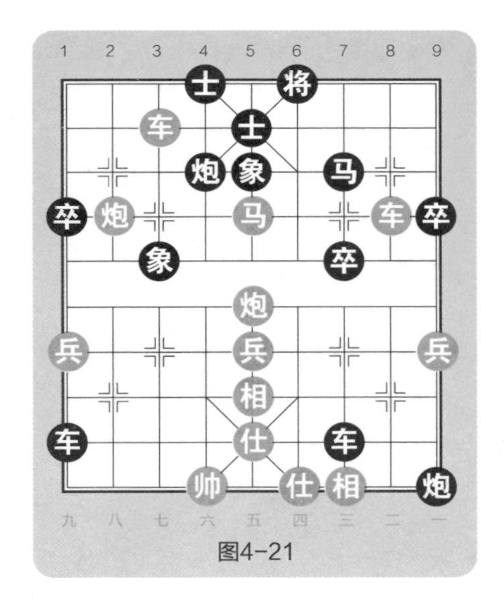

图4-21

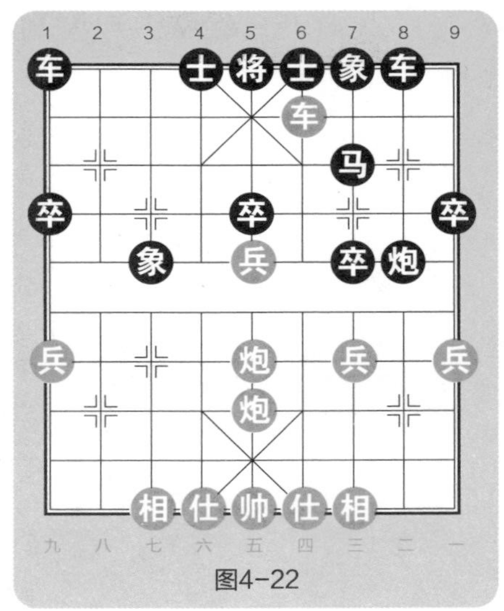

图4-22

如图4-22，红方先行。

① 兵五进一　士4进5　　② 兵五平六　将5平4
③ 前炮平六　士5进4　　④ 车四平六　将4进1

黑方如改走将4平5，则炮六平五，红胜。

⑤ 兵六平五　士4退5　　⑥ 炮五平六（红胜）

如图 4-23，红方先行。

①车三进一　将 6 进 1　　②马二退三　将 6 进 1

③车三退二　将 6 退 1　　④车三平二　将 6 退 1

⑤马三进二　将 6 进 1

黑方如改走将 6 平 5，则马二退四，将 5 平 6，炮五平六，红胜。

⑥车二平四　士 5 进 6　　⑦炮七平四　士 6 退 5

⑧炮五平四（红胜）

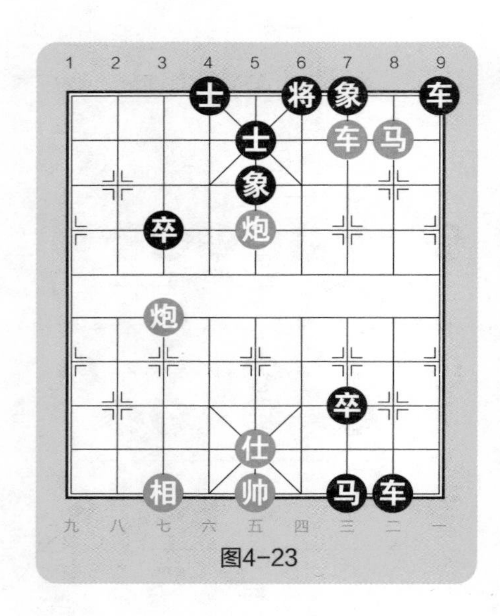

图4-23

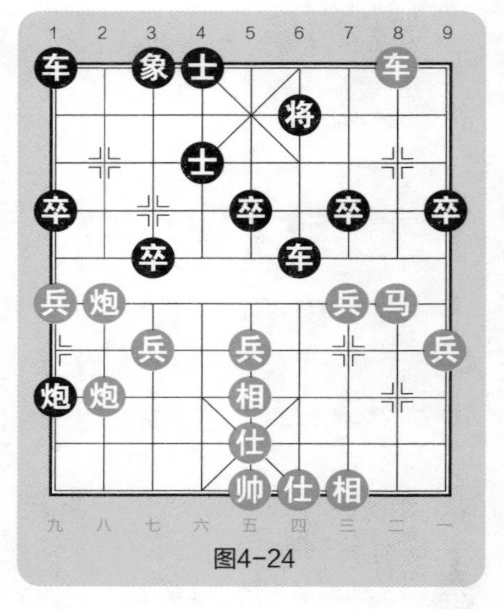

图4-24

如图 4-24，红方先行。

①马二进三　将 6 平 5　　②前炮平五　象 3 进 5

黑方如改走将 5 平 4，则炮八平六，车 6 平 4，车二退一，士 4 进 5，车二平五，将 4 退 1，马三进四，车 4 进 1，车五进一，将 4 进 1，车五平六，红胜。

③马三进五　车 6 退 2　　④车二退一　将 5 退 1

⑤马五进六　将 5 平 4　　⑥车二进一　将 4 进 1

⑦炮八平六　士 4 退 5　　⑧炮五平六（红胜）

第5课 卧槽马

马在对方（3·2）位或（7·2）位叫卧槽马。卧槽马是一个极佳的攻击位置，对对方的将（帅）威胁很大。其他兵力在卧槽马的配合下将死对方，称为卧槽马杀法。

【要点】

卧槽马和其他兵力配合主要有两种类型。

1. 马和车配合形成竖线或横线杀。
2. 马和炮配合形成竖线或横线杀。

【难点】

1. 运马扑卧槽的战术技巧。
2. 马和车或炮配合竖线攻杀的战术技巧。

【例局1】马和车配合竖线杀

如图5-1，红方先行。

① 兵六平五　士4进5

② 马六进七　将5平4

③ 车五平六　士5进4

④ 车六进二（红胜）

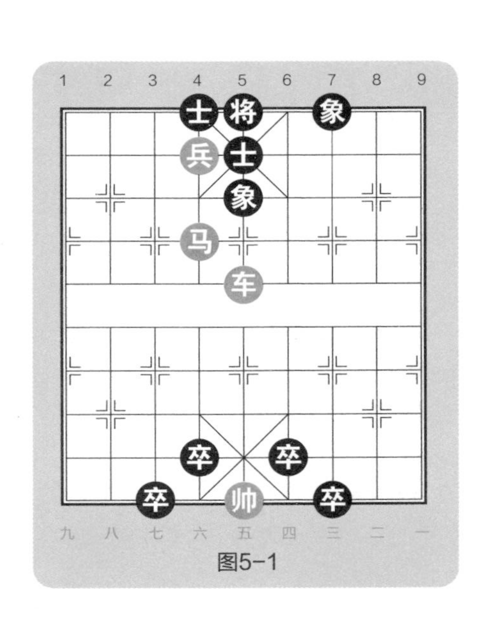

图5-1

红方弃兵引士腾挪，卧槽马和车配合竖线成杀。

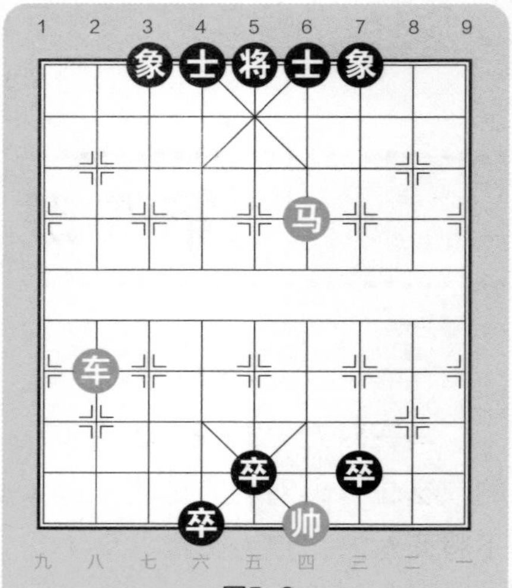

【例局 2】马和车配合横线杀

如图 5–2，红方先行。

①马四进三　将 5 进 1

②车八进五（红胜）

红方卧槽马迫黑将进花心，马和车配合横线成杀。

图5–2

【例局 3】马和炮配合竖线杀

如图 5–3，红方先行。

①马二进三　将 5 平 6　　②炮五平四（红胜）

红马卧槽迫黑将平出，红炮在四路肋道成杀。

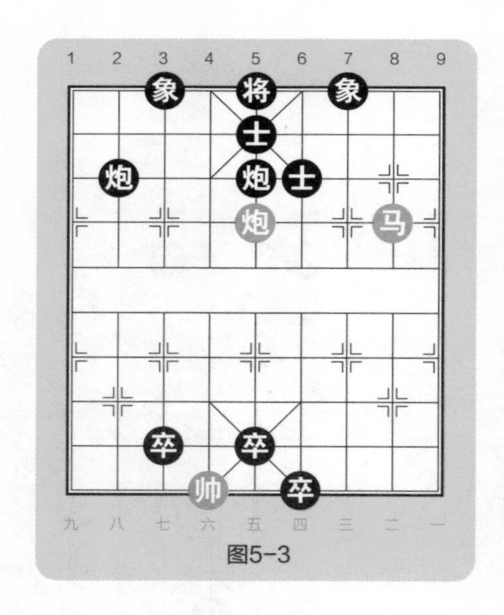

图5–3

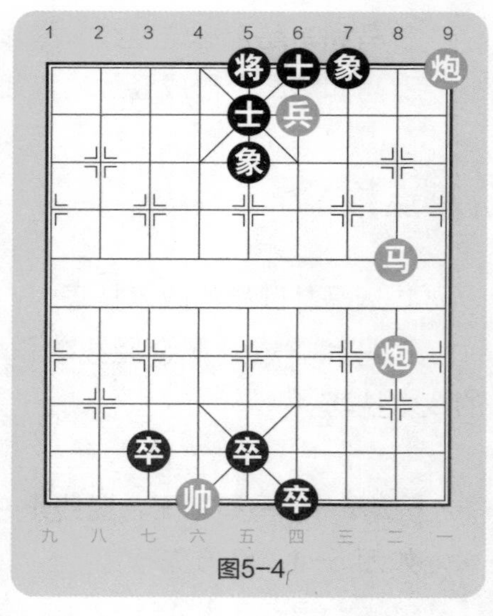

图5–4

【例局 4】马和炮配合横线杀

如图 5–4，红方先行。

①兵四平五　将 5 进 1　　②马二进四　将 5 退 1

③马四进三　将5进1　　　④炮二进五（红胜）

红方弃兵引将，再运马进卧槽，成马后炮杀。

练习题

如图5-5，红方先行。

①前车进一　士5退4　　　②马六进七　将5进1

③车六进四　将5退1　　　④车六平四（红胜）

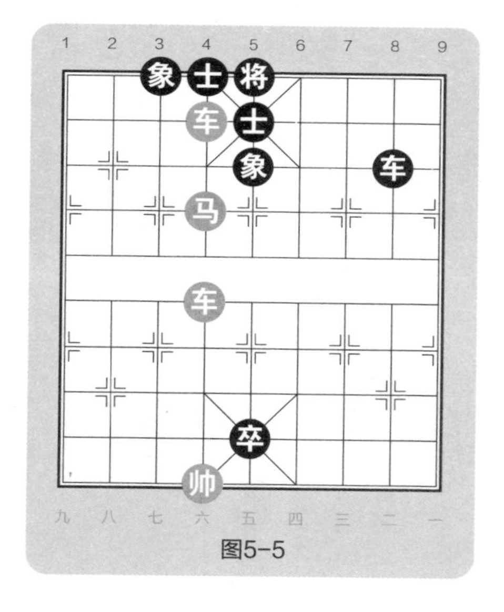

图5-5

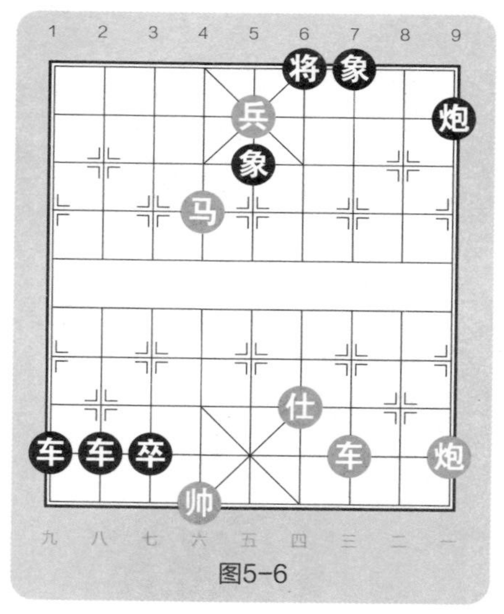

图5-6

如图5-6，红方先行。

①车三进八　象5退7　　　②炮一平四　炮9平6

③兵五平四　将6平5　　　④马六进七（红胜）

如图 5-7，红方先行。

① 炮二进一　车 7 退 7　　② 车四进一　士 5 退 6

③ 马一进三　将 5 进 1　　④ 炮二退一（红胜）

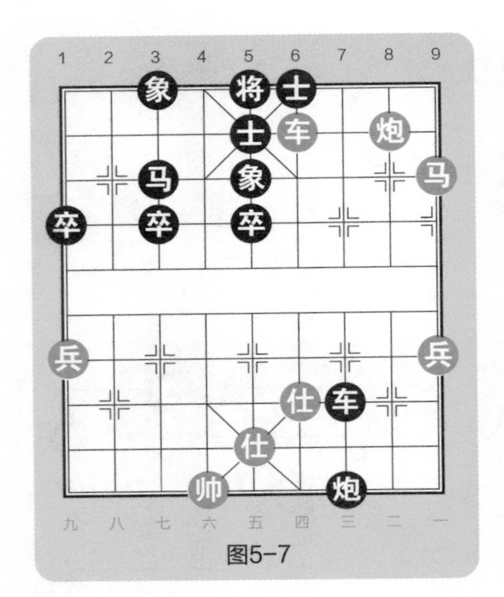

图5-7

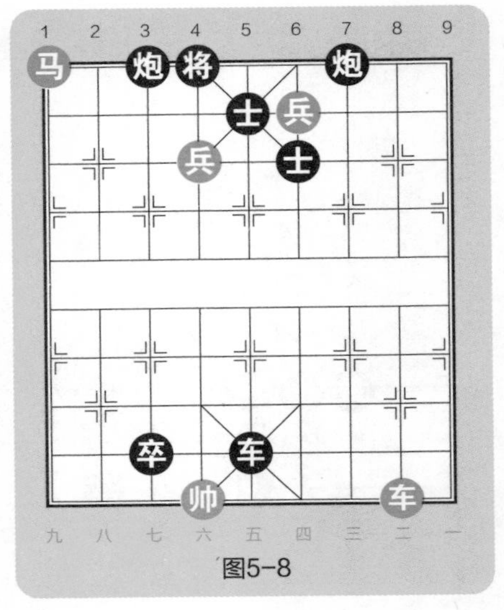

图5-8

如图 5-8，红方先行。

① 兵六进一　将 4 平 5

② 兵六进一　炮 7 平 4

③ 车二进九　士 5 退 6

④ 车二平四　炮 4 平 6

⑤ 马九退七（红胜）

如图 5-9，红方先行。

① 马七进六　炮 2 退 2

② 马六退五　士 5 退 4

③ 马五进七　将 5 进 1

④ 车二退一（红胜）

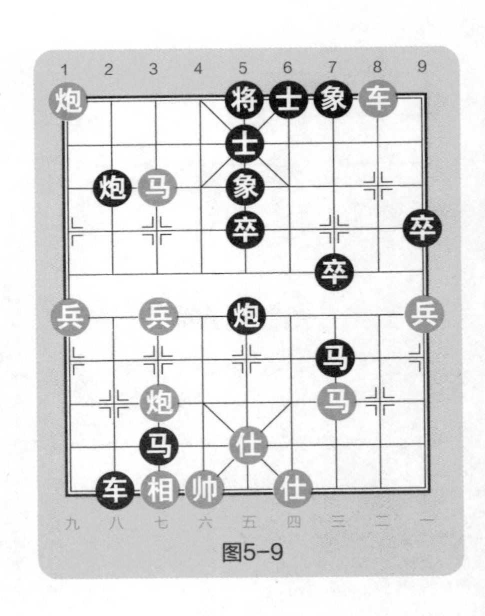

图5-9

如图 5-10，红方先行。

①炮二平四　士 5 进 6　　②马四进五　士 6 退 5

③炮五平四　将 6 平 5　　④马五进三（红胜）

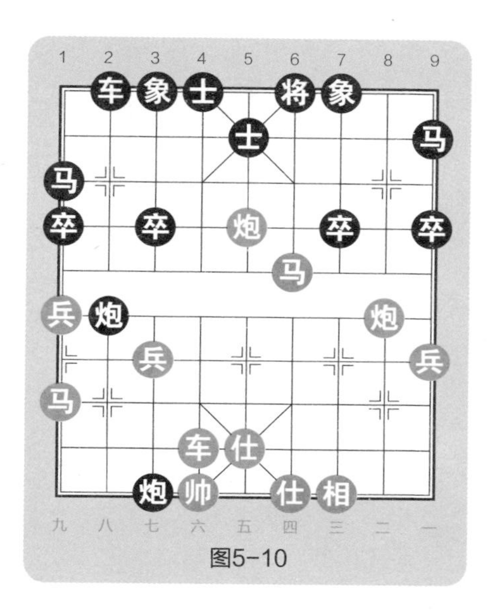

图5-10

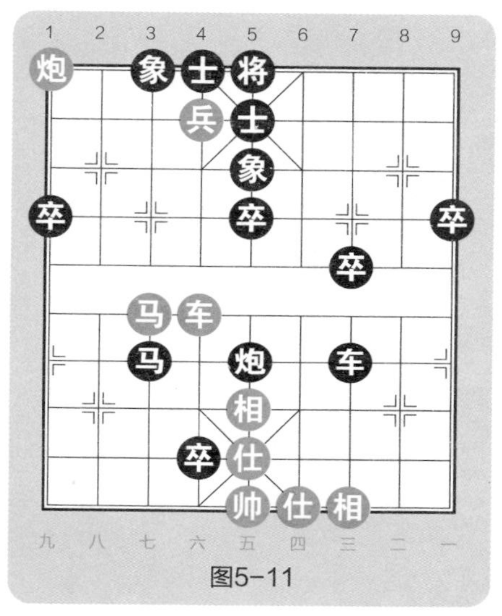

图5-11

如图 5-11，红方先行。

①兵六平五

红方也可改走兵六进一，则士 5 退 4，车六进五，将 5 进 1，马七进六，将 5 平 6，车六平四，红胜。

①……　将 5 进 1

②马七进六　将 5 退 1

③马六进七　将 5 平 6

④车六平四（红胜）

如图 5-12，红方先行。

①车八平四　士 5 进 6

②车四进三　炮 8 平 6

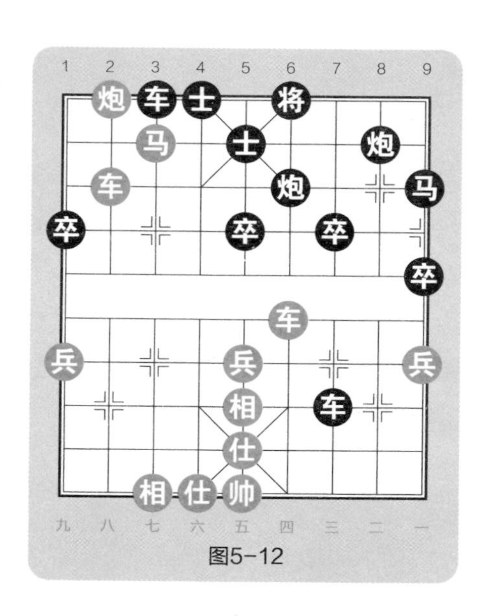

图5-12

③ 马七退五　将 6 平 5　　④ 车四进一

至此，红方接下来再马五进七卧槽即可取胜，黑方无解。

如图 5–13，红方先行。

① 马四进二　炮 7 平 6

黑方如改走马 2 进 3，则车四进七，将 5 平 6，车三平四，将 6 平 5，马二进三，红胜。

② 马二进三　炮 6 退 5　　③ 车四进六　车 6 进 1

④ 车三平二

至此，红方伏车二进三的杀棋，黑方无法抵抗，红胜。

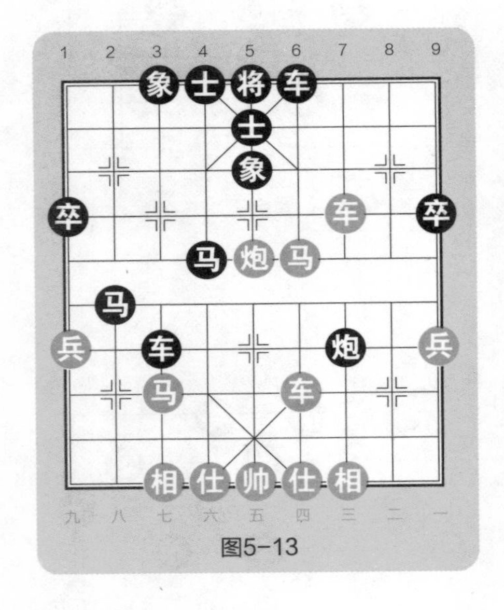
图5–13

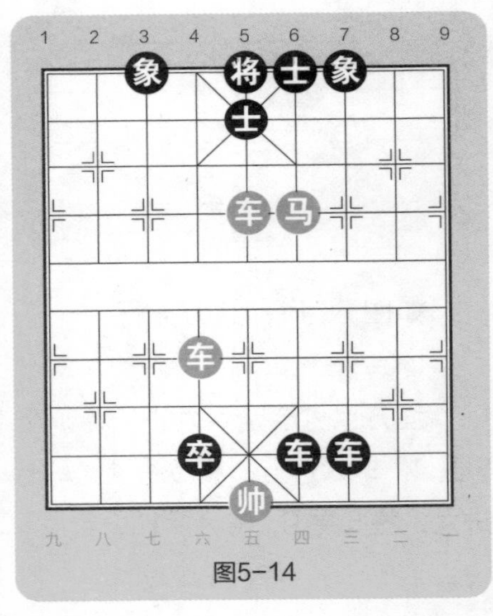
图5–14

如图 5–14，红方先行。

① 车六进六　将 5 平 4　　② 车五平六　将 4 平 5

③ 马四进六　将 5 平 4　　④ 马六退八　将 4 平 5

⑤ 马八进七（红胜）

如图5-15，红方先行。

①马二进三 将5平4

②车一平六 炮1平4

③车六进四 士5进4

④炮九平六 士4退5

⑤炮八平六（红胜）

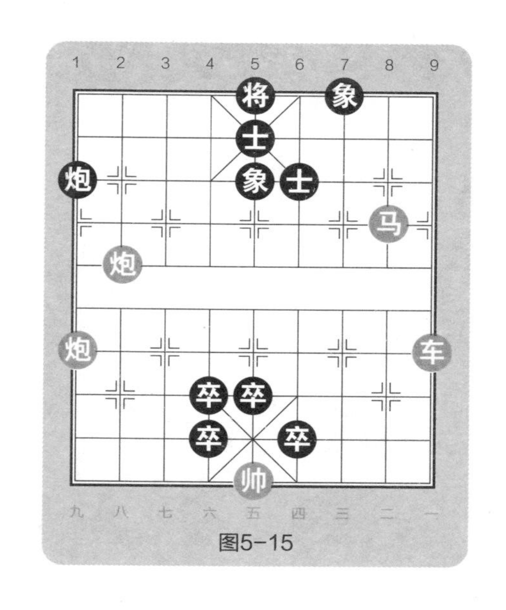

图5-15

如图5-16，红方先行。

①兵四进一 士5退6

②炮二进三 士6进5

③马三进四 炮7退4

④马四退五 炮7进4

⑤马五进七（红胜）

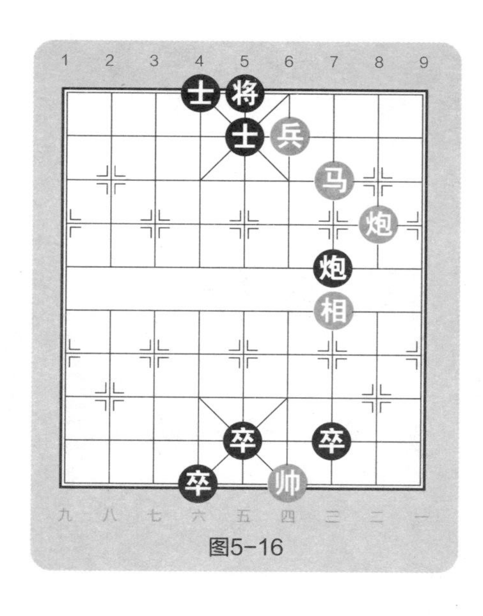

图5-16

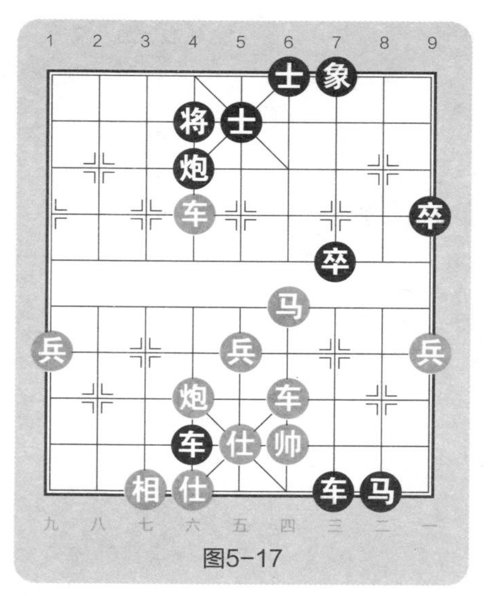

图5-17

如图5-17，红方先行。

①车六进一 将4进1

②马四进六 车4退1

③马六进四 将4平5

④马四进三 将5平4

⑤车四平六（红胜）

如图 5-18，红方先行。

①车四平六　炮 3 平 4　　②车六进二　士 5 进 4

③炮五平六　将 4 平 5　　④马四进三　将 5 进 1

⑤兵七平六（红胜）

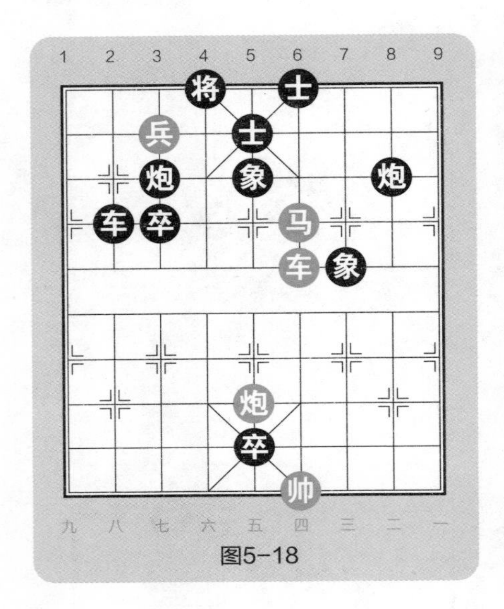

图5-18

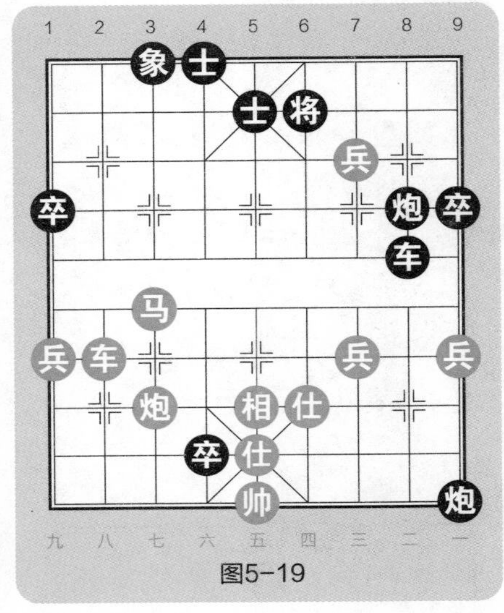

图5-19

如图 5-19，红方先行。

①前兵进一　将 6 进 1

②马七进六　炮 8 平 5

③车八平四　将 6 平 5

④马六进七　将 5 平 4

⑤车四平六（红胜）

如图 5-20，红方先行。

①马六进五　士 4 进 5

②马五进三　将 5 平 4

③车六进三　士 5 进 4

④炮八平六　士 4 退 5

⑤炮五平六（红胜）

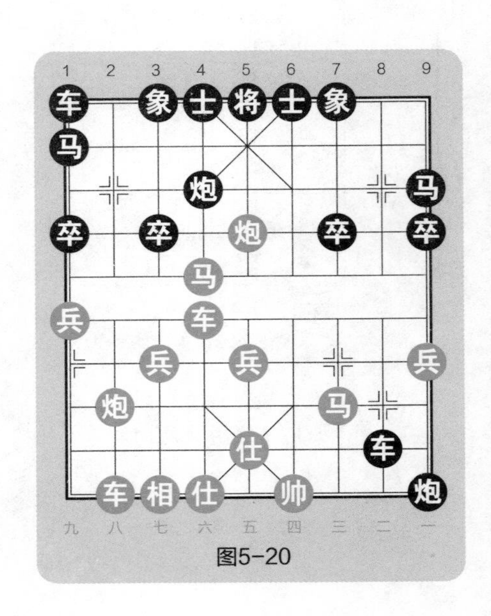

图5-20

如图 5-21，红方先行。

①马六进八　炮 3 平 7

黑方如改走马 1 进 2，则车七退二吃炮后，红方胜势。

②车七进一　马 1 退 3　　③马八进七　将 5 平 4

④炮六退一　车 8 进 6　　⑤仕六进五

至此，红方接下来有炮五平六的杀棋，黑方无法抵抗，红胜。

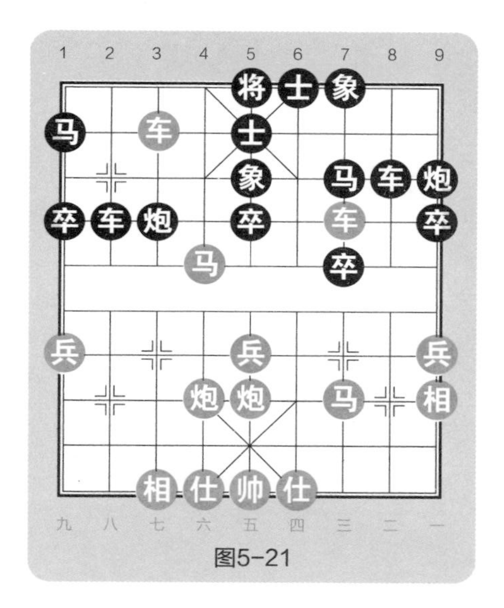

图5-21

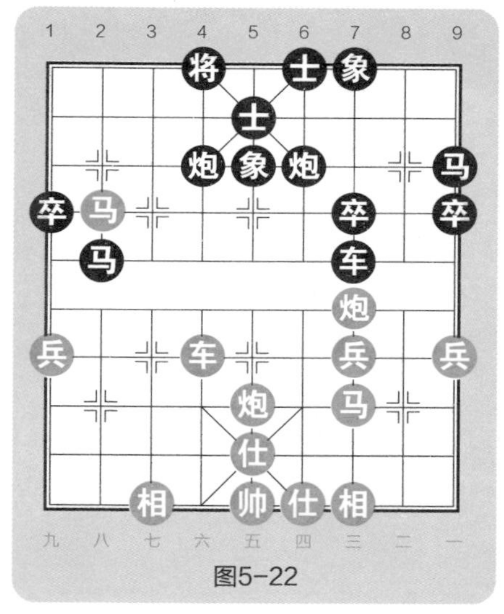

图5-22

如图 5-22，红方先行。

①炮五平六　炮 4 退 1

黑方如改走车 7 平 3，则车六进四，将 4 平 5，炮六平五，车 3 进 5，车六退七，车 3 平 4，帅五平六，红方伏有炮三进五和马八进七的杀棋，黑方无解。

②车六进五　将 4 平 5　　③马八进七　炮 6 退 1

④车六进一　将 5 平 4　　⑤炮三平六（红胜）

如图 5-23，红方先行。

①马二进四　将 5 平 6

②马四进六　将 6 平 5

③马六进七　将 5 平 4

④车四平六　炮 4 退 3

⑤炮九平六　炮 4 平 5

⑥兵七平六（红胜）

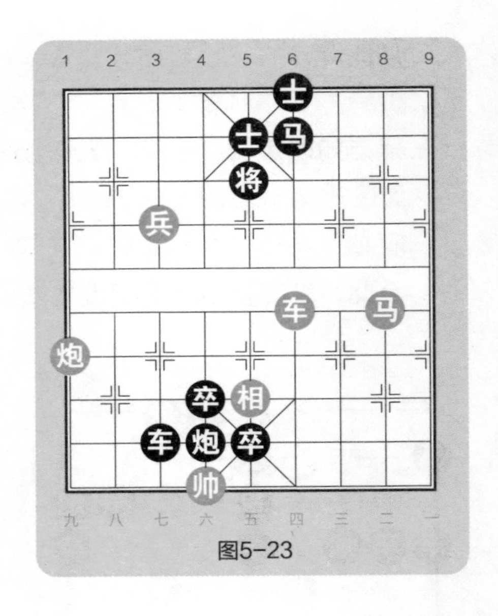

图5-23

如图 5-24，红方先行。

①兵八平七　将 4 进 1

②马三进四　将 4 平 5

③马四退六　将 5 平 4

④炮八平六　车 2 平 4

⑤马六进四　将 4 平 5

⑥马四进三（红胜）

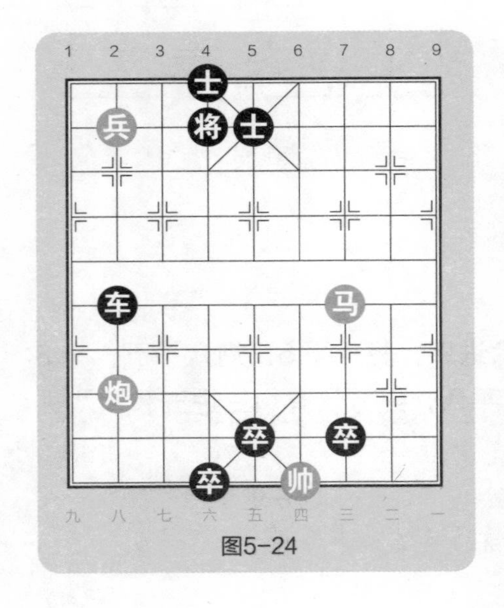

图5-24

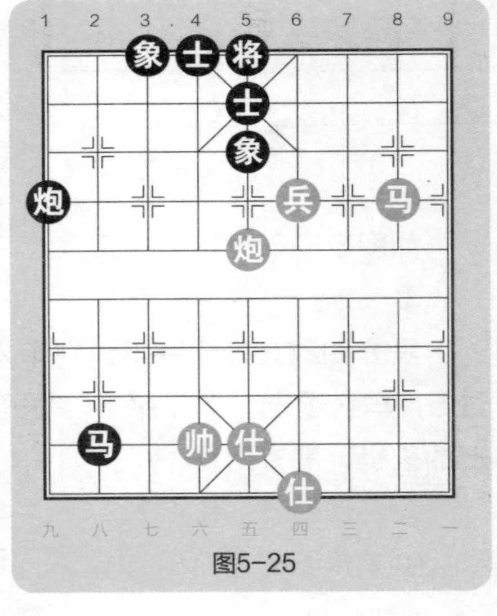

图5-25

如图 5-25，红方先行。

①马二进三　将 5 平 6

②炮五平四　士 5 进 6

③兵四进一　炮1平6　　④兵四进一　将6平5

⑤兵四进一　将5进1　　⑥马三退四（红胜）

如图5-26，红方先行。

①马二进三　车6退2　　②车二进五　士5退6

③车二平四　将5进1　　④车四退一　将5退1

⑤车四平五　将5平6　　⑥车五进一（红胜）

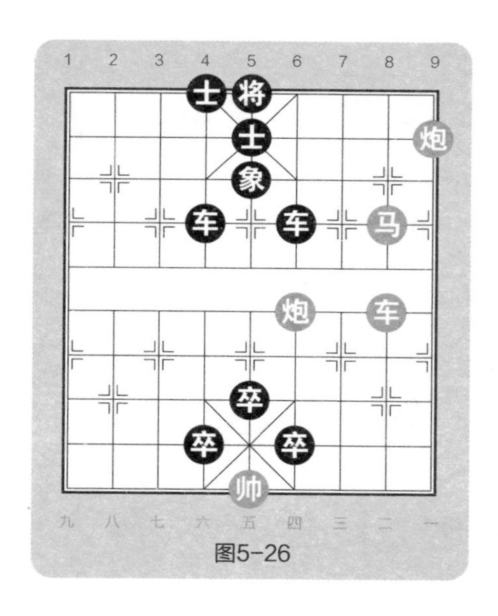
图5-26

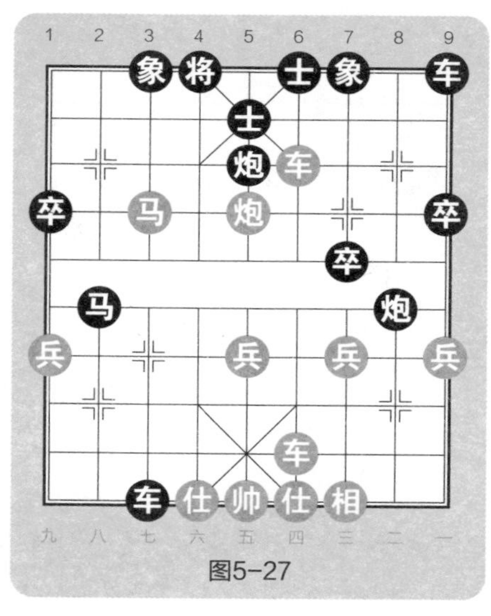
图5-27

如图5-27，红方先行。

①前车进二　士5退6　　②马七进五　士6进5

③车四平六　将4平5　　④马五进三　将5平6

⑤车六平四　士5进6　　⑥车四进六（红胜）

如图5-28，红方先行。

①马六退四　炮2平6　　②马八进七　将5进1

③马七退六　将5退1　　④车八平五　士6进5

⑤马六进七　将5平6　　⑥炮六平四（红胜）

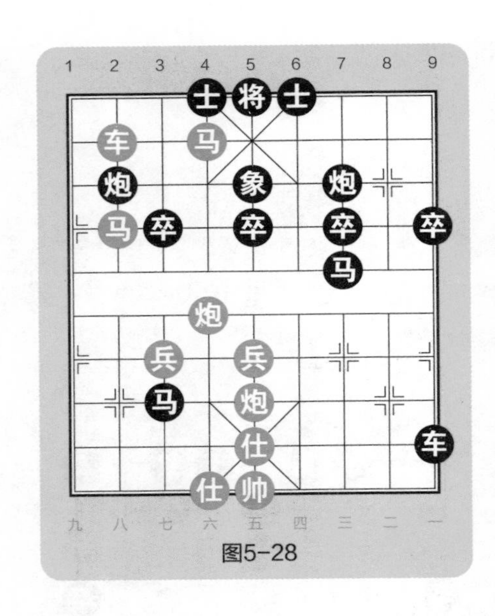
图5-28

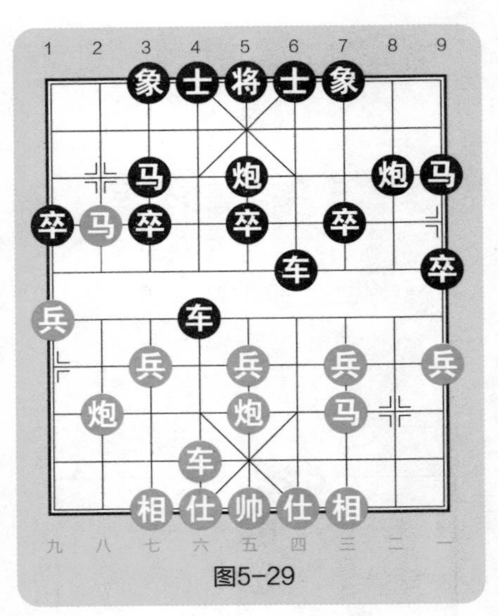
图5-29

如图 5-29，红方先行。

①马八进七　车 4 退 4　②车六进七　士 6 进 5
③车六退三　将 5 平 6　④车六平四　炮 8 平 6
⑤车四进二　士 5 进 6　⑥炮五平四　士 6 退 5
⑦炮四退一

以下红方炮八平四，黑方无解，红胜。

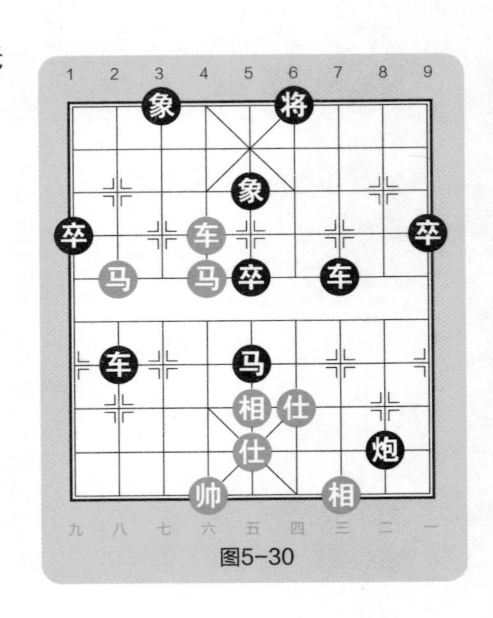
图5-30

如图 5-30，红方先行。

①车六进三　将 6 进 1
②车六退一　将 6 退 1
③马六进五　将 6 平 5
④车六进一　将 5 进 1
⑤马八进六　将 5 进 1
⑥马六进七　将 5 退 1
⑦车六退一　将 5 退 1
⑧车六平四（红胜）

如图 5-31，红方先行。

① 兵七平六	将 4 退 1	② 炮九平六	士 5 进 4
③ 兵六平五	将 4 平 5	④ 前兵进一	将 5 平 6
⑤ 炮六平四	士 6 退 5	⑥ 前兵平四	将 6 进 1
⑦ 炮四退二	将 6 平 5	⑧ 马八进七（红胜）	

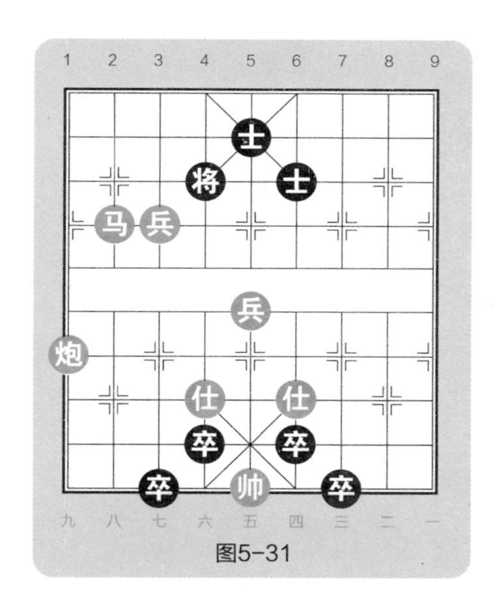

图5-31

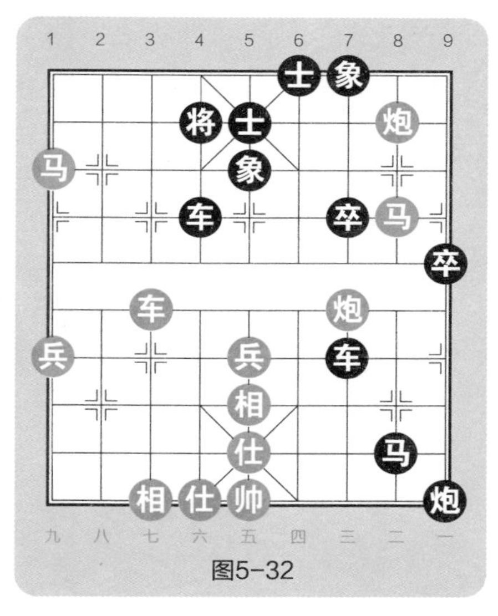

图5-32

如图 5-32，红方先行。

① 马九进八	将 4 退 1	② 炮三进五	象 5 退 7
③ 车七进五	将 4 进 1	④ 车七退三	将 4 退 1
⑤ 车七平六	士 5 进 4	⑥ 车六进一	将 4 平 5
⑦ 马二进三	将 5 进 1	⑧ 车六进一（红胜）	

如图 5-33，红方先行。

①炮八进二　车 3 平 2　　②马八进七　将 5 平 4
③车四平六　士 5 进 4　　④炮九平六　将 4 进 1
⑤车六进三　将 4 平 5　　⑥车六进一　将 5 退 1
⑦车六平四　将 5 平 4　　⑧车四进一　将 4 进 1
⑨马七退六（红胜）

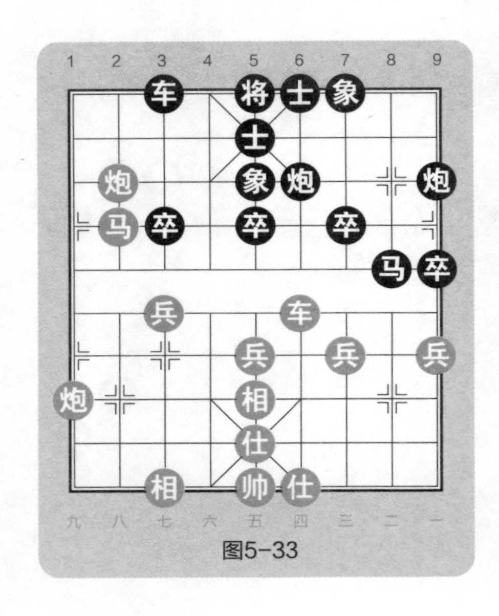
图5-33

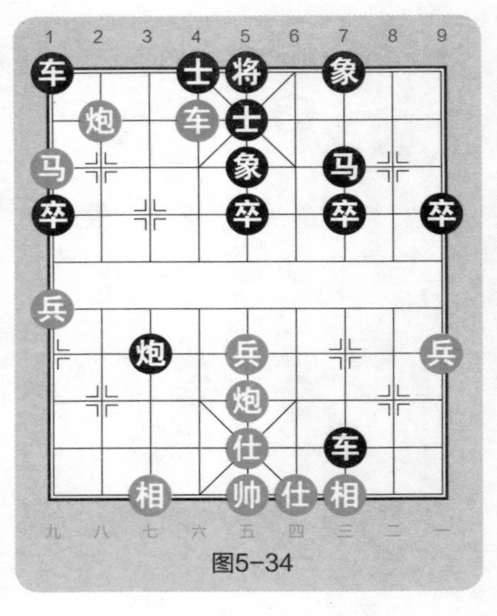
图5-34

如图 5-34，红方先行。

①马九进七　将 5 平 6　　②车六退四　车 7 平 6

黑方如改走炮 3 退 4，则炮五平四，黑方只能坐以待毙。

③炮五平四　车 6 退 1　　④仕五进四　炮 3 退 4
⑤炮八退七　车 1 平 3　　⑥炮八平四　士 5 进 6
⑦仕四退五　士 6 退 5　　⑧车六平四　士 5 进 6
⑨车四进三（红胜）

第6课 挂角马

马在对方高士角控将，用其他兵力配合将死对方，称为挂角马杀法。

【要点】

挂角马和其他兵力配合主要有两种类型：

1. 马和车配合在下二路线或肋道成杀。
2. 马和炮配合在肋道成杀。

【难点】

1. 实施挂角马杀法，必须注意对方宫顶的情况及对宫顶线的控制。

2. 对方将（帅）一侧缺士（仕）时，马车配合实施挂角马，马应挂向对方有士（仕）的一侧。

【例局1】马车配合横线杀

如图6-1，红方先行。

①车六进一　士5退4

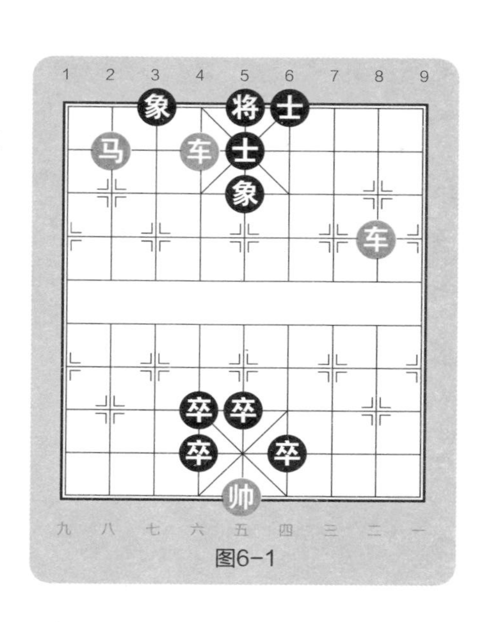

图6-1

② 马八退六　将5进1　　③ 车二进二（红胜）

【例局2】马车配合纵线杀

如图6-2，红方先行。

① 车四进一　士5退6　　② 马五进四　将5平4

③ 车八平六（红胜）

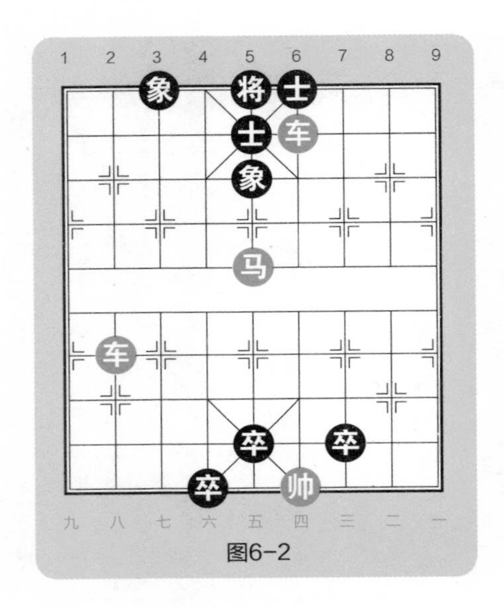

图6-2

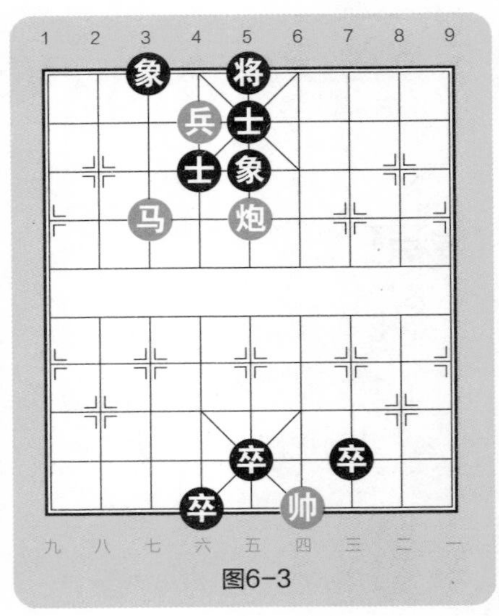

图6-3

【例局3】马炮配合纵线杀

如图6-3，红方先行。

① 兵六进一　将5平4　　② 马七进八　将4平5

③ 马八退六　将5平4　　④ 炮五平六（红胜）

练习题

如图 6-4，红方先行。

①马九进八　将 4 平 5　　②马八退六　将 5 平 4

③炮二平六（红胜）

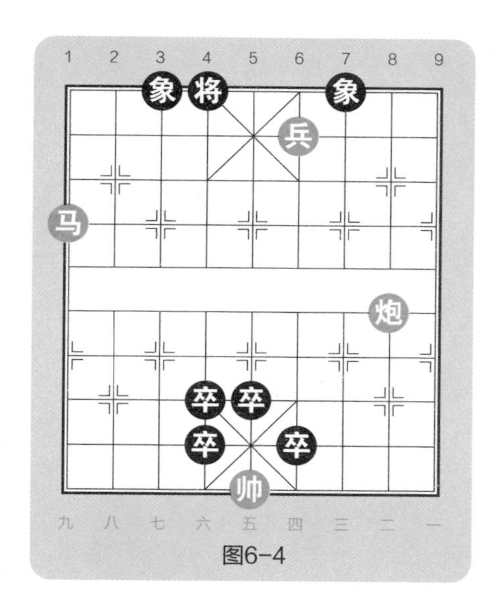

图6-4

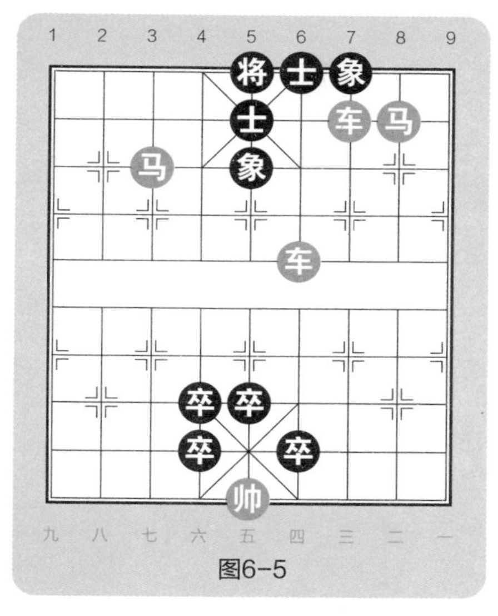

图6-5

如图 6-5，红方先行。

①车三平五　士 6 进 5

②车四进四　士 5 退 6

③马二退四（红胜）

如图 6-6，红方先行。

①马五退三　象 3 进 5

黑方如改走士 5 进 6，则炮二平五，红胜。

②车四进一　马 7 退 6

③马三进四（红胜）

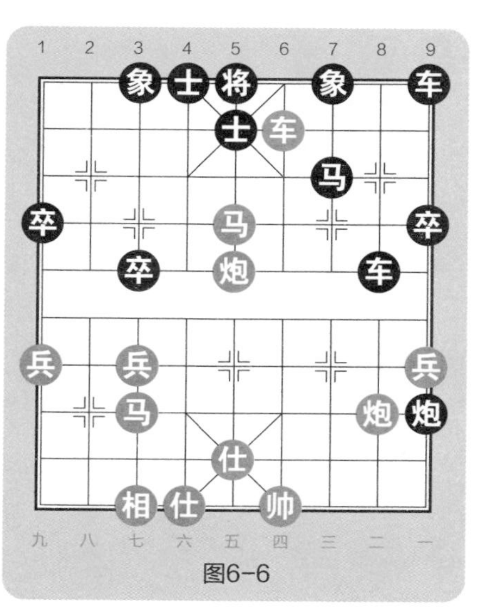

图6-6

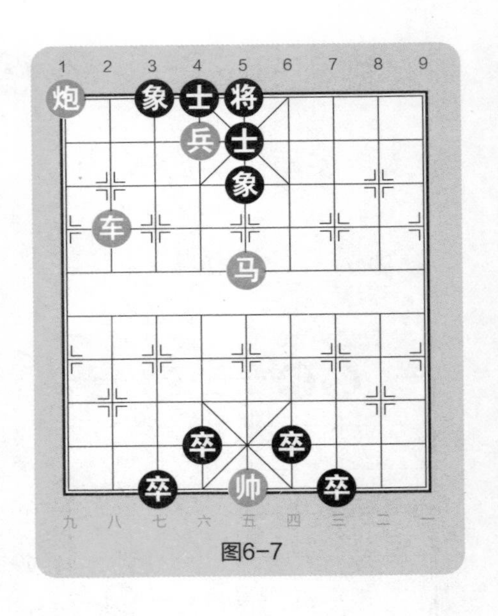
图6-7

如图 6-7，红方先行。

① 兵六进一　士 5 退 4

② 马五进六

红方如改走马五进四，则将 5 平 6，红方无杀，黑胜。

② ……　将 5 进 1

黑方如改走将 5 平 6，则车八平四，红胜。

③ 车八进二（红胜）

如图 6-8，红方先行。

① 马八进六　将 5 平 4

② 马六进七　将 4 平 5

③ 车六进三　马 3 退 4

④ 马七退六（红胜）

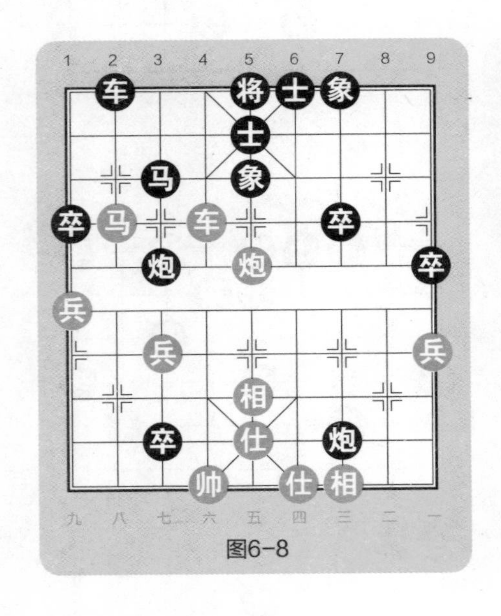
图6-8

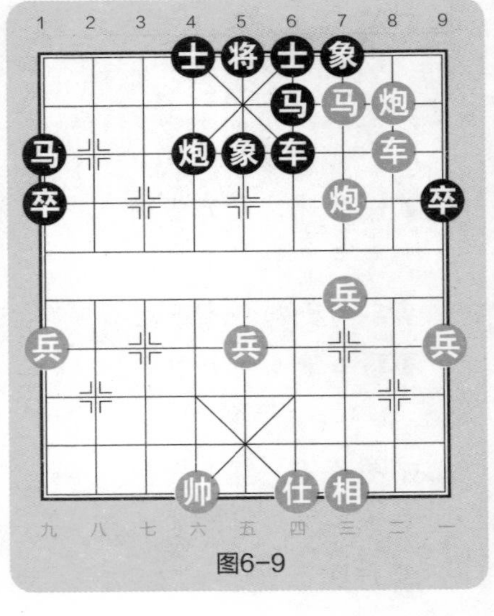
图6-9

如图 6-9，红方先行。

① 炮三进三　将 5 进 1

② 马三退四　马 6 进 8

③ 炮三退一 将 5 退 1 ④ 马四进六（红胜）

如图 6-10，红方先行。

① 马六进七 将 4 平 5

黑方如改走士 4 退 5，则车七进三，将 4 进 1，车七退一，将 4 退 1，马七进六，红胜。

② 车七平五 象 3 进 5 ③ 马七进六 将 5 进 1

④ 车二进八（红胜）

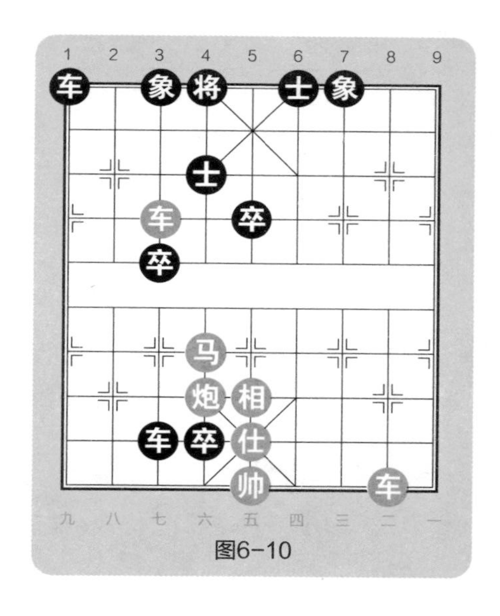

图6-10

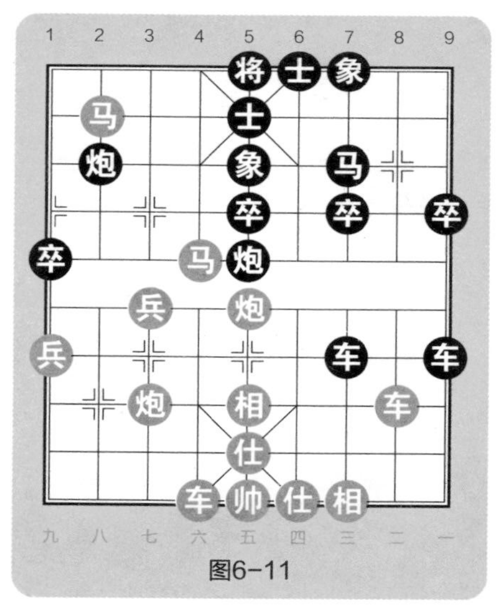

图6-11

如图 6-11，红方先行。

① 马六进五 象 7 进 5

黑方如改走士 5 进 4，则车六进七，士 6 进 5，车二进六，红方伏车六进二弃车引士再退马挂角的手段。

② 车六进九 士 5 退 4 ③ 马八退六 将 5 进 1

④ 车二进六（红胜）

如图6–12，红方先行。

①马六进四　卒6平5

②帅五平四　将5平4

黑方如改走卒4进1，则兵四进一，将5平4，炮五平六，红胜。

③炮五平六　将4平5

④兵四进一　将5平6

⑤炮六平四（红胜）

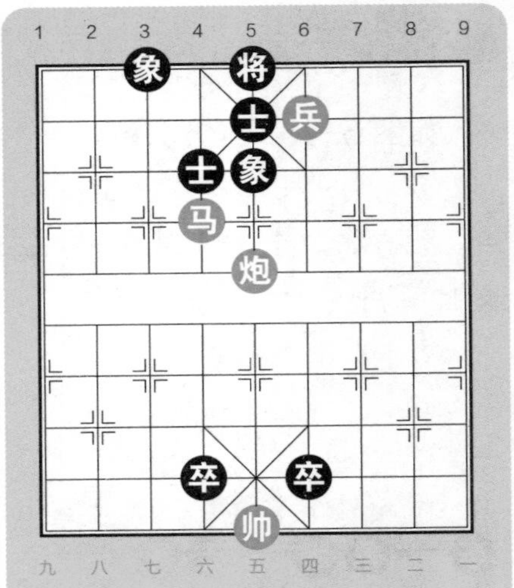

图6–12

如图6–13，红方先行。

①车六进二　象3进1

②兵九进一　士5退4

③马八进六　士6进5

黑方如改走车2平4，则车六平五，将5进1，车七进七，红胜。

④车六平五　将5进1　⑤车七进七（红胜）

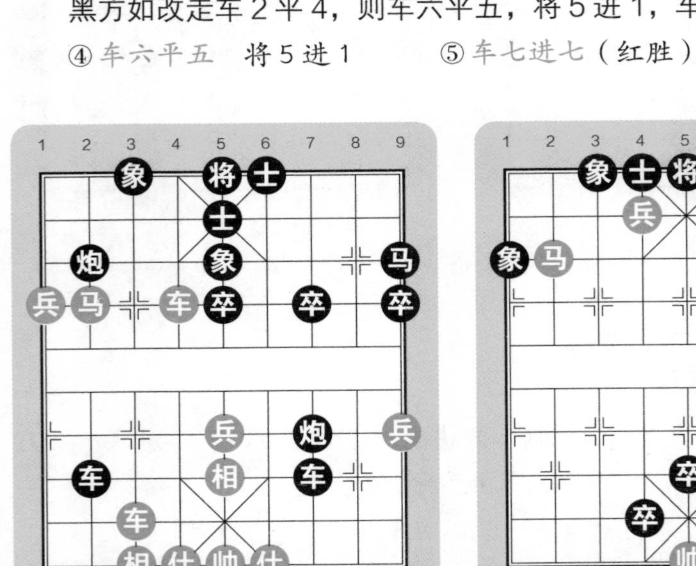

图6–13

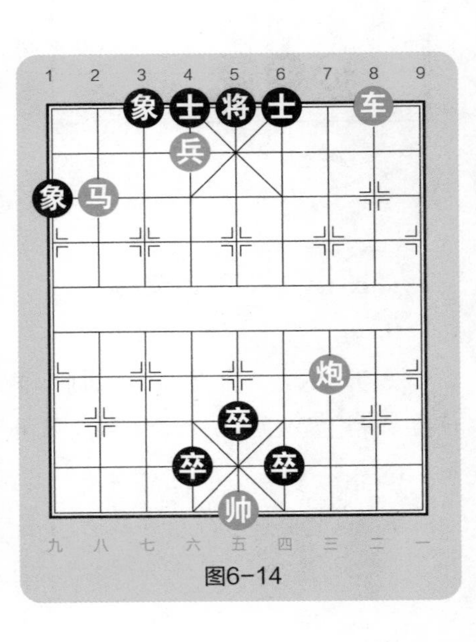

图6–14

如图 6-14，红方先行。

①兵六平五	将5进1	②马八退六	将5退1
③炮三进六	士6进5	④炮三退二	士5退6
⑤马六进四	将5进1	⑥车二退一（红胜）	

如图 6-15，红方先行。

①车四进五

红方接下来伏有后炮进三，卒 4 平 5，马八进六杀的手段。

①……	车8进3	②前炮平六	卒4平3
③炮六进三	车8退1	④炮六平五	车8平5
⑤炮五进四	象3进5	⑥马八进六（红胜）	

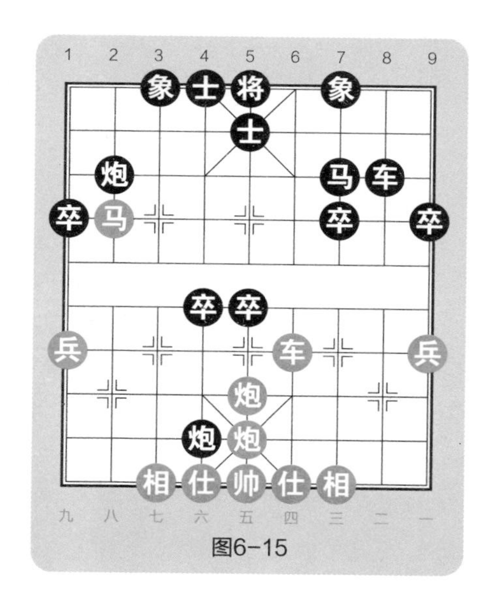

图6-15

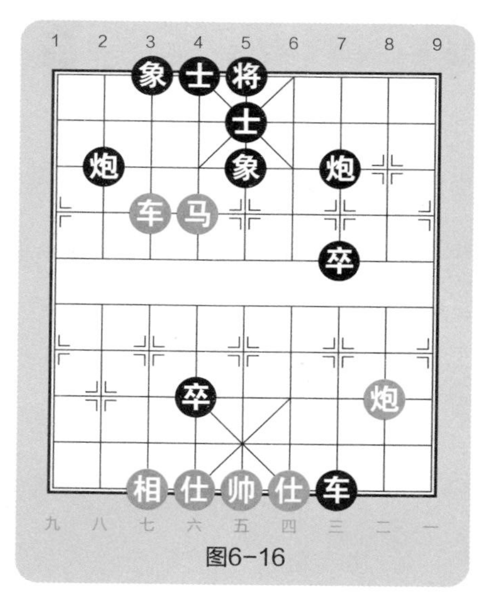

图6-16

如图 6-16，红方先行。

①马六进七	将5平6	②炮二平四	将6进1
③车七平四	炮7平6	④车四平二	炮6平7
⑤马七退六	士5进4	⑥马六进四	将6平5
⑦车二进二（红胜）			

如图 6-17，红方先行。

①前车进三　士 5 退 4　　②兵六进一　马 3 退 4
③前车平六　将 5 平 4　　④马三进四　将 4 平 5
⑤车八进五　将 5 进 1　　⑥车八退一　将 5 退 1
⑦马四退六　将 5 平 4　　⑧炮九平六（红胜）

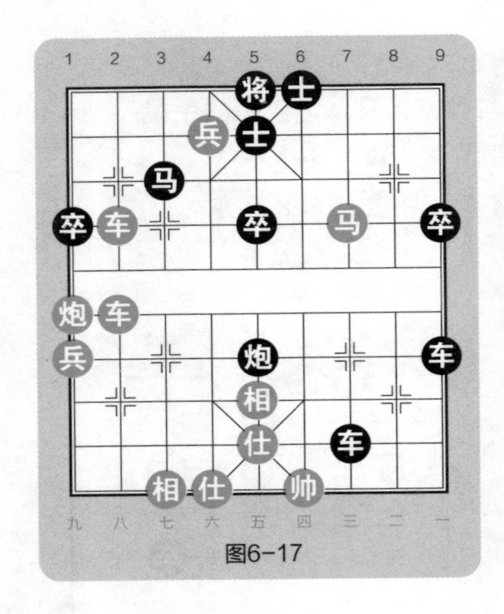

图6-17

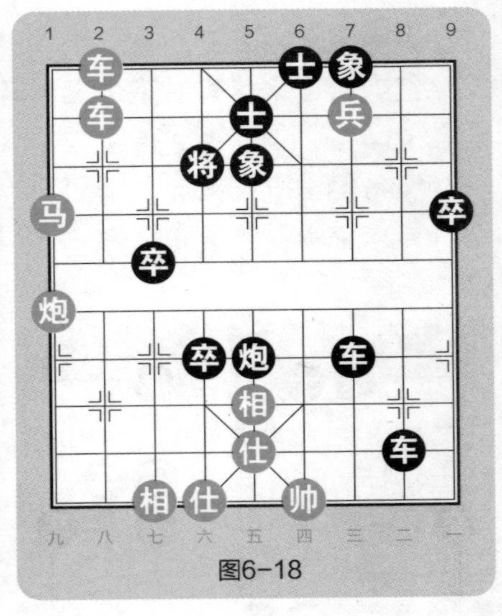

图6-18

如图 6-18，红方先行。

①前车平六　士 5 退 4　　②车八退一　将 4 退 1
③车八平六　将 4 平 5　　④兵三平四　将 5 退 1
⑤车六进二　将 5 平 4　　⑥马九进八　将 4 平 5
⑦马八退六　将 5 平 4　　⑧炮九平六（红胜）

第7课　铁门栓

“铁门栓”是形容进攻的兵力像一个铁做的门塞子一样，牢牢地封死对方的将门。一般把炮镇中路，车或兵（卒）在肋道借助帅力或其他兵力的掩护插入对方将门而将死对方的方法，称为铁门栓杀法。

【重点】

1. 镇住中路的炮不能被对方赶跑或换掉。
2. 冲击将门时，进攻将门的兵力要比对方守将门的兵力多。

【难点】

当双方对将门的攻防力量相等时，要掌握削弱对方守将门兵力的技巧，以及阻止对方兵力退守将门的方法。

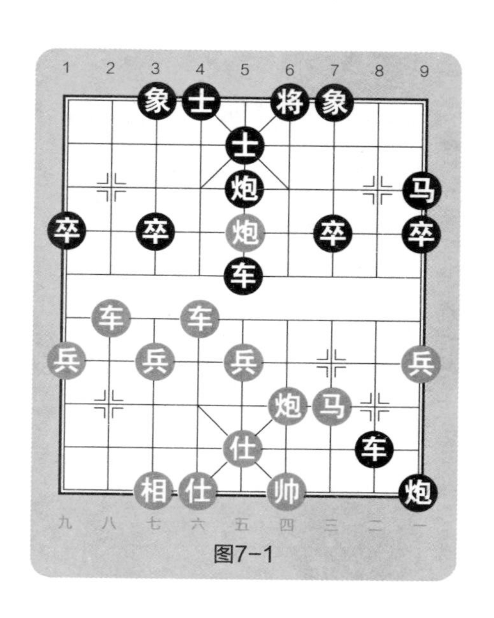

图7-1

【例局1】保住中炮

如图7-1，红方先行。

① 车六平四　将6平5
② 炮四平五　车5退1
③ 炮五进四

至此，红方保住中炮，接下来再车四进五即成铁门栓杀，黑方无解。

【例局 2】增加冲击将门的力量

如图 7–2，红方先行。

①帅五平四　象 7 进 9　　②车八平四　车 9 退 1

③兵三平四

至此，红方增加了冲击将门的力量，使攻防兵力对比变为三比二，胜券在握。

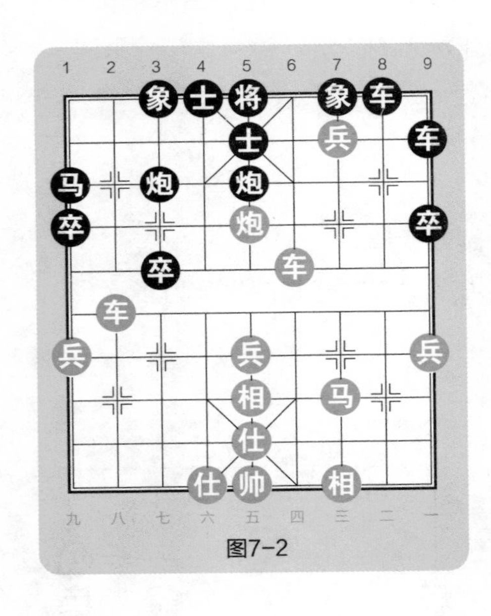

图7–2

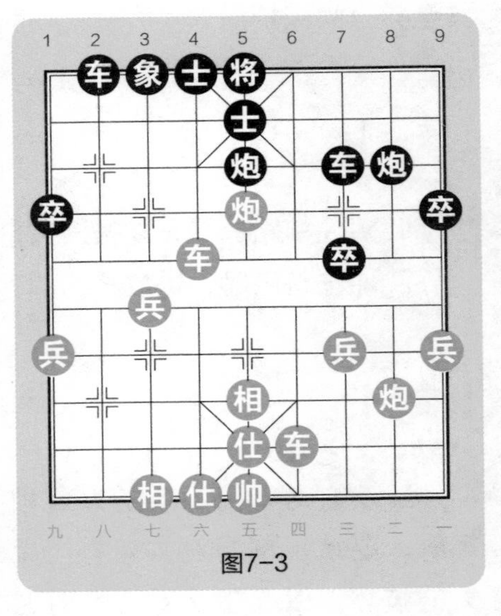

图7–3

【例局 3】使对方防守兵力减少

如图 7–3，红方先行。

①车六平四　车 7 退 2　　②帅五平四　炮 8 退 2

③前车平三

红方弃车引车，使对方防守兵力减少。

③……　　车 7 进 4　　④车四进八（红胜）

【例局 4】阻止对方守将门

如图 7-4，红方先行。

① 车四进六　马 9 退 7

② 马一进二

红方进马塞象眼，使黑方无法象 7 进 9 用车守将门。至此红方续有帅五平四要杀的手段，黑方只能坐以待毙。

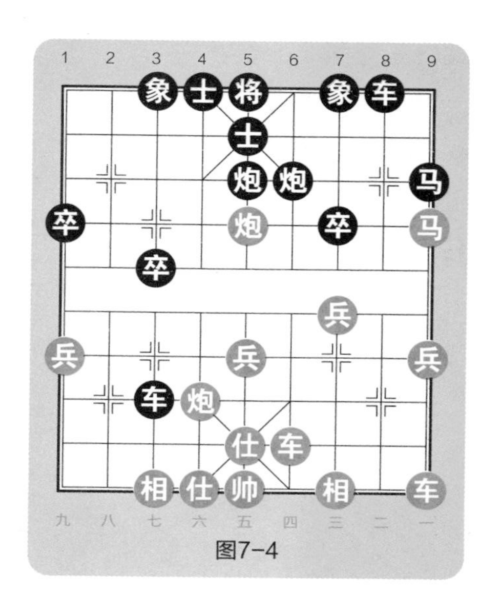

图7-4

如图 7-5，红方先行。

① 炮三进五　象 5 退 7　　② 马二进四　马 4 退 6

③ 兵六进一（红胜）

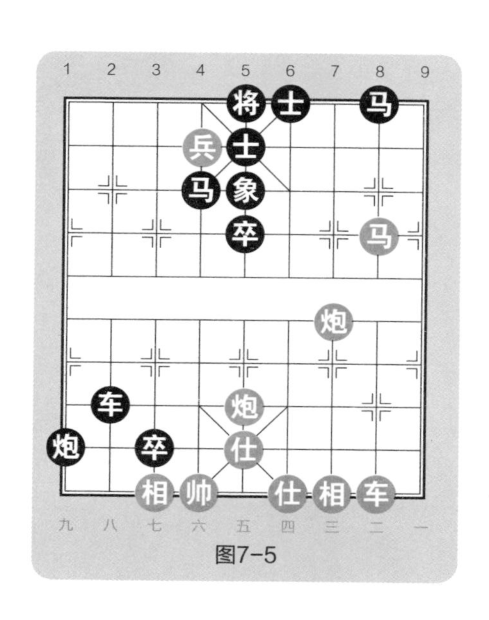

图7-5

如图 7–6，红方先行。

①车八平七　车 4 退 3　　　②车七退二　炮 6 平 3

黑方如改走车 4 进 2，则炮九进四，炮 6 平 3，帅五平四，铁门栓杀。

③帅五平四

至此，铁门栓杀势已成，红方胜定。

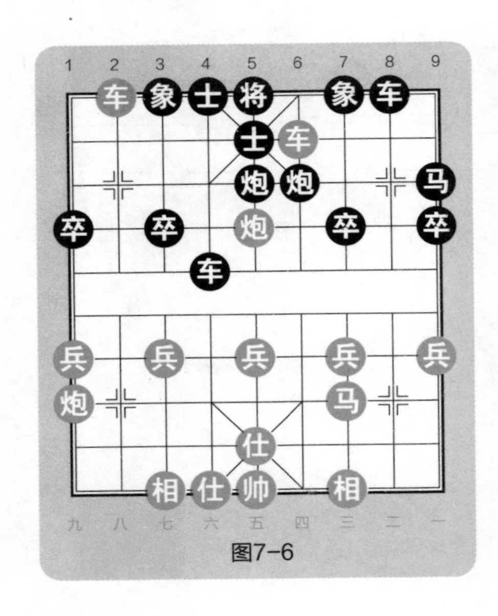
图7–6

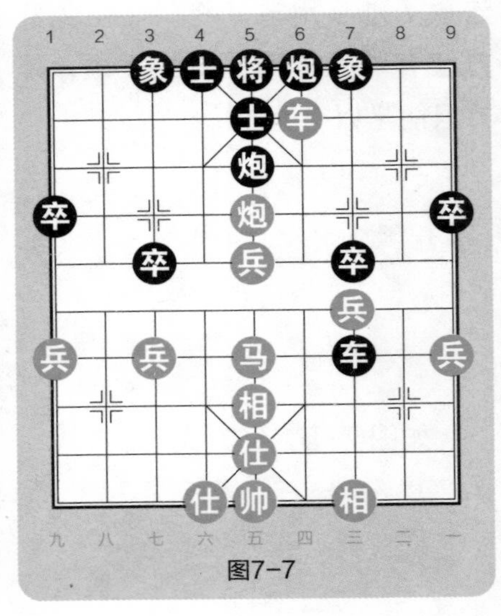
图7–7

如图 7–7，红方先行。

①马五进四　炮 6 进 4

黑方如改走车 7 平 6，则马四进五，车 6 退 5，马五进七，红胜。又如在马四进五后黑方改走象 3 进 5，则红方车四退五得车后，黑方同样难挽败局。

②车四退三　车 7 平 8　　　③帅五平四

至此，铁门栓杀势已成，红方胜定。

如图 7–8，红方先行。

① 车六进三　士 5 退 4　　② 车四平六　士 4 进 5

③ 炮八平五

至此，铁门栓杀势已成，红方胜定。

此局是双车炮制造铁门栓的常见棋形，红方第二回合车四平六后，伏炮八进三，士 4 进 5，车六进一的杀着，所以黑方士 4 进 5 是迫不得已的应着。

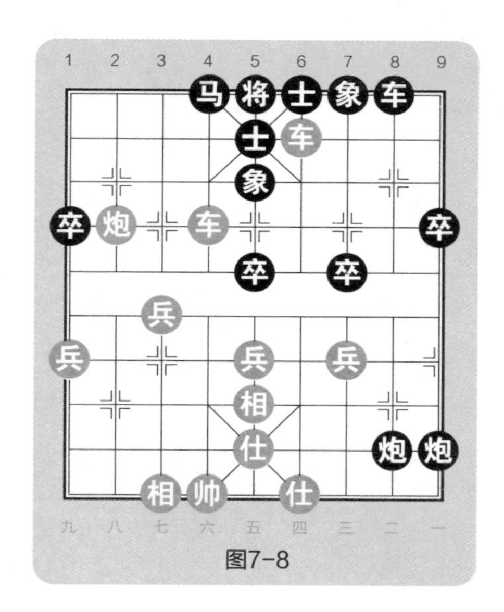

图7–8

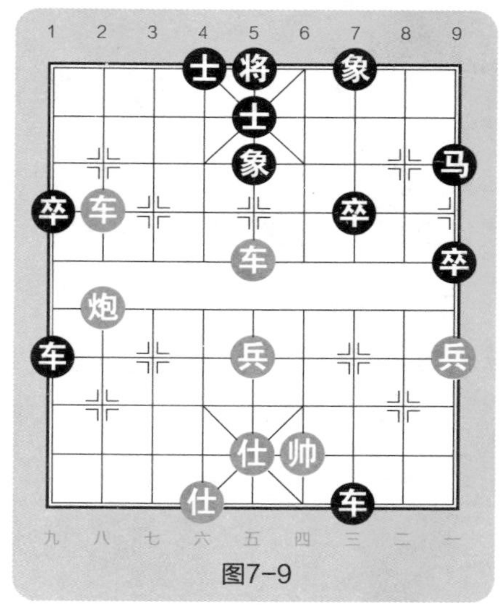

图7–9

如图 7–9，红方先行。

① 车八平四

红方伏有炮八进五，象 5 退 3，车四进三杀的手段。

①……　　车 1 平 2

黑方如改走士 5 进 6，则炮八平五后，红方伏有车四进一、车五进二等多种攻法，黑方难以抵抗。

② 车五进二　象 7 进 5　　③ 炮八平五

至此，铁门栓杀势已成，红方胜定。

如图 7–10，红方先行。

①马七进六　车 7 平 4　②马六进四　将 5 平 6
③马四进三　将 6 平 5　④车四进六（红胜）

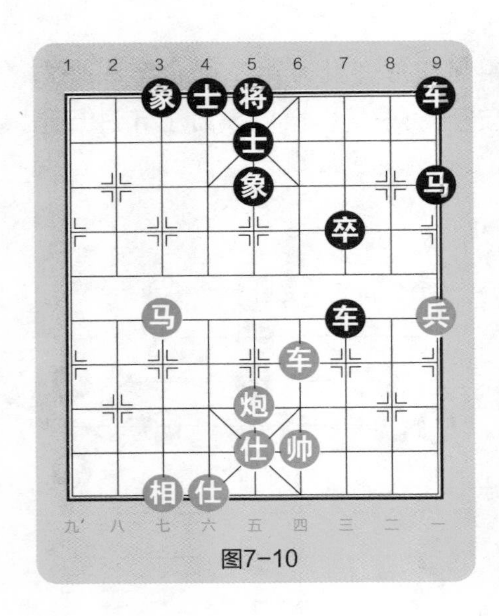
图7–10

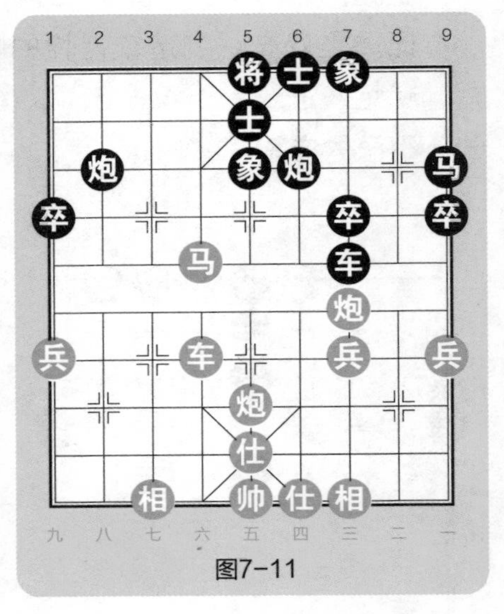
图7–11

如图 7–11，红方先行。

①马六进七　炮 6 平 3
②帅五平六　车 7 平 5
③炮三进五　象 5 退 7
④车六进六（红胜）

如图 7–12，红方先行。

①炮八平五　炮 2 平 5
②前炮进四　象 7 进 5
③炮五退五　士 4 进 5
④车四进二（红胜）

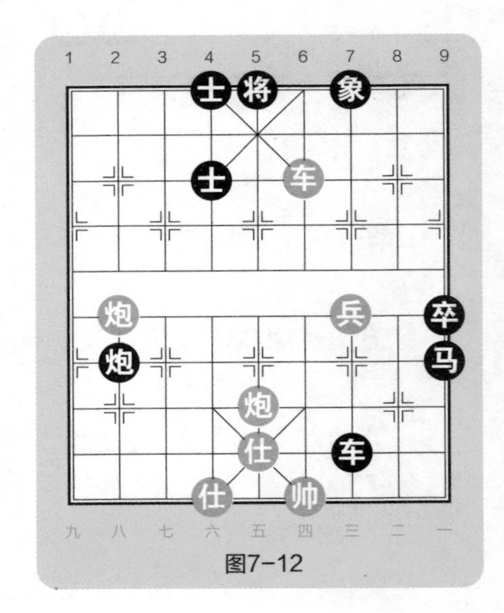
图7–12

如图 7-13，红方先行。

① 车三平七　卒 7 进 1

黑方如改走车 3 平 2，则车七进三，红方铁门栓杀。

② 车七进二　车 8 进 4　　③ 车七平五　士 6 进 5

④ 车六进六（红胜）

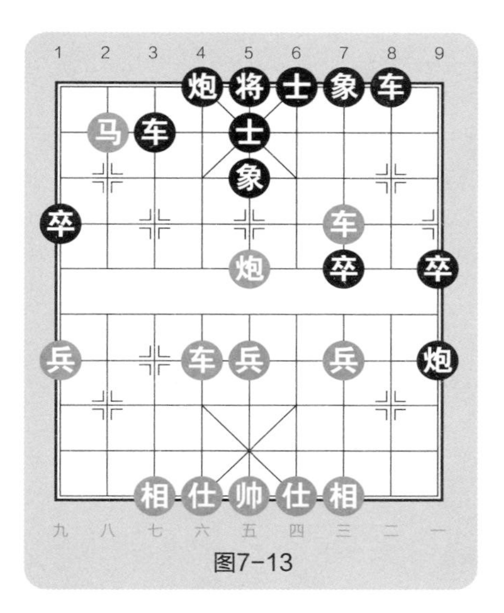

图7-13

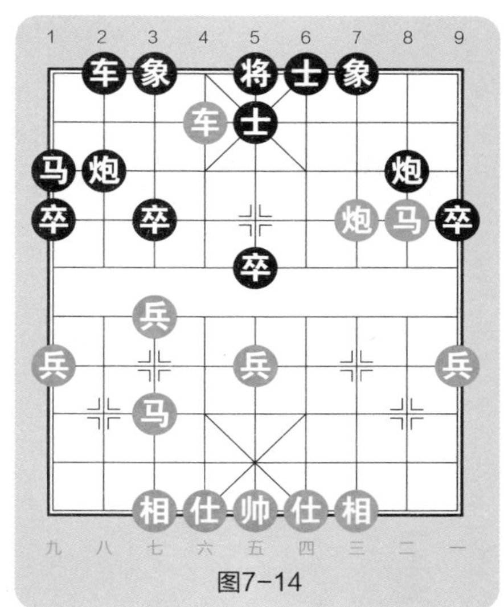

图7-14

如图 7-14，红方先行。

① 炮三平五　象 7 进 5　　② 仕六进五　炮 2 平 4

③ 马二进四

红方弃马挂角将军，破坏对方担子炮的防守，这是削弱对方防守兵力的典型战术。

③……　　炮 4 平 6　　④ 帅五平六

至此，铁门栓杀势已成，红方胜定。

如图 7-15，红方先行。

①马六进七　车 2 进 9

黑方如改走车 2 平 3，则车五平八，红方接下来再车八进四，仍成铁门栓。

②车五平六　车 2 退 9　　　③马七进八　炮 1 退 1

④马八退九

红方借铁门栓杀势连续得子，下一步马九进七杀。

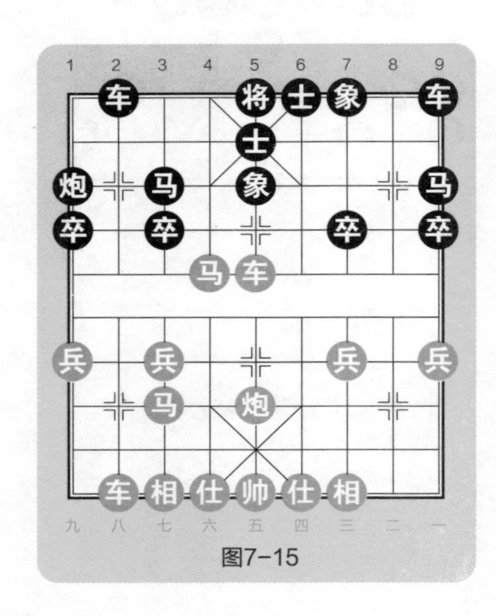

图7-15

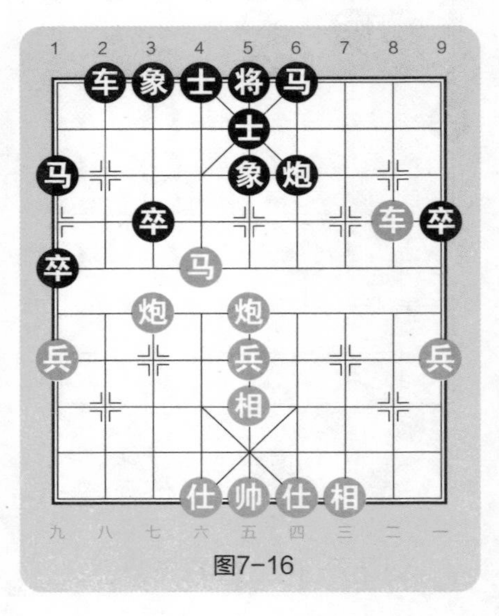

图7-16

如图 7-16，红方先行。

①炮七进五　车 2 平 3　　　②马六进五　马 6 进 5

③车二进三　炮 6 退 2　　　④仕四进五

红方以下续有帅五平四再车二平四的杀着，黑方大子在一步之内已无法救援，红胜。

如图 7-17，红方先行。

①车六进五　车 7 退 1　　　②帅五平六　马 1 退 2

③炮五进三　马 2 进 3　　　④炮八进六　马 3 退 2

⑤ 车六进四（红胜）

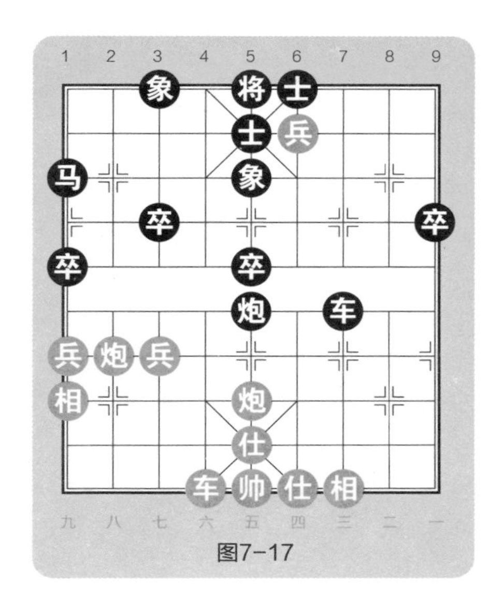
图7-17

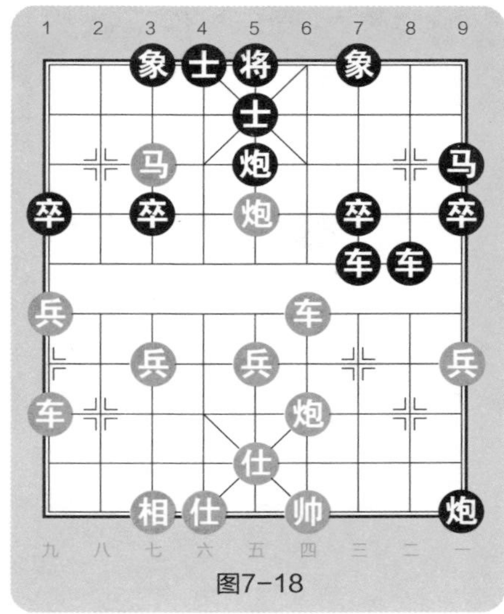
图7-18

如图 7-18，红方先行。

① 炮四平三　车 7 平 6　　② 车九平四　马 9 退 8

③ 前车进一　车 8 平 6　　④ 车四进三　马 8 进 7

⑤ 炮三进五

至此，铁门栓杀势已成，红方胜定。

如图 7-19，红方先行。

① 车九平四　车 8 退 2

② 车六平四　象 7 进 9

③ 仕四进五　马 1 退 2

④ 帅五平四　马 2 进 3

⑤ 前车进四　车 8 平 6

⑥ 车四进七（红胜）

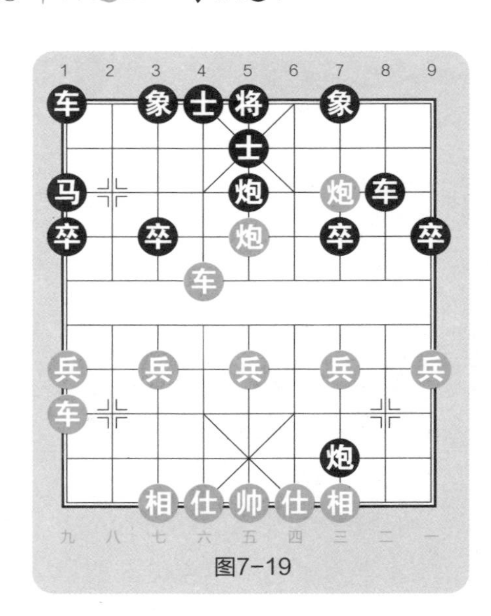
图7-19

如图 7-20，红方先行。

① 马六进七　车 8 进 1　　② 炮四退二　车 8 退 5
③ 炮四进一　车 7 平 4　　④ 仕五进四　车 8 平 6
⑤ 车六进一　车 6 平 4　　⑥ 车四进五（红胜）

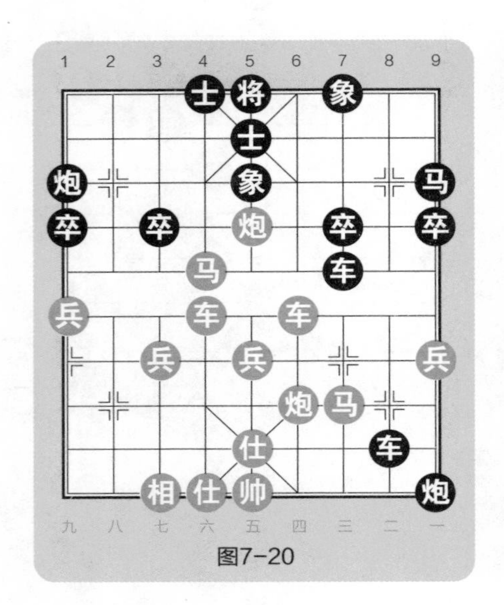
图7-20

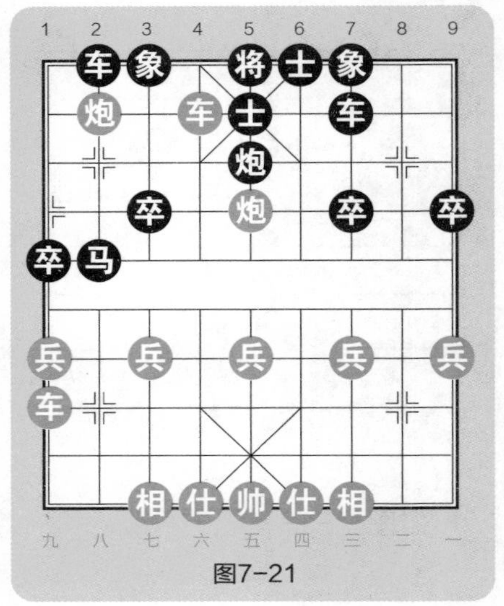
图7-21

如图 7-21，红方先行。

① 车九平六　马 2 退 3
② 前车退一　车 2 进 1
③ 仕六进五　车 2 退 1
④ 帅五平六　象 3 进 1
⑤ 前车平七　卒 7 进 1
⑥ 车七平六

至此，红方双车借帅力冲击将门，黑方已无法抵抗，红胜。

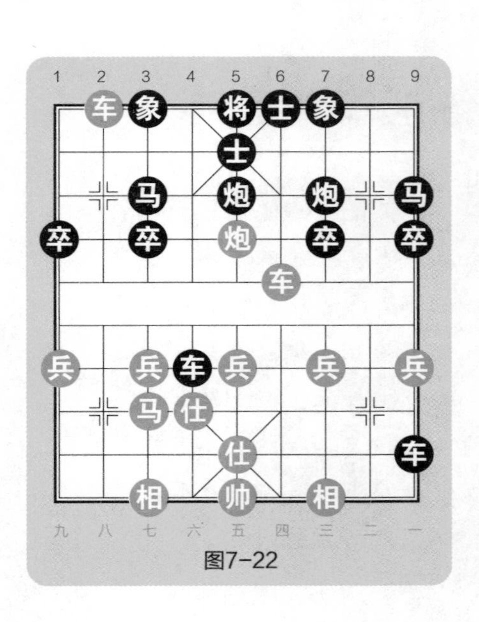
图7-22

如图 7-22，红方先行。

① 车八平七　车 4 退 6
② 车七退二　炮 7 平 6

③ 车四进二　马 9 退 8　　④ 帅五平四　马 8 进 7
⑤ 车四平三　车 4 进 3　　⑥ 车七进二　车 4 退 3
⑦ 车三平四

以下红方车四进二即可成杀。

如图 7-23，红方先行。

① 炮五进四　士 6 进 5　　② 车七平四　车 6 平 3
③ 车四进二　车 3 进 3　　④ 车四进二　车 3 退 7
⑤ 车八退二　马 9 退 7　　⑥ 仕四进五　象 7 进 9
⑦ 帅五平四

至此，红方续走车八平四形成铁门栓杀势，红方胜定。

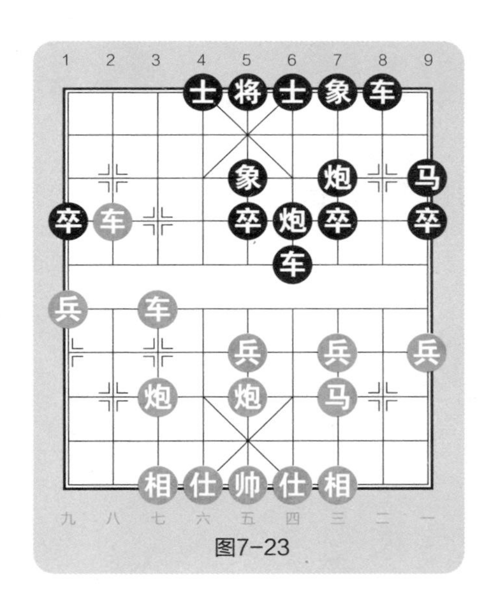
图7-23

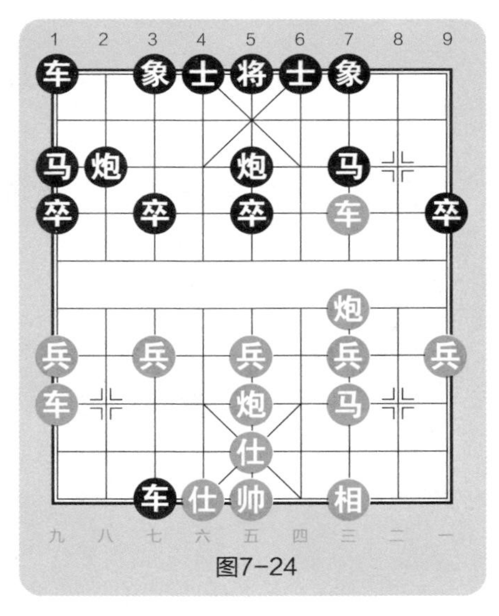
图7-24

如图 7-24，红方先行。

① 车三进一　炮 2 平 7　　② 炮五进四　士 6 进 5
③ 车九平四　炮 7 平 8　　④ 帅五平四　炮 8 退 2
⑤ 车四进五　车 3 退 3　　⑥ 车四平三　象 7 进 9
⑦ 车三平一　炮 8 平 6　　⑧ 车一进二（红方胜定）

第 8 课　大胆穿心

车或兵（卒）在其他兵力的配合下，强行吃掉对方中心士（仕），破除对方防线并一举成杀，称为大胆穿心杀法。

【要点】

1. 车占宫心使对方将（帅）暴露在底线。
2. 车占宫心使对方将（帅）暴露在下二路线。
3. 车占宫心使对方将（帅）移动的路线被堵塞。

【难点】

1. 大胆穿心本身并不能将死对方，只是为之后的攻杀创造条件，因此要计算清楚大胆穿心之后的着法，避免因计算失误造成子力损失。

2. 多兵种配合的大胆穿心，往往是多种技战术的组合运用，对攻杀能力的要求较高。

【例局 1】将暴露在底线

如图 8-1，红方先行。

①车二平五　士 4 进 5

黑方如改走将 5 平 6，则车五进一，将 6 进 1，车七进二，将 6 进 1，车五平四，红胜。

②车七进三（红胜）

此例是红车穿心后，黑将暴露在底线或肋道的基本型。

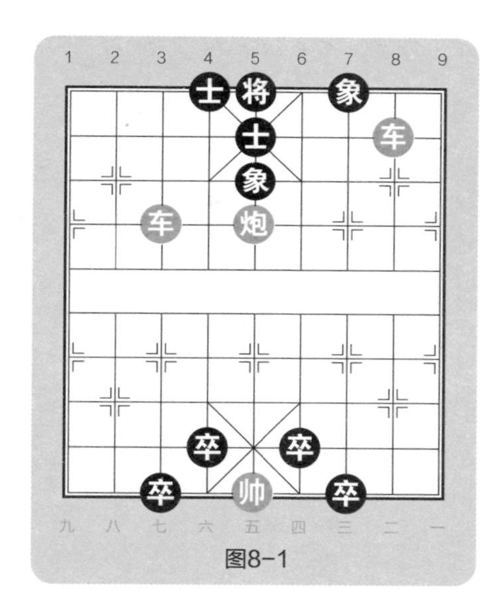

图8-1

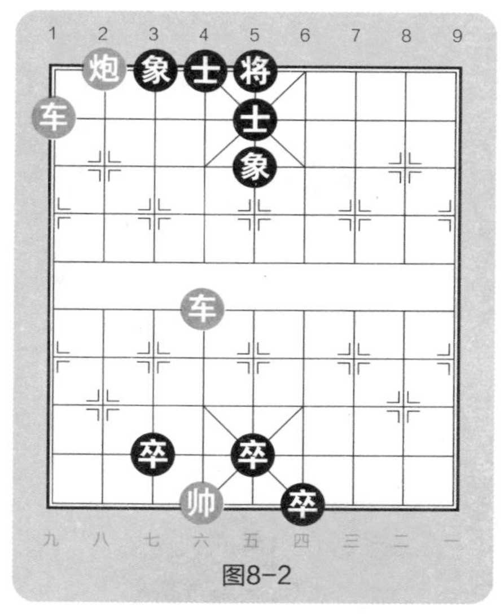

图8-2

【例局 2】将暴露在下二路线

如图 8-2，红方先行。

①车九平五　将 5 进 1　　②车六进四　将 5 退 1

③车六进一　将 5 进 1　　④车六退一（红胜）

此例是红车穿心后，黑将暴露在下二路线的基本型。

【例局3】堵塞将路

如图8-3，红方先行。

①车二进六　士5退6

黑方如改走象9退7，则车三进三，士5退6，车三平四，将5进1，车二退一，红胜。

②车二退一　士6进5　　③车三进三　士5退6

④车三退一　士6进5　　⑤车二进一　士5退6

⑥车三平五　士4进5　　⑦车二退一（红胜）

此例车穿心造成将路堵塞，计算时要注意黑边象的回防。

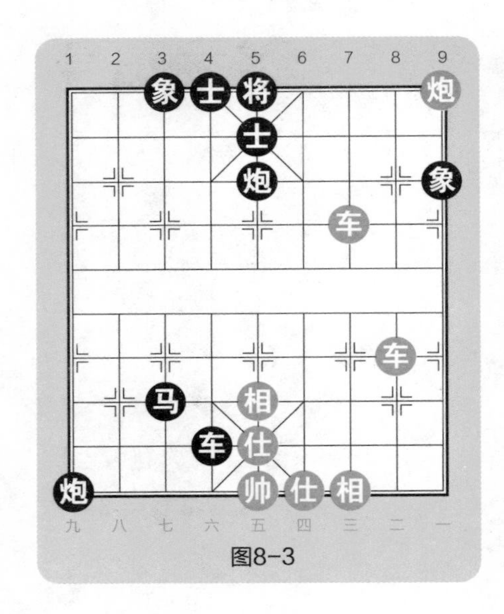

图8-3

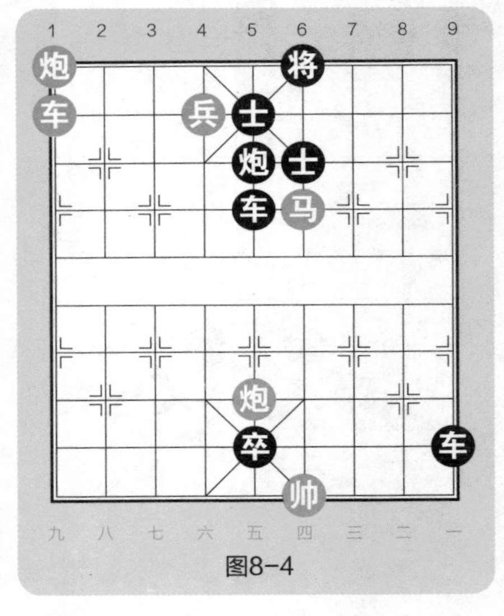

图8-4

【例局4】多兵种配合

如图8-4，红方先行。

①兵六进一　将6进1　　②马四进二　炮5平8

③车九平五　车5退2　　④炮五平四（红胜）

此例红方多兵种配合并运用腾挪、弃子引离、闷宫等战术和杀法组合，是较为复杂的以大胆穿心为前提的典型棋例。

练习题

如图 8-5，红方先行。

① 车九平六　将 4 平 5　　② 车四平五　士 4 退 5

③ 车六进一（红胜）

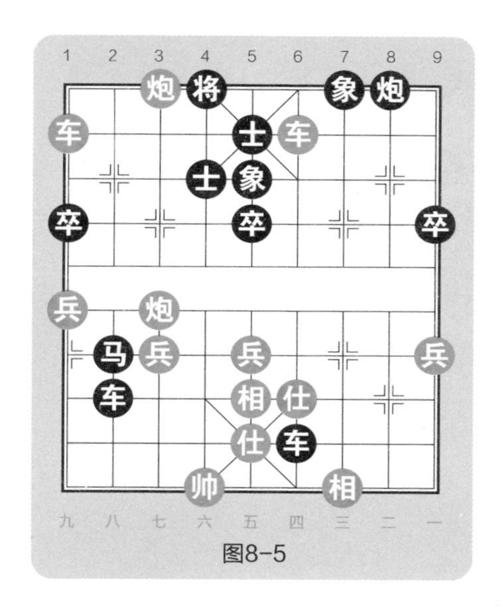
图8-5

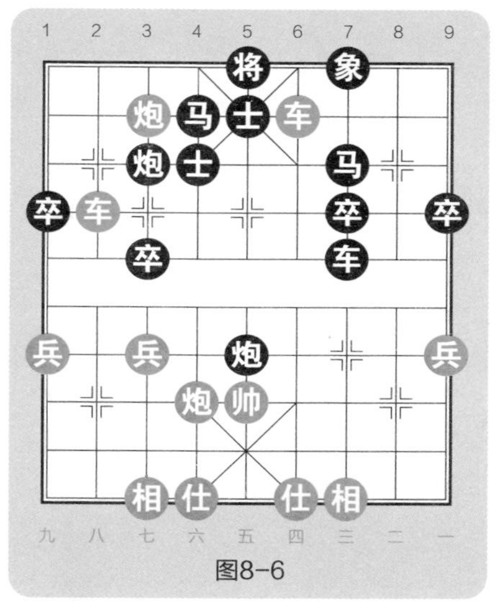
图8-6

如图 8-6，红方先行。

① 车八进三　士 5 退 4

② 车四平五　士 4 退 5

③ 炮七进一（红胜）

如图 8-7，红方先行。

① 马三退四　士 5 进 6

② 车五进五　士 4 进 5

黑方如改走将 6 退 1，则红方同样走马四进三，双将杀。

③ 马四进三（红胜）

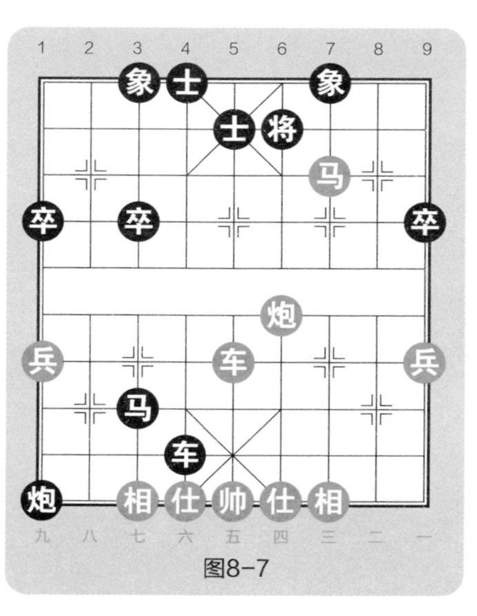
图8-7

如图 8–8，红方先行。

① 车六平五　将 6 进 1

黑方如改走将 6 平 5，则车八进八，将 5 退 1，炮六退二，红胜。又如改走将 6 退 1，则炮六退一，红胜。

② 炮六退二　炮 5 进 4　　③ 炮八退二（红胜）

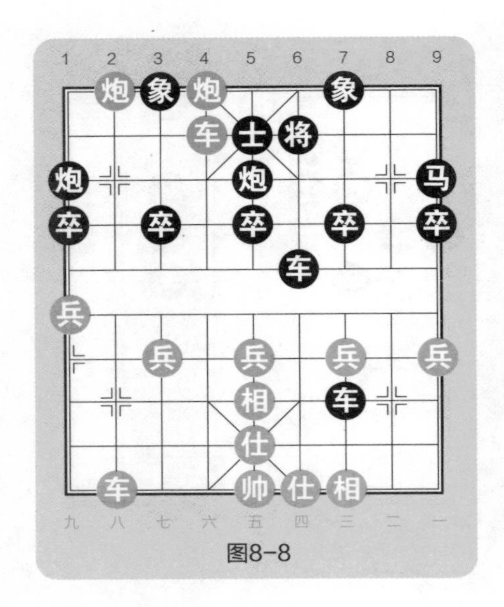

图8–8

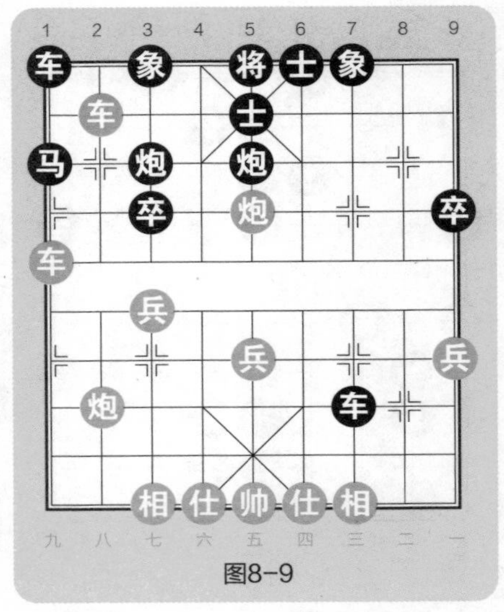

图8–9

如图 8–9，红方先行。

① 车九进二　车 1 进 2

黑方如改走车 7 平 2，则车九进二，车 2 平 4，车九平七，车 4 退 7，车八进一后，红方成铁门栓杀势。

② 车八平五　士 6 进 5

③ 炮八进七（红胜）

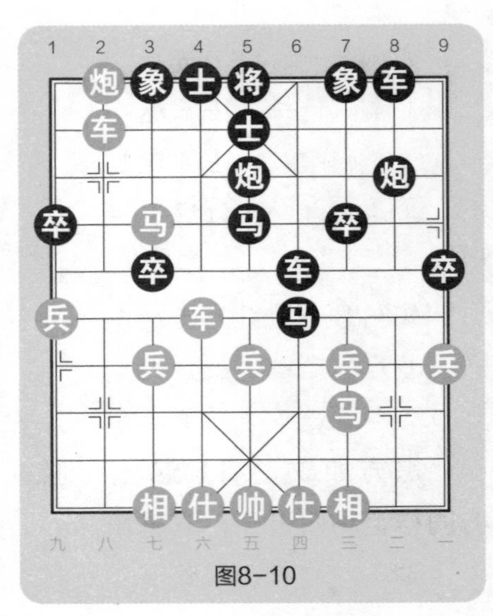

图8–10

如图 8–10，红方先行。

① 车八平五　将 5 进 1

② 车六进四　将 5 退 1
③ 车六进一　将 5 进 1
④ 车六退一（红胜）

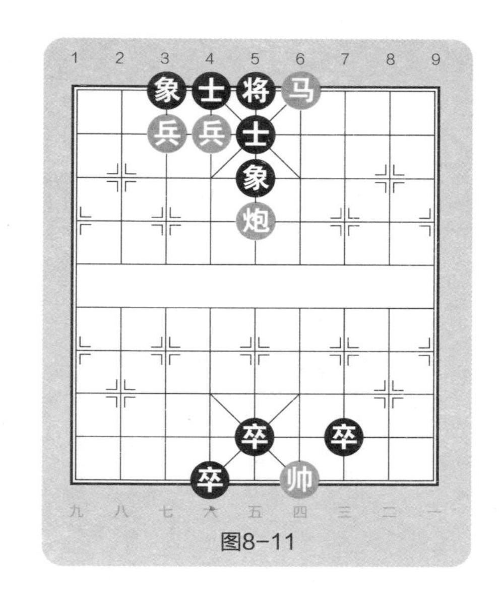
图8-11

如图 8-11，红方先行。
① 兵六进一　将 5 平 4
② 兵七平六　将 4 平 5
③ 兵六平五　将 5 平 4
④ 兵五平六（红胜）

如图 8-12，红方先行。
① 兵四平五　将 4 平 5
② 车四进二　将 5 退 1
③ 炮二进一　士 6 进 5　④ 车四进一（红胜）

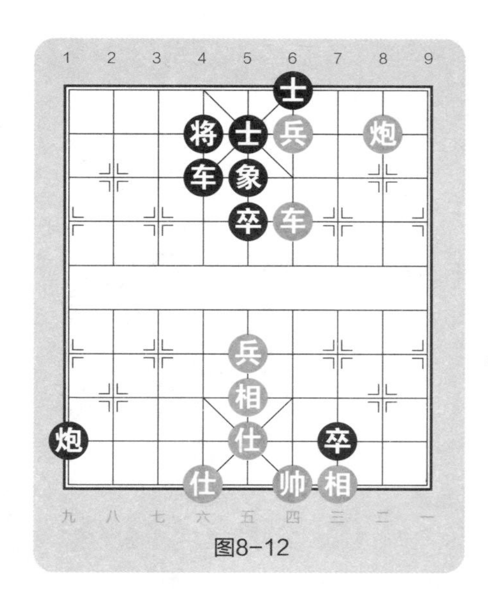
图8-12

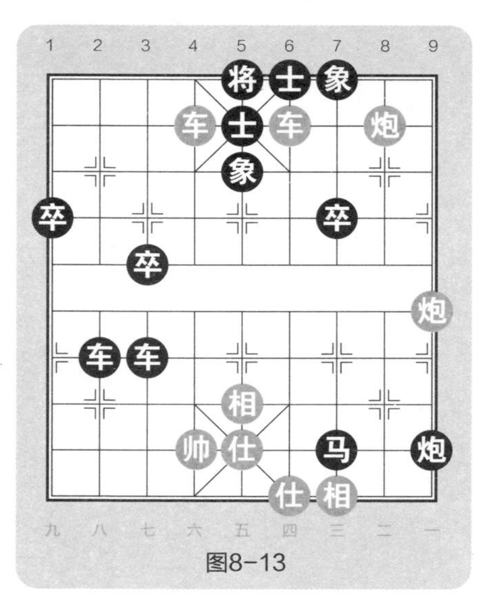
图8-13

如图 8-13，红方先行。
① 车四平五　士 6 进 5　② 炮一进五　士 5 退 6
③ 车六进一　将 5 进 1　④ 炮一退一（红胜）

如图 8-14，红方先行。

① 炮八平五　卒 5 进 1

黑方如改走士 6 进 5，则车七平五，士 4 进 5，车九进四，红胜。

② 车九平五　士 6 进 5　　③ 车五进三　士 4 进 5

④ 车七进一（红胜）

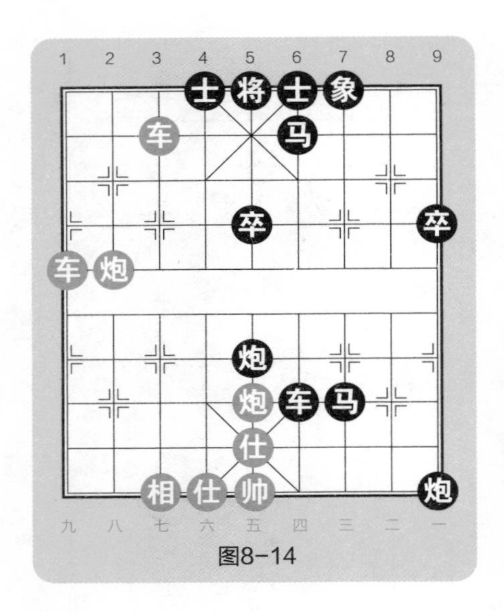

图8-14

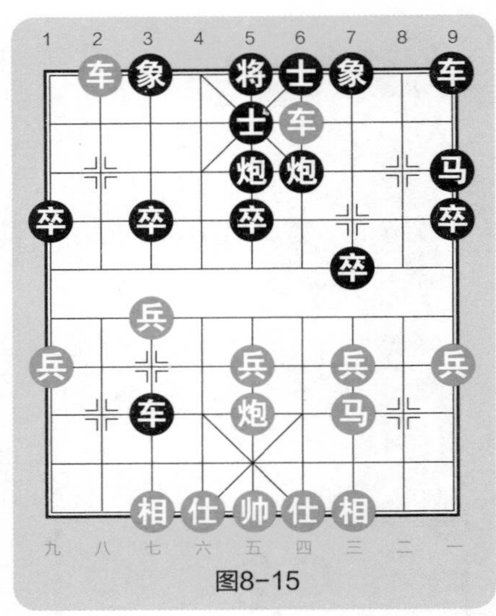

图8-15

如图 8-15，红方先行。

① 车八平七　士 5 退 4

② 炮五进四　士 6 进 5

黑方如改走炮 5 平 4，则车七退一，红方下一步再车七平五即胜。

③ 车四平五　将 5 平 6

④ 车七平六（红胜）

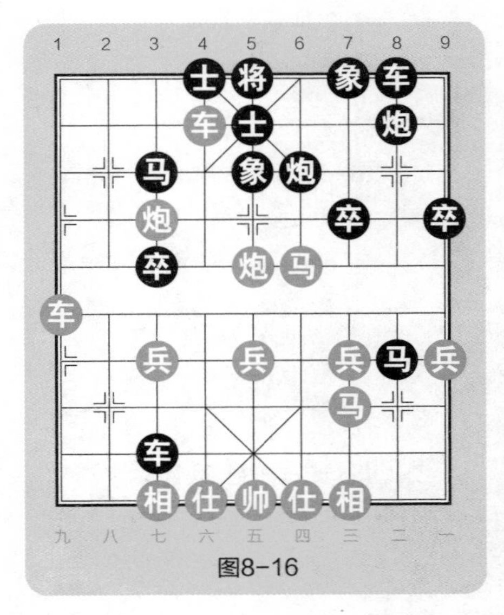

图8-16

如图 8-16，红方先行。

① 车六平五　将 5 平 6

黑方如改走士 4 进 5，则车九进五，马 3 退 4，炮七进三，马 4 进 3，炮七退一，红胜。

②马四进三　炮 8 平 7　　　③炮七平四　炮 6 进 7

④炮五平四（红胜）

如图 8-17，红方先行。

①车六平五　将 5 平 6

黑方如改走马 3 退 5，则马四进三，将 5 平 6，车八平四，炮 9 平 6，车四进一，红胜。

②车五进一　将 6 进 1　　　③马四进二　将 6 进 1

④车五平四（红胜）

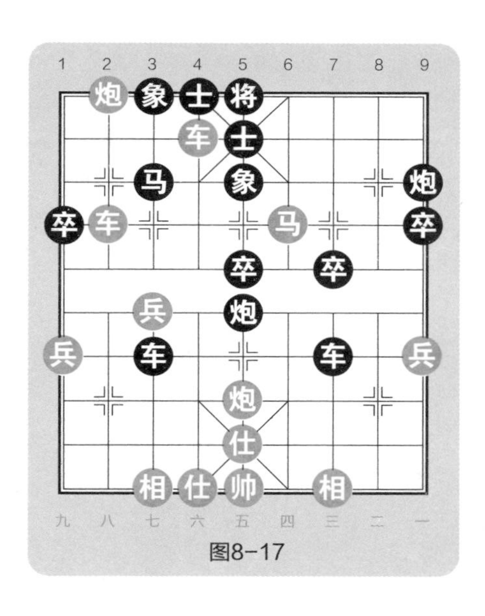

图8-17

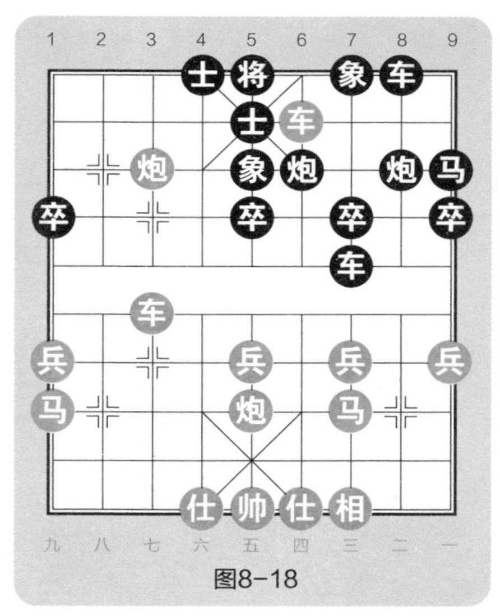

图8-18

如图 8-18，红方先行。

①炮七进二　象 5 退 3　　　②炮五进四　炮 6 平 5

黑方如改走士 5 进 4，则车七进四，红方接下来再车七平五即胜。

③车四平五　将 5 平 6　　　④车七平四（红胜）

如图 8-19，红方先行。

①车四平五　士4退5　　②炮九进三　士5退4

③车六进一　将5进1　　④车六退一（红胜）

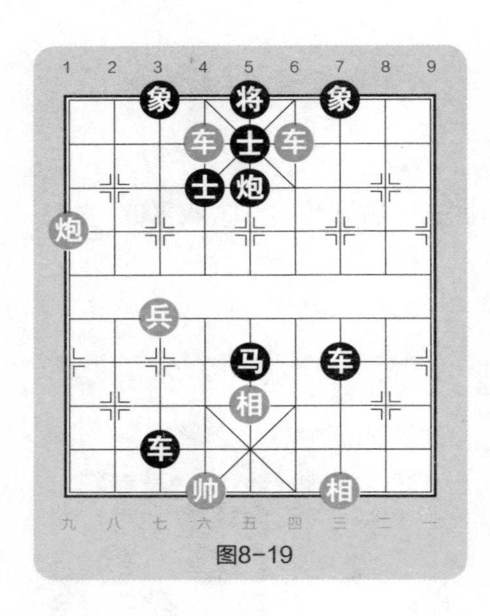

图8-19

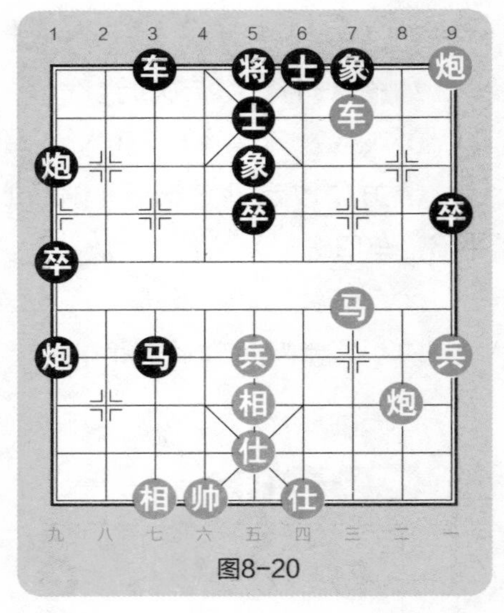

图8-20

如图 8-20，红方先行。

①车三平五　将5进1

②马三进四　将5退1

③马四进三　将5进1

④炮二进六（红胜）

如图 8-21，红方先行。

①车二平四　将5平4

②车八平五　马3退5

③车四进一　将4进1

④车四平六（红胜）

此局红方宽一步胜，也属大胆穿心杀法的常见棋形。

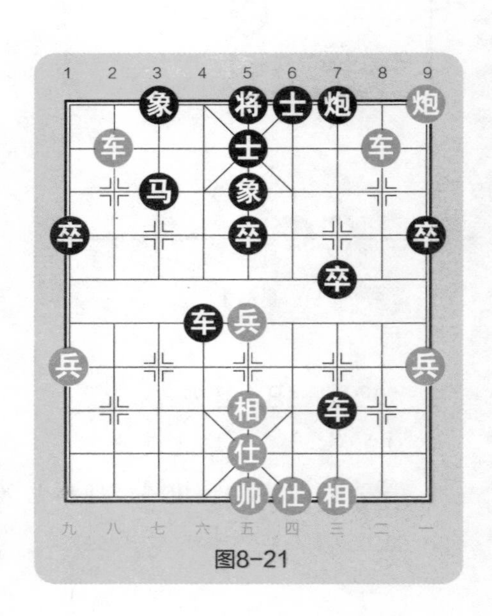

图8-21

如图 8–22，红方先行。

① 车二平三　士 5 退 6　　② 车六平四　士 4 进 5

③ 车四平五　将 5 平 4　　④ 车三平四（红胜）

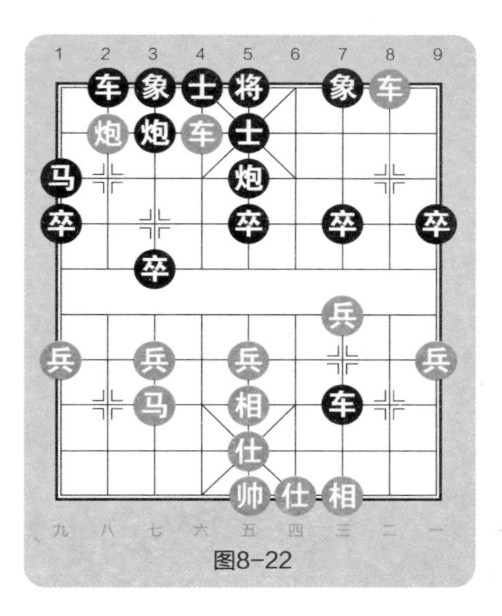
图8–22

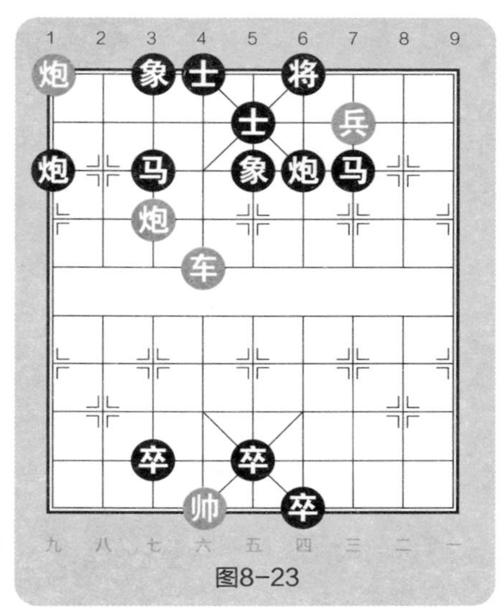
图8–23

如图 8–23，红方先行。

① 兵三平四　将 6 平 5

黑方如改走将 6 进 1，则炮七平四，红胜。

② 兵四平五　将 5 进 1

黑方如改走马 3 退 5，则车六进四，红胜。

③ 车六进三　将 5 退 1

④ 炮七进三（红胜）

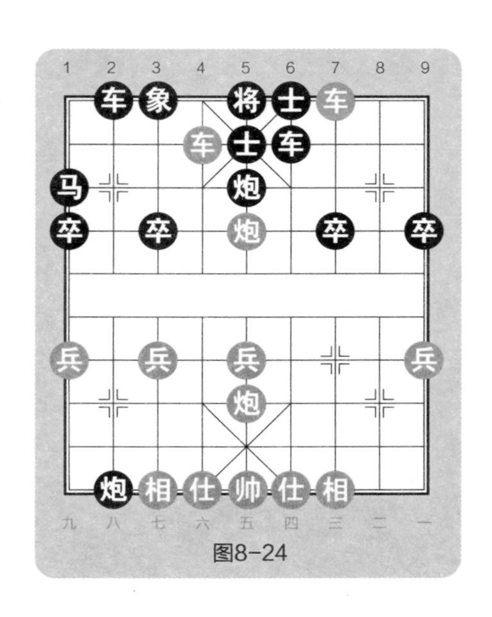
图8–24

如图 8–24，红方先行。

① 车三退二　车 2 进 2

② 后炮平二　车 6 平 8

③ 车六平五　将5平4

④ 车五平二（红方得车胜势）

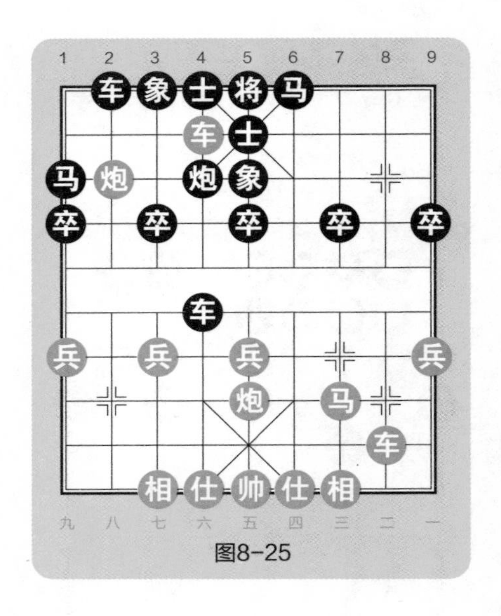
图8-25

如图8-25，红方先行。

① 炮八平五　马6进5

② 车二进八　士5退6

③ 炮五进四　士4进5

④ 车六平五　将5平4

⑤ 车二平四（红胜）

如图8-26，红方先行。

① 车四平五　士4进5

② 炮八进七　士5退4

③ 车六进六　将5进1

④ 炮二进六　将5进1

⑤ 车六退二（红胜）

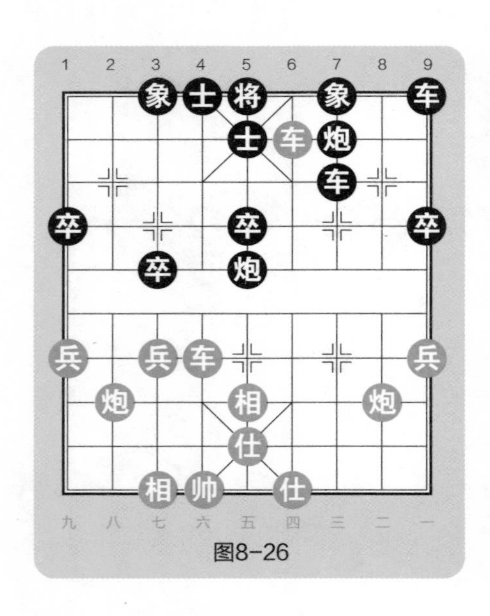
图8-26

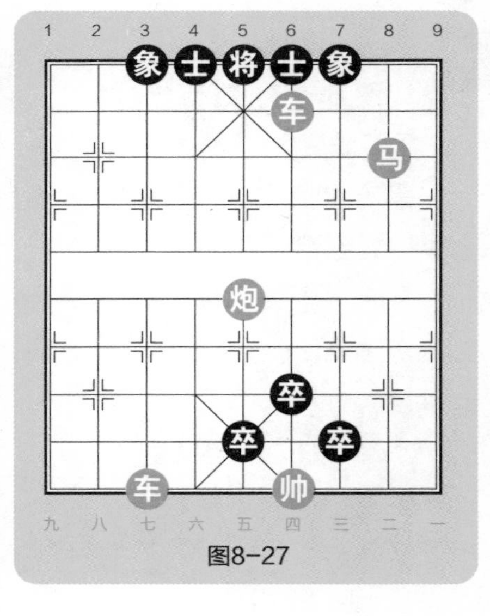
图8-27

如图8-27，红方先行。

① 车四平五　将5进1

② 马二退四　将5退1

③ 马四进六　将 5 进 1　　④ 车七进八　将 5 进 1

⑤ 马六退五（红胜）

如图 8-28，红方先行。

① 车八进二　将 5 退 1　　② 炮三进三　士 6 进 5

③ 炮三退一　士 5 退 6　　④ 车八平五　士 4 退 5

⑤ 炮三进一（红胜）

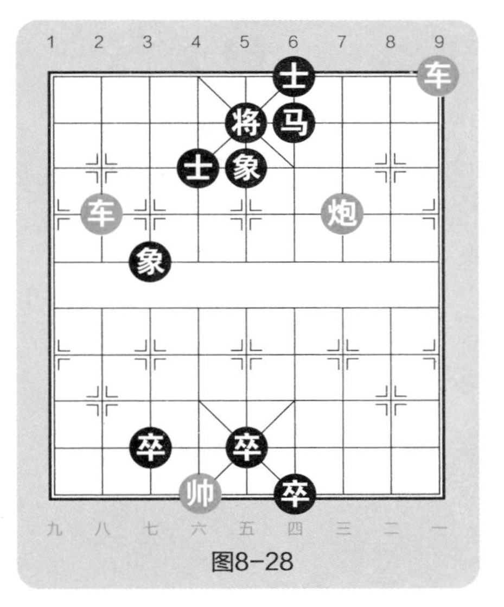

图8-28

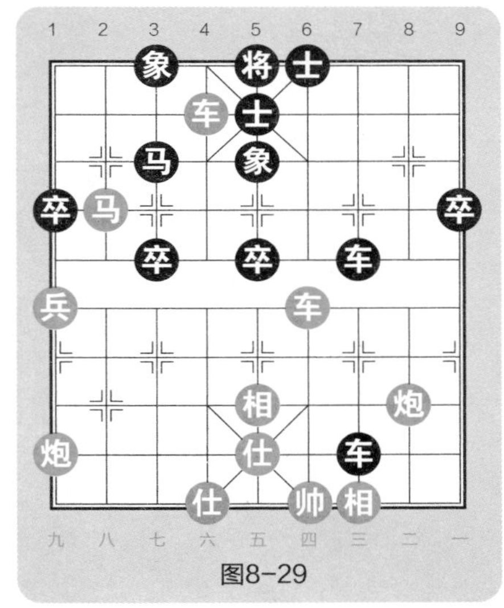

图8-29

如图 8-29，红方先行。

① 车六平五　将 5 进 1

黑方如改走士 6 进 5，则马八进七，将 5 平 4，车四平六，红胜。

② 车四进四　将 5 退 1　　③ 炮二进七　车 7 退 4

④ 车四进一　将 5 进 1

⑤ 车四退一（红胜）

如图 8-30，红方先行。

①车五进一　炮 2 平 6
②车五进一　将 5 平 4
③炮四平六　车 2 平 4
④马六进八　车 4 进 3
⑤马八进七（红胜）

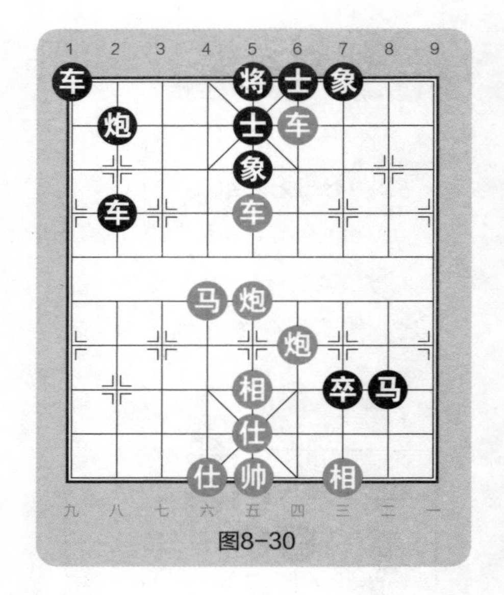

图8-30

第9课 双车错

用一车控制对方将（帅）的活动，另一车直接将军从而将死对方，称为双车错杀法。

【要点】

1. 双车在对方底线、下二路线、宫顶线交替将军。
2. 一车占宫心，用另一车将死对方。
3. 车占对方肋道和下二路线的交叉点，用另一车将死对方。

【难点】

1. 横线进攻时注意用一车控制对方的下二路线。

2. 竖线进攻时注意用高车控制，低车进攻。

图9–1

【例局1】双车在侧翼进攻

如图9–1，红方先行。

①车八进六　象5退3

②车七进三

红方如改走车八平七，则双

车处于同一条竖线上，无法将死对方。

②……　　将 4 进 1　　③车八退一　将 4 进 1

④车七退二（红胜）

本局红方双车侧翼进攻，要注意双车不能在同一条竖线上。

【例局 2】车占宫心

如图 9-2，红方先行。

①车一进八　士 4 退 5　　②兵五进一　士 6 进 5

③车一平五　将 4 进 1　　④车七平六（红胜）

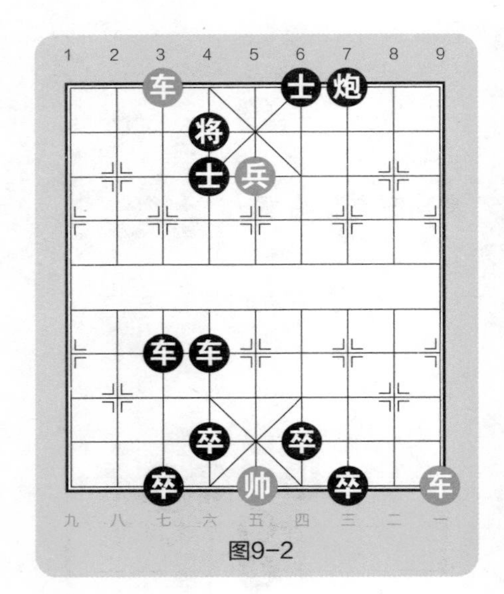

图9-2

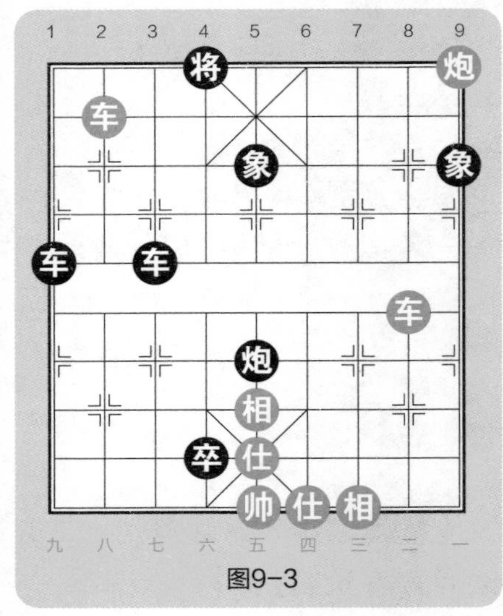

图9-3

【例局 3】车占下二路肋道

如图 9-3，红方先行。

①车二进五　象 5 退 7　　②车二退一

红方如改走车二平三，则炮 5 退 6，车八进一，将 4 进 1，车三退一，炮 5 进 1，至此，红方无杀。

②……　　象 7 进 5　　③车二平六

红车抢先平肋道车将军，同时塞住象眼，是入局的关键之着。

③……　　将 4 平 5　　④车八进一（红胜）

如图 9-4，红方先行。

① 马八进七　车 8 平 3　　② 车四进五　将 5 进 1
③ 炮八进六　车 3 平 2　　④ 车八进八（红胜）

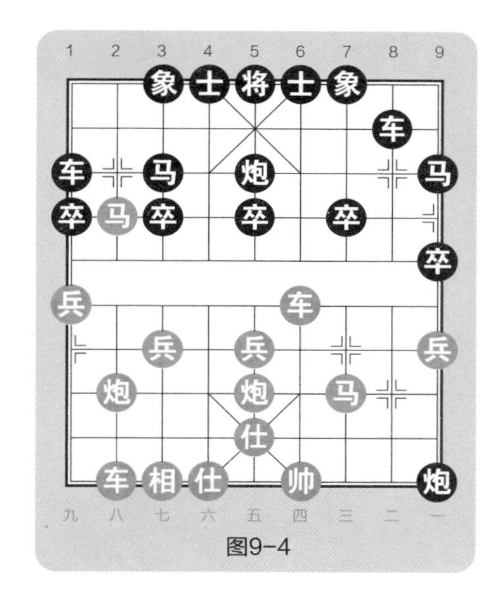
图9-4

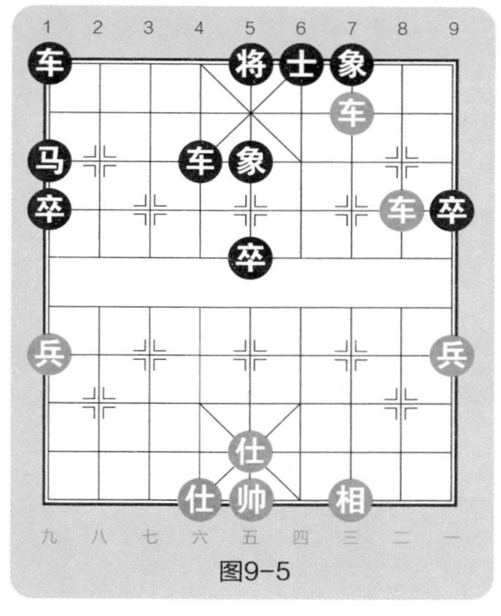
图9-5

如图 9-5，红方先行。

① 车二平四　车 1 平 4
② 帅五平四　士 6 进 5
③ 车四进二

至此，红方伏有车四平五和车三进一两种杀法，黑方无法解救，红胜。

如图 9-6，红方先行。

① 后车平六　象 5 退 3
② 马七进五　象 7 进 5

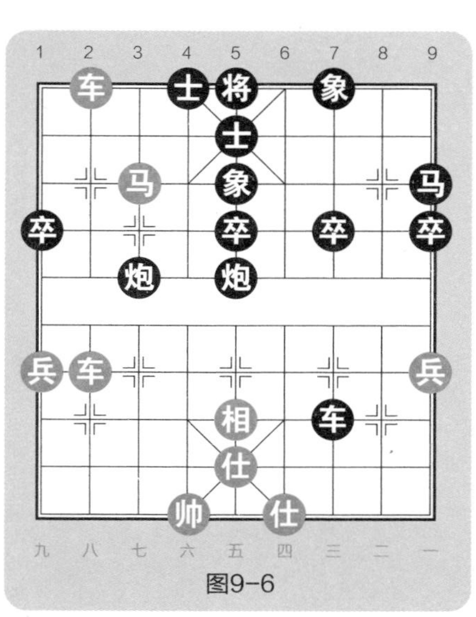
图9-6

③ 车六进六　将 5 进 1　　　④ 车八退一（红胜）

如图 9–7，红方先行。

① 车八进七　将 5 平 4

黑方如改走马 1 退 3，则车八平七，马 3 退 4，车四平六，红方铁门栓杀。

② 车八平七　将 4 进 1　　　③ 车七退一　将 4 退 1

④ 车四平八

至此，黑方无法化解红方下一步车八进四的杀着，红方胜定。

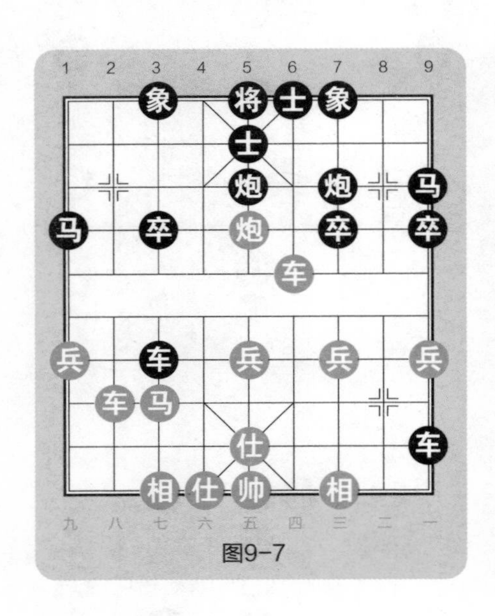

图9–7

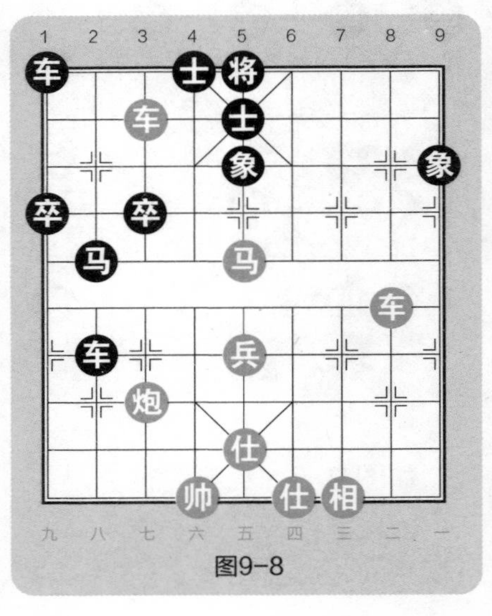

图9–8

如图 9–8，红方先行。

① 马五进四　士 5 进 6　　　② 车七平四　象 9 退 7

③ 车二进五　士 6 退 5　　　④ 车二平三　士 5 退 6

⑤ 车三平四（红胜）

如图 9–9，红方先行。

① 马二进一　车 6 平 9　　② 车二平四　车 7 退 1

③ 车六进一　将 5 进 1　　④ 车四平五　将 5 平 6

⑤ 车六平五

至此，红方车占花心，下一步前车平四即胜。

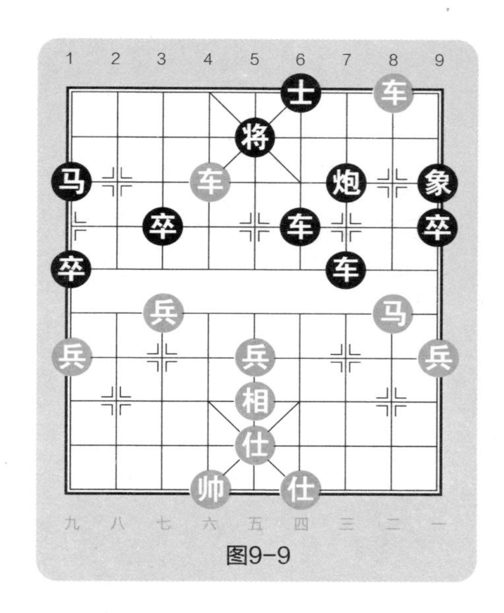

图9–9

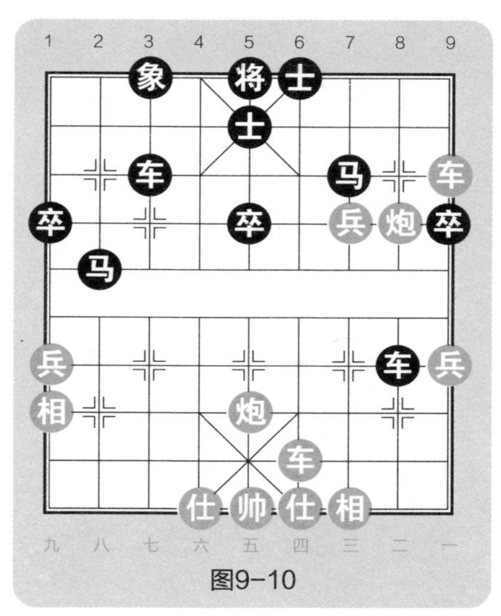

图9–10

如图 9–10，红方先行。

① 兵三进一　车 8 退 3

黑方如改走将 5 平 4，则炮五进六，士 6 进 5，车一进一，将 4 进 1，车四进七，车 3 平 5，兵三平四，仍是红胜。

② 车四进八　将 5 平 6　　③ 车一进二　将 6 进 1

④ 兵三进一　将 6 进 1　　⑤ 车一退二（红胜）

本局红方用三路兵代替一个车，控制下二路线。

如图9-11，红方先行。

①炮一平五　士4进5

②兵三平四　象3进1

③前车平五　马6退5

④车六平二　将5平4

⑤兵四平五

至此，红方兵占花心，接下来有车二平六和车二进六两种杀法，黑方无解。

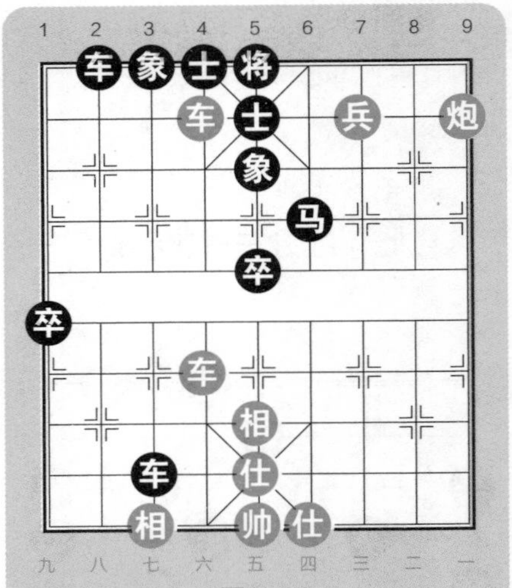

图9-11

如图9-12，红方先行。

①兵六进一　将4退1

②兵六进一　将4平5

③兵六平五　士6进5　　④车二进一　士5退6

黑方如改走象5退7，则车二平三，士5退6，车四平五，红胜。

⑤车二平四　将5进1　　⑥车四进二（红胜）

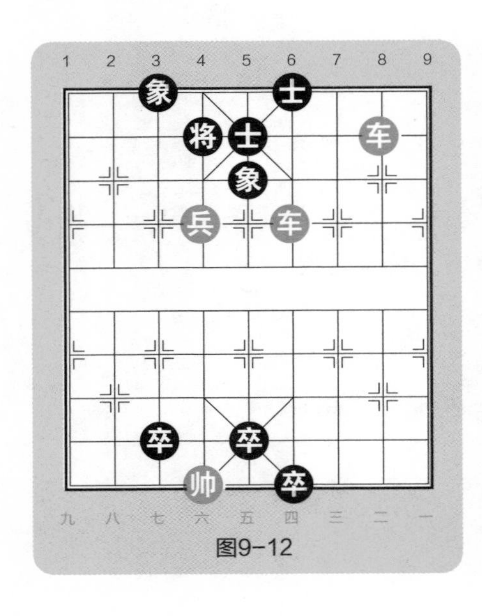

图9-12

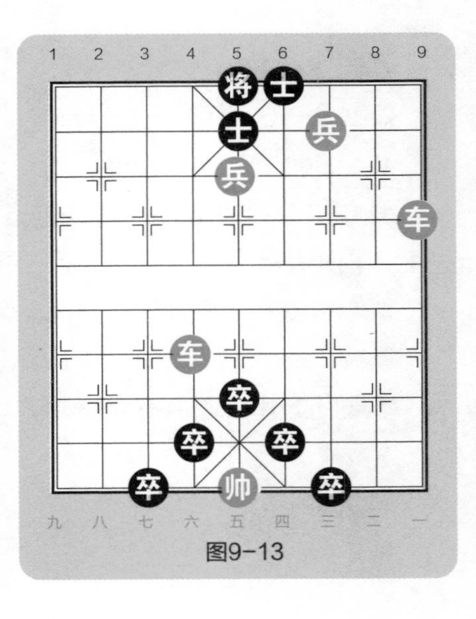

图9-13

如图 9–13，红方先行。

① 兵五进一　士 6 进 5　　② 车一进三　士 5 退 6

③ 车一平四　将 5 进 1

黑方如改走将 5 平 6，则车六进六，红胜。

④ 兵三平四　将 5 进 1　　⑤ 车六平五　将 5 平 4

⑥ 车四平六（红胜）

如图 9–14，红方先行。

① 兵三平四　将 6 平 5　　② 兵四平五　士 4 进 5

③ 车六平五　将 5 平 6　　④ 车五平四　将 6 平 5

⑤ 车二进一　象 9 退 7　　⑥ 车二平三（红胜）

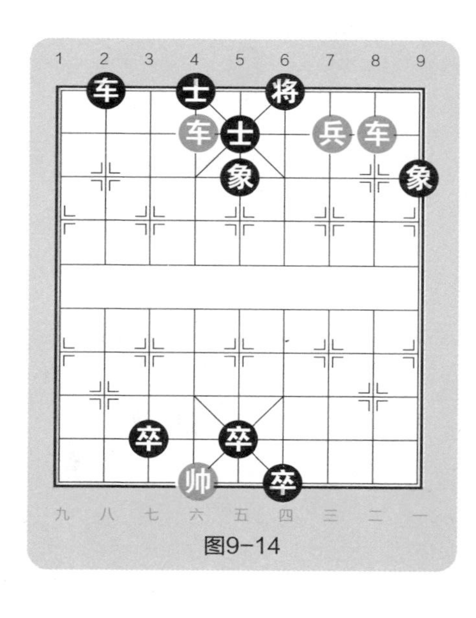

图9–14

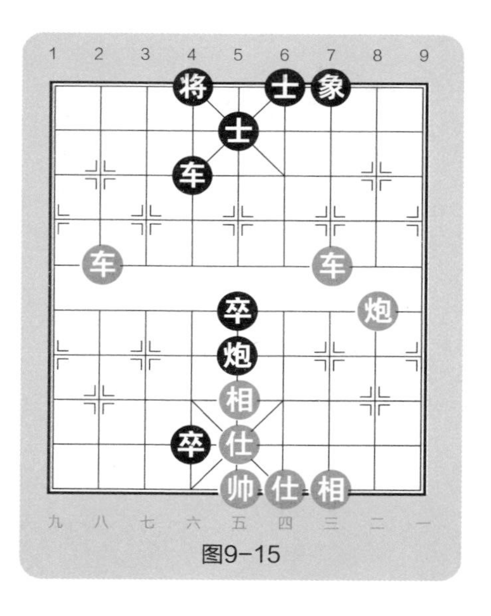

图9–15

如图 9–15，红方先行。

① 车八进四　将 4 进 1　　② 炮二进四　士 5 进 6

③ 车三进三　士 6 退 5　　④ 车三进一　士 5 进 6

⑤ 车八退一　将 4 退 1　　⑥ 车三平四（红胜）

如图 9-16，红方先行。

①兵四进一　将 6 退 1　②兵四进一　将 6 平 5
③兵四进一　士 5 退 6　④车四进五　将 5 进 1
⑤车七进四　将 5 进 1　⑥车四退二（红胜）

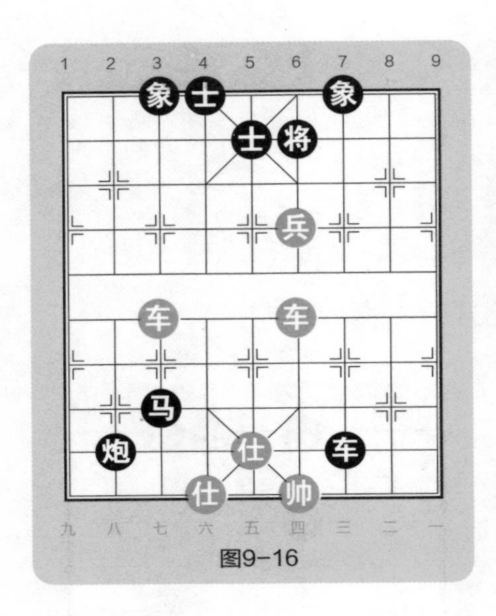
图9-16

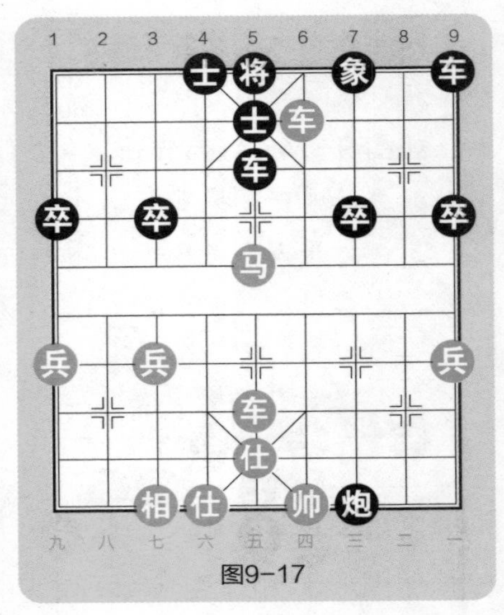
图9-17

如图 9-17，红方先行。

①马五进六　士 5 进 4
②车四进一　将 5 进 1
③车五平八　车 5 平 8
④车八进六　将 5 进 1
⑤车四退四　士 4 退 5
⑥车八退一　士 5 进 4
⑦车四平五（红胜）

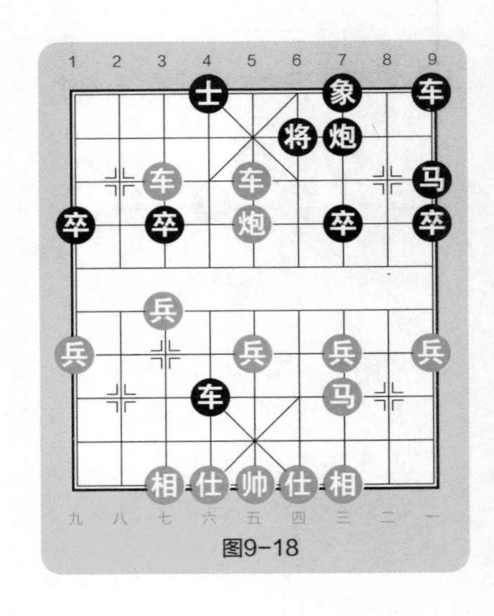
图9-18

如图 9-18，红方先行。

①车五平四　将 6 平 5
②车七平五　将 5 平 4

③ 车四进一　士4进5　　④ 车四平五　将4退1
⑤ 前车进一　将4进1　　⑥ 后车进一　将4进1
⑦ 前车平六（红胜）

如图9-19，红方先行。

① 马六退四　车6进1

黑方如改走车6平3，则马四进三，将6平5，车二进一，士5退6，车二平四，红胜。

② 车二进一　象5退7　　③ 车二平三　将6进1
④ 车七平二　车4平9　　⑤ 车二进二　将6进1
⑥ 车二平五　车9退1　　⑦ 车三平四（红胜）

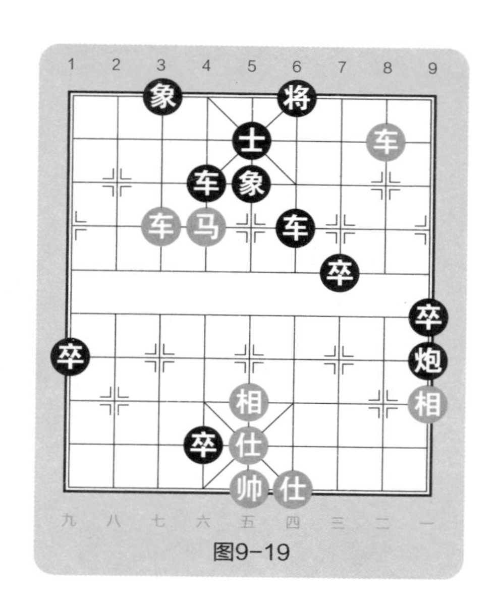
图9-19

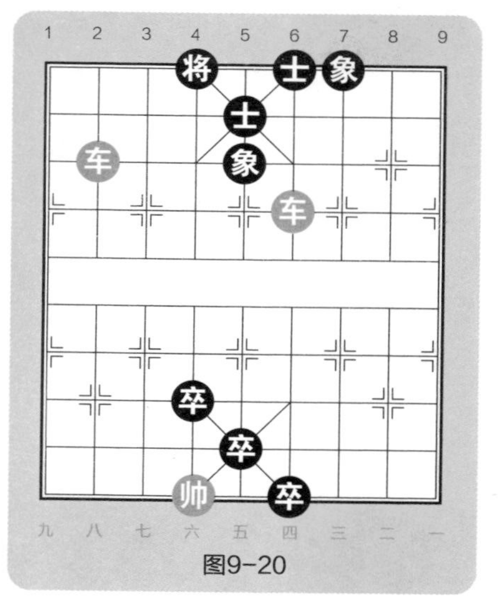
图9-20

如图9-20，红方先行。

① 车四平六　将4平5　　② 车八进二　象5退3
③ 车八平七　士5退4　　④ 车七平六　将5进1
⑤ 前车退一　将5退1　　⑥ 后车平五　士6进5
⑦ 车六平五　将5平4　　⑧ 后车平六（红胜）

注：此局是双车胜士象全的经典杀法。

如图 9-21，红方先行。

①马六进七　车 2 平 3　　②炮七平五　士 5 进 6

③后车平六　车 3 进 1　　④车四平六　车 3 平 5

黑方如改走车 3 退 3，则后车进五，伏有后车平五，将 5 平 6，车五平四，将 6 平 5，车四进二杀。

⑤前车进一　将 5 进 1　　⑥后车进六　将 5 进 1

⑦前车平五　士 6 退 5　　⑧车五退一（红胜）

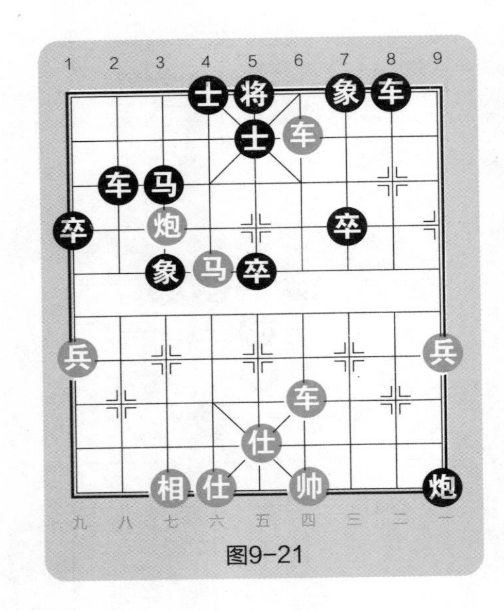

图9-21

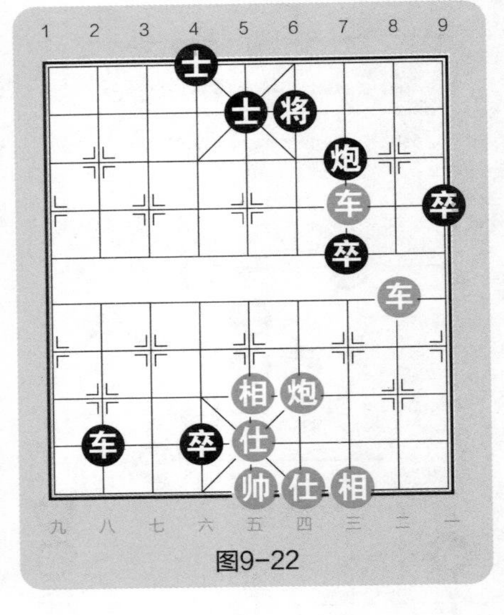

图9-22

如图 9-22，红方先行。

①车三平四　炮 7 平 6　　②车二进四　将 6 退 1

③车四进一　将 6 平 5　　④车二进一　士 5 退 6

⑤车二平四　将 5 进 1　　⑥前车退一　将 5 退 1

⑦后车平五　士 4 进 5　　⑧车四平五　将 5 平 4

⑨后车平六（红胜）

如图 9-23，红方先行。

①炮九进七　士 4 进 5
②车二进二　将 5 平 4
③车七进一　将 4 进 1
④炮九平四　马 4 进 2
⑤车七退一　将 4 进 1
⑥车二平五　象 5 进 3
⑦炮四退八　车 7 平 3
⑧相七进九　车 3 平 1
⑨车七平八（红胜）

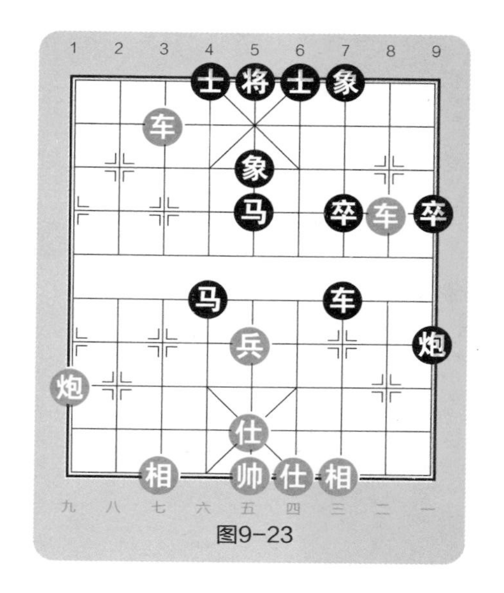
图9-23

第三章　一般杀法

一般杀法包括：天地炮、夹车炮、八角马、高钓马、立马车五种，特点如下。

1. 多兵种配合的基本型较为复杂。

2. 作战覆盖范围大，杀法计算步数较多。

3. 大多与之前介绍的常见杀法有一定的关联，并在常见杀法的基础上进行一定的深化。如天地炮与大胆穿心和铁门栓的联系，八角马与挂角马的联系，而高钓马和立马车则是把以马为主的杀法向前推进了一步。

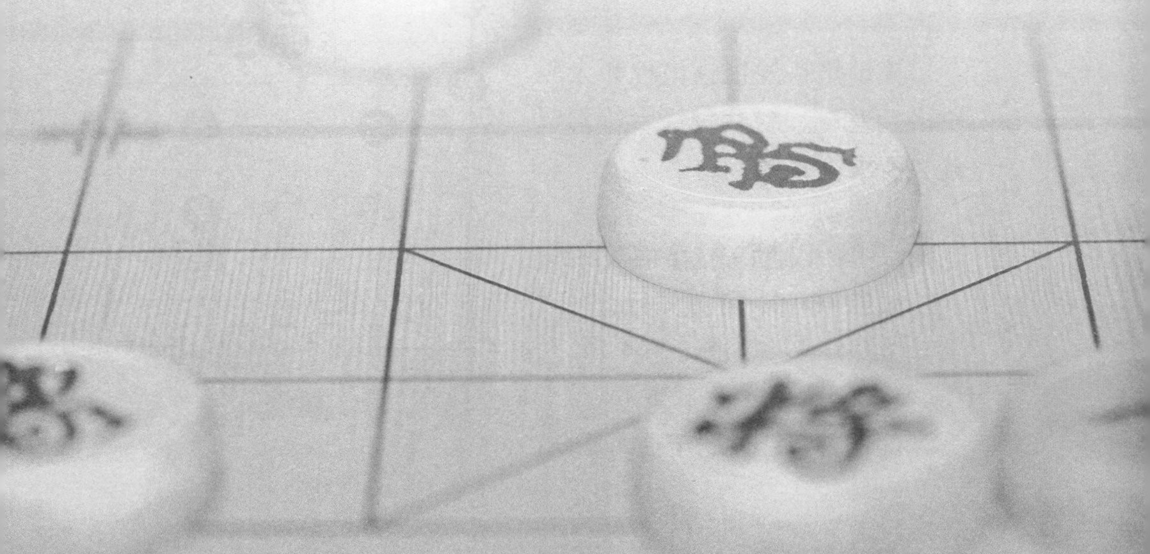

第10课 天地炮

一炮镇住中路，另一炮沉入对方底线，在车或其他子力的配合下将死对方，称为天地炮杀法。

【要点】

1. 天地炮和车配合，车在沉底炮一侧肋道插入将门形成杀局。肋车插入底线可借鉴铁门栓杀法的组合运用。

2. 天地炮和车配合，车在下二路线穿心形成杀局。下二路车穿心可借鉴大胆穿心杀法的组合运用。

3. 下二路车穿心和肋车插入底线组合运用时，车兜底将军成杀是常见形。

【难点】

天地炮杀法以铁门栓和大胆穿心为基础，对兵种组合的驾驭能力要求较高。

【例局1】肋车直接插入底线

如图10-1，红方先行。

① 车六进八　将5平4

② 车八退一（红胜）

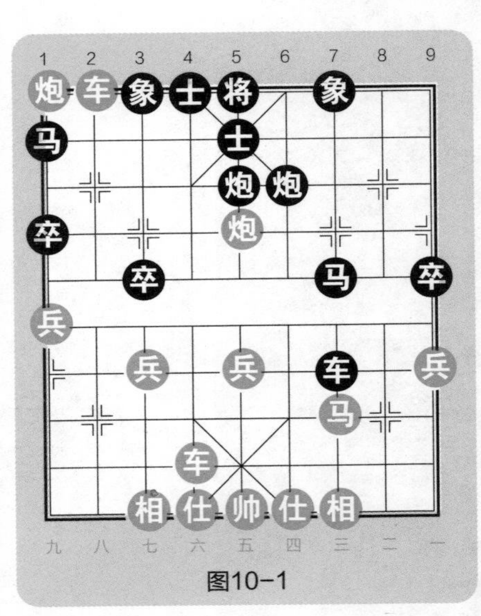

图10-1

此例首着红方肋车插入底线，

再提八路车腾挪同时控制底线和下二路线。

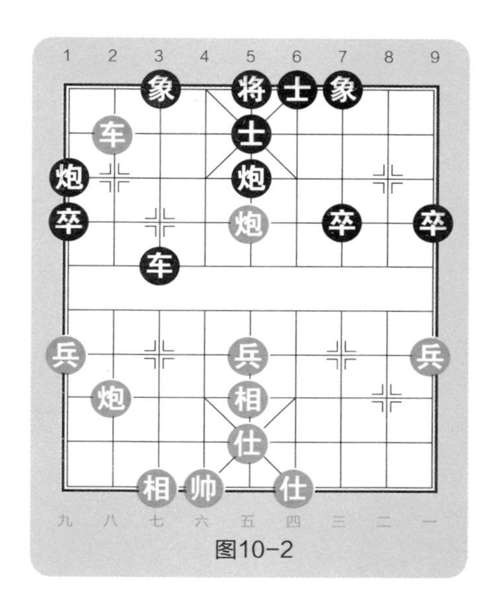
图10-2

【例局 2】车在下二路穿心

如图 10-2，红方先行。

①车八平五　士 6 进 5

②炮八进七（红胜）

此例首着红方下二路车穿心为炮腾挪位置，再沉底炮成天地炮典型杀势。

练习题

如图 10-3，红方先行。

①车七进三　象 1 退 3　　②车六进五　将 5 平 4

③马九进八　将 4 平 5　　④炮九进六（红胜）

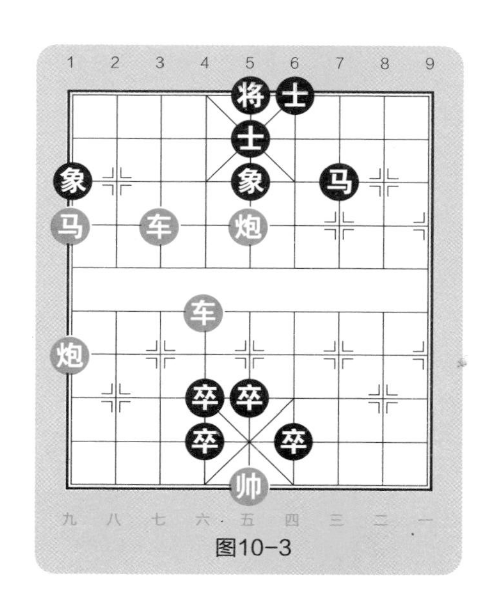
图10-3

如图 10-4，红方先行。

① 马八进七　将 4 退 1　　② 马七进八　将 4 平 5

③ 炮二进三　象 9 退 7　　④ 车四进五（红胜）

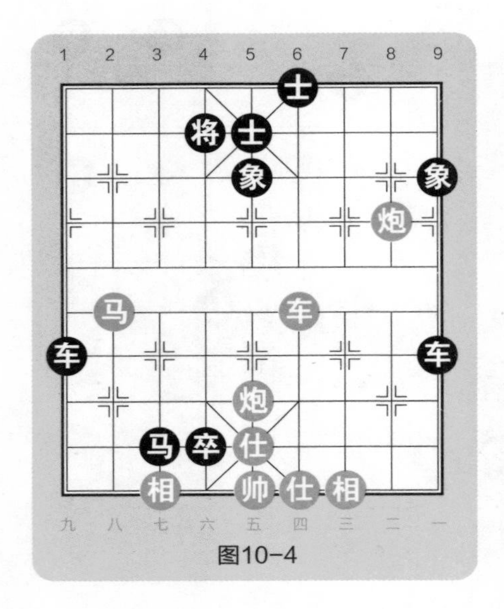
图10-4

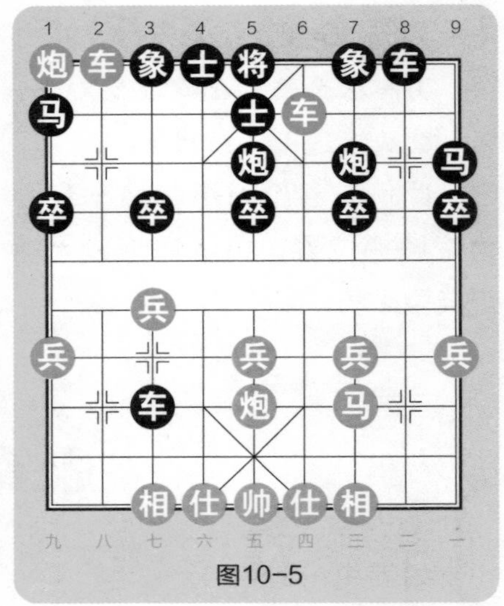
图10-5

如图 10-5，红方先行。

① 炮五进四　车 3 平 4

② 车八退一　炮 7 退 1

③ 车四平五　将 5 平 6

④ 车五平四（红胜）

如图 10-6，红方先行。

① 马五进六　炮 2 退 6

黑方如改走马 7 进 5，则马六进五，士 5 进 4，车四进一，将 5 进 1，马五进三，马 5 退 6，车四退一，将 5 退 1，车四平五，红胜。

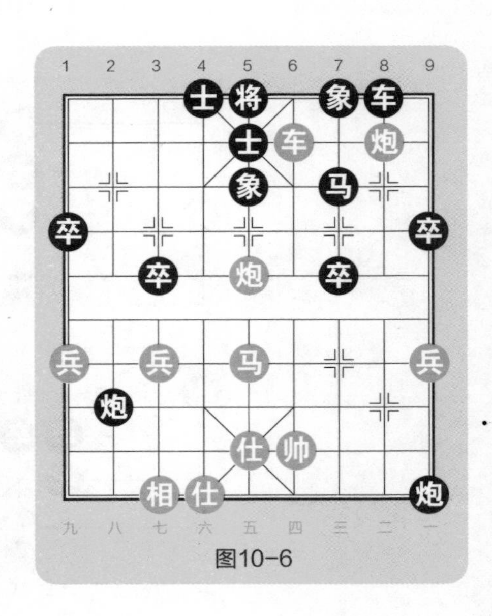
图10-6

② 车四进一　马 7 退 6　　③ 炮二平八　马 6 进 7

④ 炮八进一（红胜）

如图 10-7，红方先行。

① 车七进一　炮 8 平 3

黑方如改走炮 3 平 2 拦炮，则车七退一，红方多子胜势。

② 炮八进七　前炮进 5　　③ 车九平六　前炮平 7

④ 车六进八（红胜）

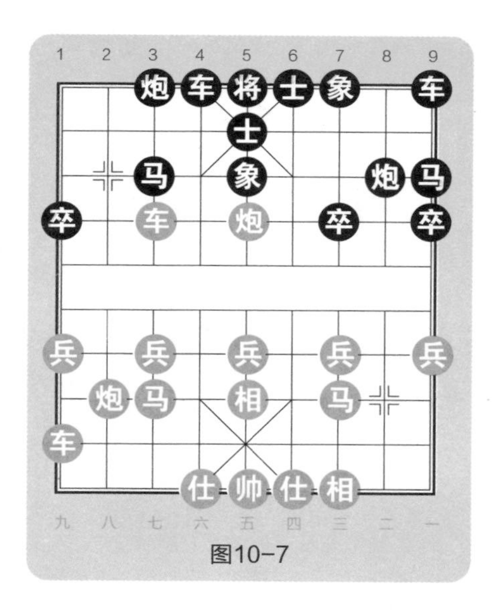

图10-7

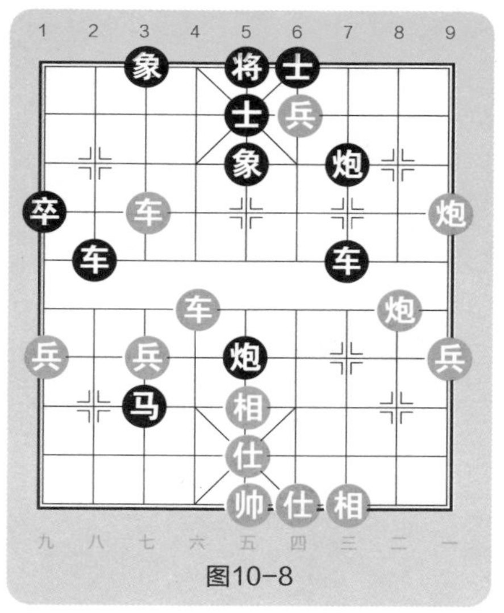

图10-8

如图 10-8，红方先行。

① 炮二进五　炮 7 退 2　　② 兵四进一　士 5 退 6

③ 车六进五　将 5 平 4　　④ 车七平六　将 4 平 5

⑤ 炮一平五（红胜）

如图 10-9，红方先行。

①炮八平九　车 2 进 9

黑方如改走车 2 平 1，则炮九平四，红方得炮胜势。

②车七进一　车 4 退 8　③炮九进二　车 2 退 5

④炮九平六　车 2 平 5　⑤炮六退三（红胜）

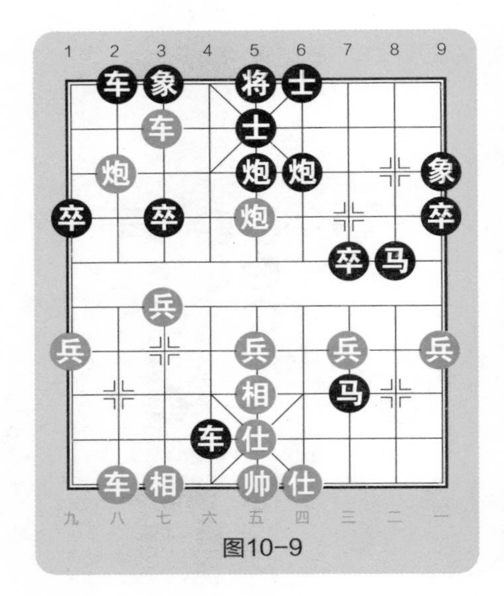

图10-9

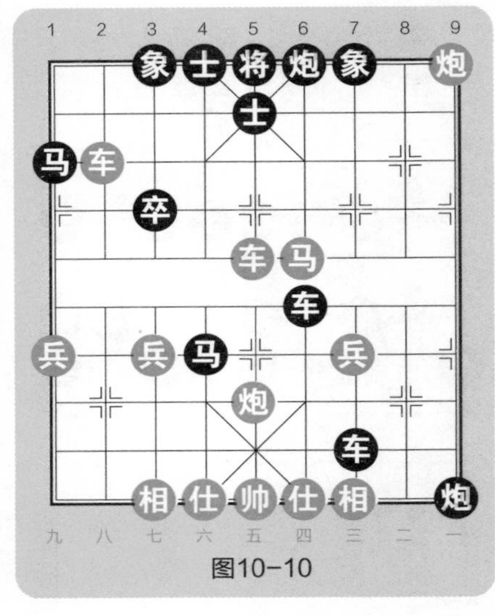

图10-10

如图 10-10，红方先行。

①车五进三　将 5 进 1

②车八进一　将 5 退 1

③马四进五　士 4 进 5

④车八平五　将 5 平 4

⑤车五进一　将 4 进 1

⑥车五平六（红胜）

如图 10-11，红方先行。

①车八平五　将 5 平 6

②车六进五　马 3 退 4

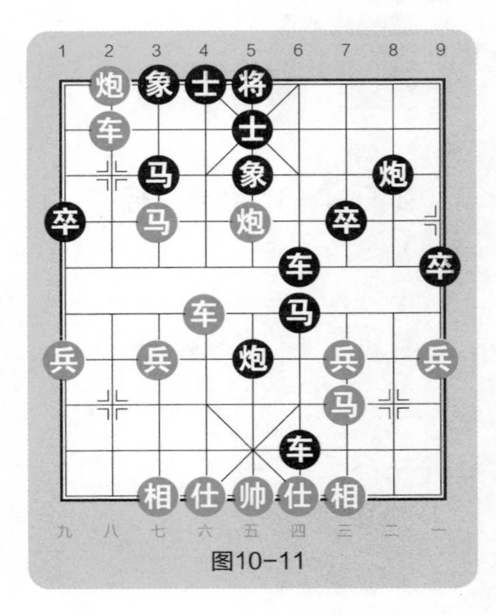

图10-11

③ 车五进一　将6进1　　④ 车五平四　将6退1
⑤ 马七进六　将6进1　　⑥ 炮八退一（红胜）

如图 10-12，红方先行。

① 车六进四　将5进1　　② 车六退一　将5退1
③ 后炮平二　马5退7　　④ 炮二平五　前炮平5
⑤ 前炮平三　炮2平5　　⑥ 炮五进五

至此，红方续有炮三进二的杀着，黑方无解。

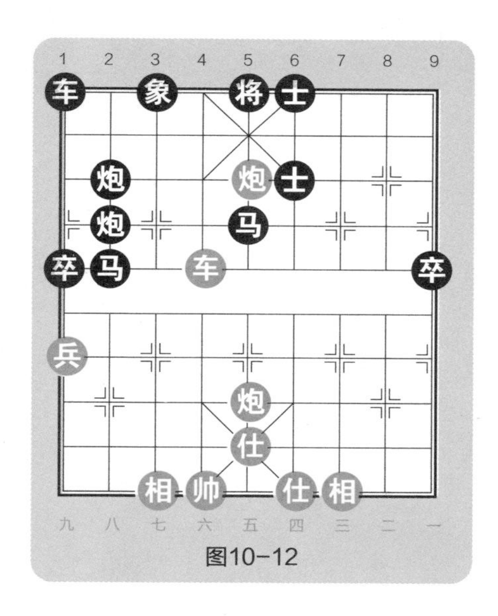

图10-12

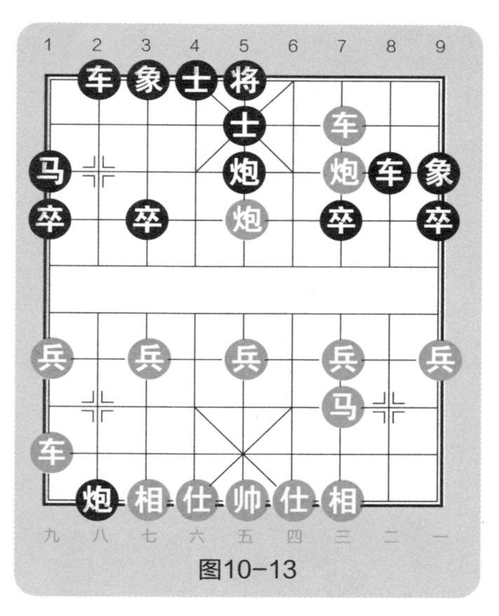

图10-13

如图 10-13，红方先行。

① 炮三平一　车8退2　　② 车九平二　车8平6
③ 车三平二　车2进4　　④ 炮一进二　车6进2
⑤ 车二进一　车6退2　　⑥ 后车平四

至此，天地炮杀势已成，红方胜定。

如图 10–14，红方先行。

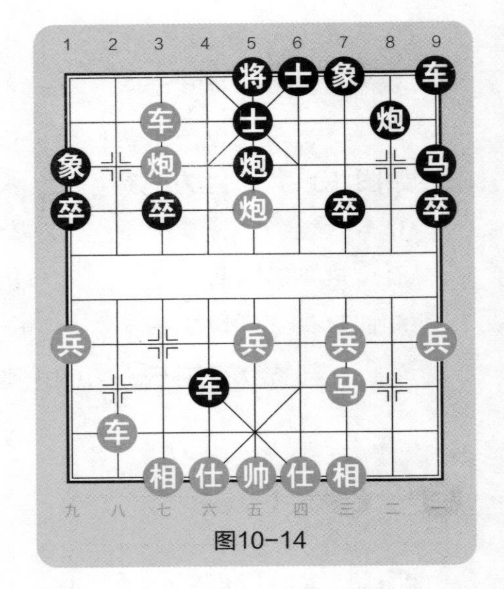

图10–14

①车八进八　车 4 退 7

②车七平八　炮 8 平 2

③炮七进二　车 4 进 3

④炮七平四　车 4 退 3

⑤炮四平六　将 5 平 6

⑥炮六退七　将 6 进 1

⑦车八退一（红方胜势）

第 11 课　夹车炮

双炮和车配合在对方侧翼联合进攻形成杀局，称为夹车炮杀法。

【要点】

1. 封锁、控制对方下二路线是夹车炮杀法得以实施的关键。
2. 形成杀局的最终棋形，车和双炮往往处于不同的直线上。

【难点】

1. 要充分利用对方中心士或羊角士，创造作杀条件。
2. 注意对方象对进攻的阻挡和干扰。

【例局 1】控制、封锁下二路线

如图 11-1，红方先行。

① 车八进三　象 5 退 3　　② 车八退一

红方退车是应对黑象干扰的正确着法。

② ……　　将 4 进 1　　③ 炮七退一　将 4 进 1

④ 炮九退二（红胜）

此例是二路夹车炮的典型棋形。红方第二回合车八退一是应对黑象阻挡、干扰的最优着法，并能达到控制、封锁下二路线的目的。

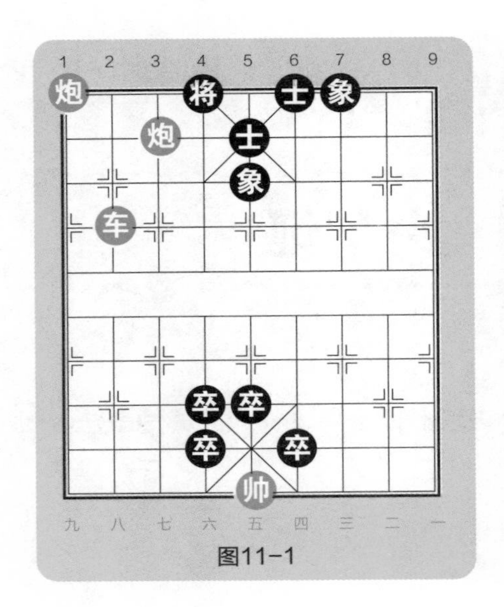

图11-1

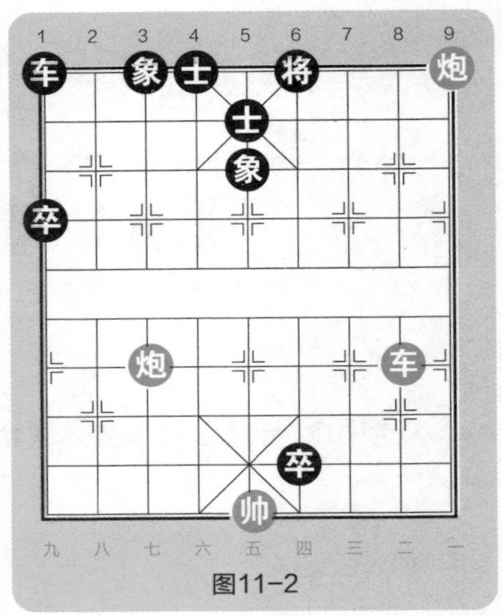

图11-2

【例局2】利用中心士

如图11-2，红方先行。

① 车二进六　象5退7　　② 炮七进五

利用对方中心士叫杀。

② ……　　　士5进4

黑方如改走将6平5，则车二平三，士5退6，炮七平二，红方胜定。

③ 炮七平二　车1平2　　④ 车二平三　将6进1

⑤ 炮一退一　将6进1　　⑥ 车三退二（红胜）

此例中，红方炮七进五利用黑方中士作杀是获胜的关键。

练习题

如图11-3，红方先行。

① 车六进五　马3退4　　② 炮七进六　将5进1

③ 车八进八（红胜）

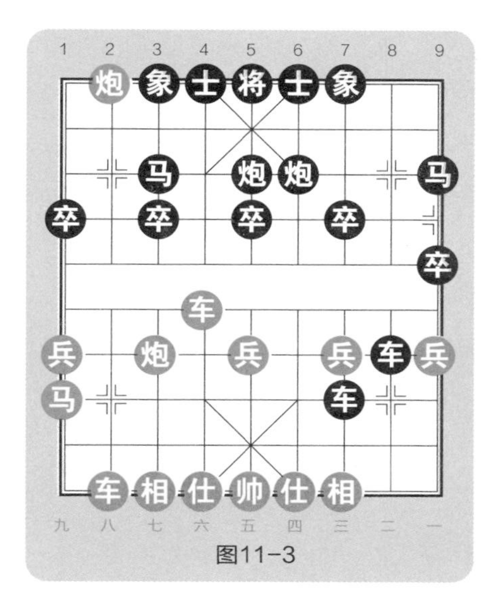
图11-3

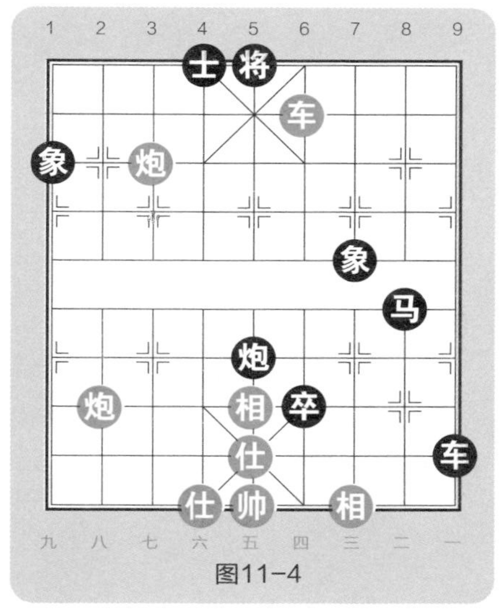
图11-4

如图 11-4，红方先行。

①炮八进六　士 4 进 5

黑方如改走象 7 退 5，则车四平六，士 4 进 5，炮七进二，将 5 平 6，车六进一，红胜。

②炮七进二　将 5 平 4

③车四平五

至此，红方下一着炮八进一，黑方无解，红胜。

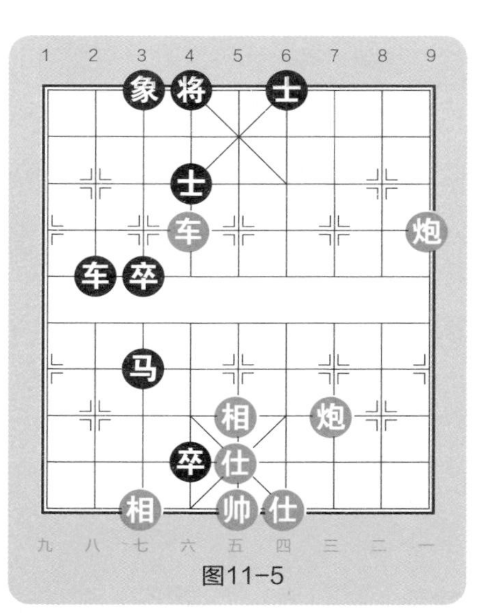
图11-5

如图 11-5，红方先行。

①车六进一　将 4 平 5

②车六进一　士 6 进 5

③炮一进三　将 5 平 6

④车六平五

至此，红方下一着炮三进七杀。

如图 11-6，红方先行。

① 前炮平八　士 5 进 4　　　② 车四平六　士 4 进 5

黑方如改走炮 4 退 3，则炮七进二，士 4 进 5，炮八进一，红胜。

③ 炮七进二　将 5 平 6　　　④ 车六进一（红胜）

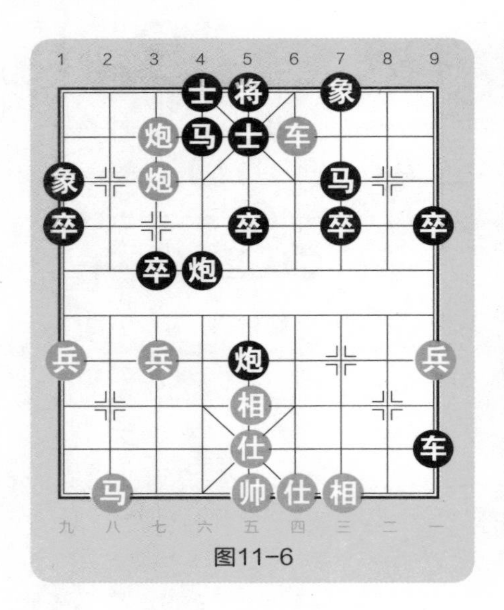

图11-6

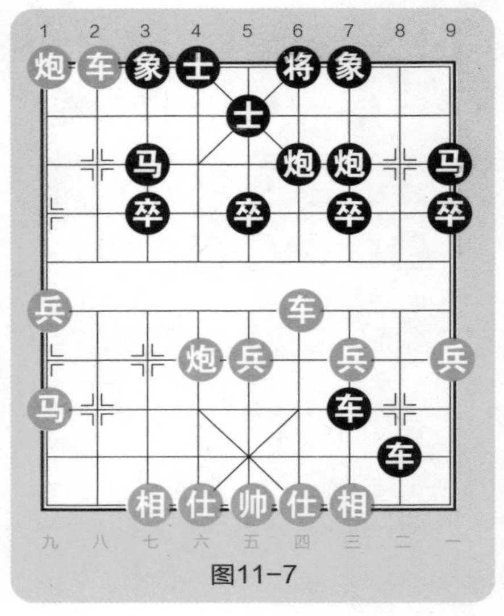

图11-7

如图 11-7，红方先行。

① 炮九平七　将 6 进 1

② 炮六进五　士 5 进 4

③ 炮七退一　将 6 退 1

④ 车八平六（红胜）

如图 11-8，红方先行。

① 炮七平八　炮 4 平 2

② 马八退六　士 5 进 4

红方如改走马 2 进 3，则车六进一，将 5 平 4，炮八平六，红胜。

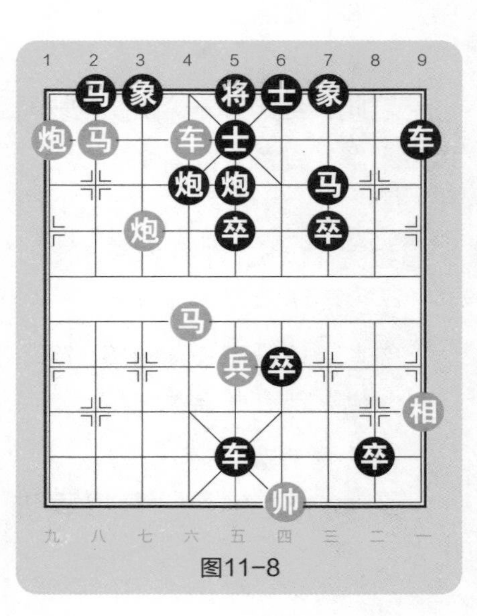

图11-8

③ 炮八进三　象 3 进 1　　　④ 炮九进一（红胜）

如图 11-9，红方先行。

① 炮六平八　将 5 平 4　　　② 车二平六　士 5 进 4

③ 车六进一　将 4 平 5　　　④ 车六进一

至此，红方下一着炮八进三即胜。

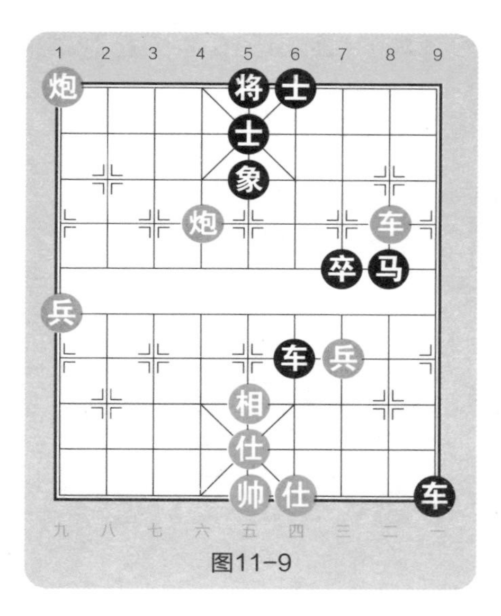

图11-9

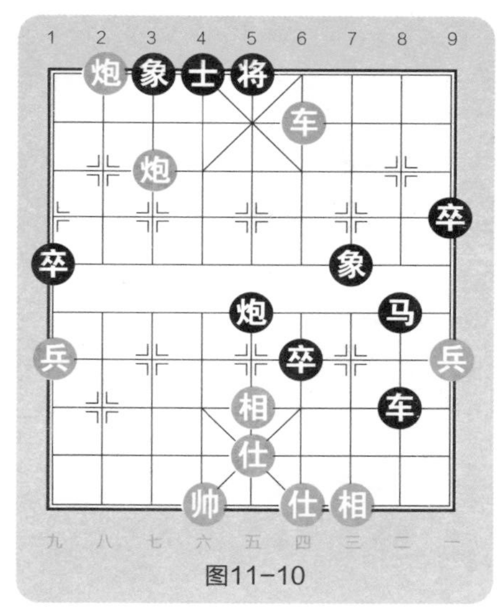

图11-10

如图 11-10，红方先行。

① 车四平六　将 5 平 6　　　② 车六进一　将 6 进 1

③ 车六平二　炮 5 退 5　　　④ 炮八退一

至此，红方伏有炮七进一，将 6 进 1，车二退二的杀着，黑方无解。

如图 11-11，红方先行。

① 兵六进一　将 5 平 4　　　② 车四进三　炮 5 退 2

③ 车四平五　将 4 进 1　　　④ 炮九进五　将 4 进 1

⑤ 车五退二（红胜）

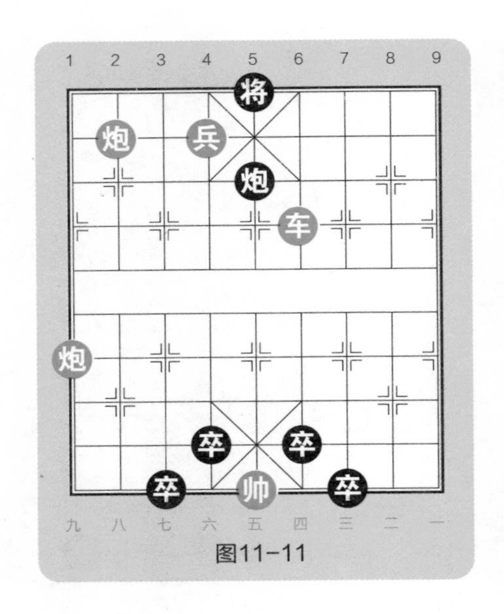

图11-11

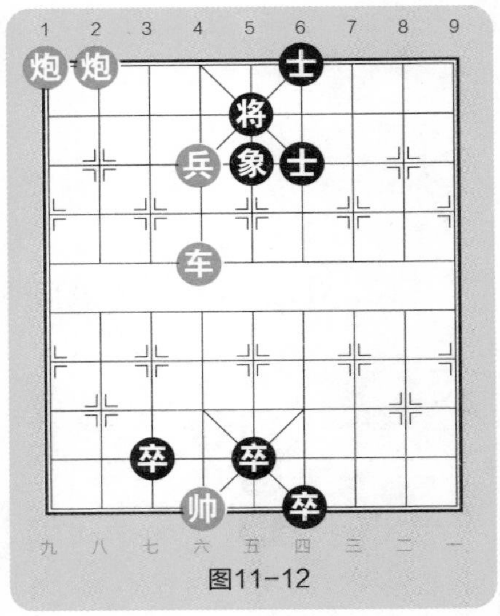

图11-12

如图 11-12，红方先行。

①兵六进一　将5平6

②炮八退一　士6进5

③兵六平五　将6平5

④车六进三　将5退1

⑤炮八进一（红胜）

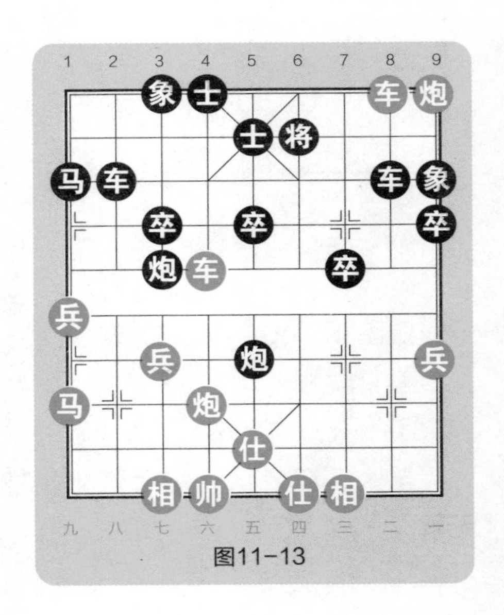

图11-13

如图 11-13，红方先行。

①车六平四　车2平6

②炮六进六　士5进4

③车四进二　车8平6

④车二退一　将6退1

⑤炮六平三

至此，红方下一着炮三进一即胜。

如图 11–14，红方先行。

① 前炮平七　士 6 进 5　　② 炮八进六　象 7 进 5
③ 车六进六　将 5 平 6　　④ 车六进一　士 5 退 4
⑤ 车九平六（红胜）

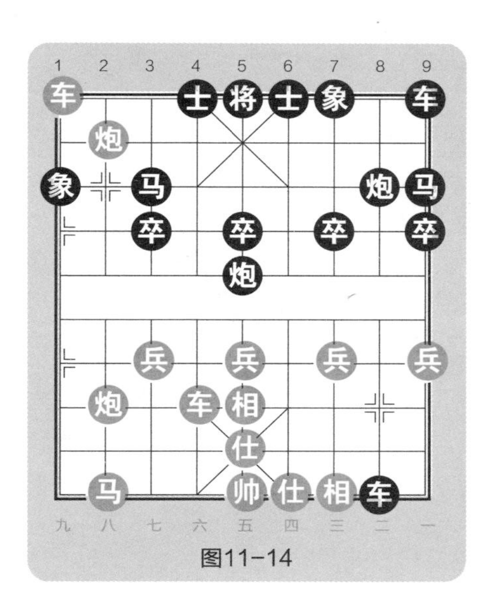
图11–14

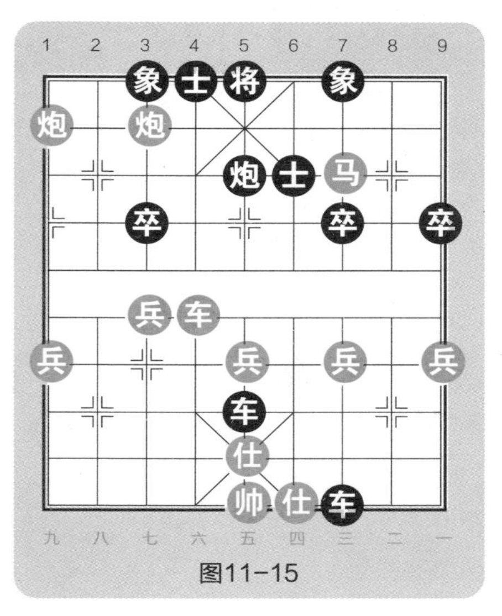
图11–15

如图 11–15，红方先行。

① 帅五平六　士 6 退 5
② 马三进五　士 4 进 5
③ 炮九进一　士 5 退 4
④ 车六进五　将 5 进 1
⑤ 炮九退一（红胜）

如图 11–16，红方先行。

① 车二进九　将 6 进 1
② 炮八进六　将 6 进 1
③ 车二退一　炮 5 进 4
④ 炮一退二　马 7 进 8

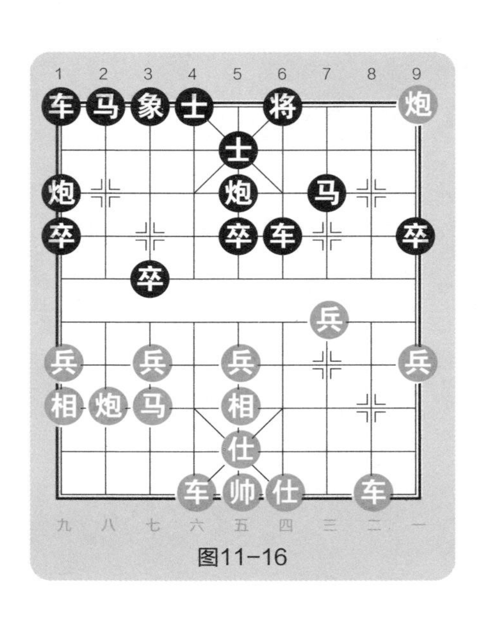
图11–16

⑤车二退一（红胜）

如图 11-17，红方先行。

①车一进一　炮 8 平 6

黑方如改走车 8 退 1，则车一退二，将 6 退 1，炮八进一，将 6 退 1，车一进二，红胜。

②车一退三　将 6 退 1　　③炮八进一　将 6 退 1

④车一进三　象 5 退 7　　⑤车一平三（红胜）

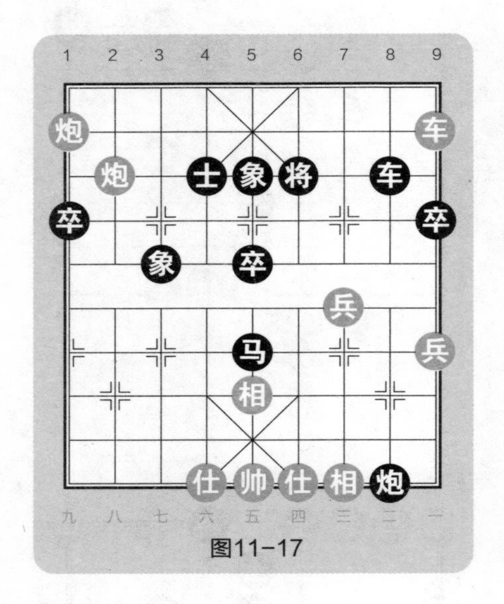
图11-17

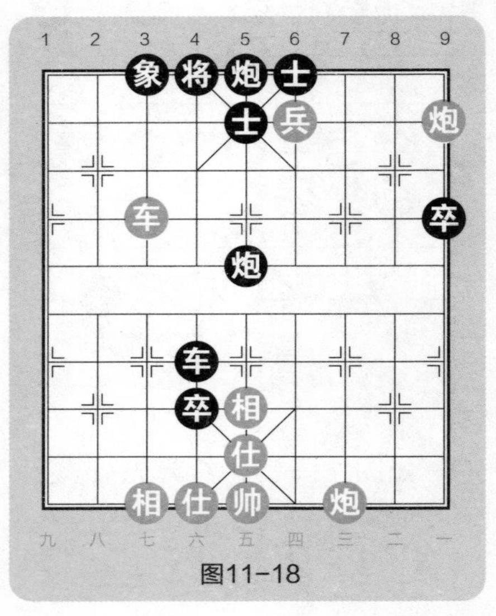
图11-18

如图 11-18，红方先行。

①兵四平五　士 6 进 5

黑方如改走卒 4 进 1，则兵五进一，将 4 平 5，车七平五，将 5 平 4，车五退一，红方胜势。

②炮三进九　士 5 退 6　　③车七进三　将 4 进 1

④炮三退一　将 4 进 1　　⑤车七退二（红胜）

如图 11-19，红方先行。

①炮八退七　将 4 退 1

黑方如改走车 7 平 5，则车四进二，将 4 退 1，炮八进七，将 4 退 1，车四进一，红方进车封锁下二路线，为双炮在底线作杀做准备，红方胜定。

②车四进三　将 4 进 1　③车四退一　将 4 退 1

④炮八进七　将 4 退 1　⑤车四进二（红胜）

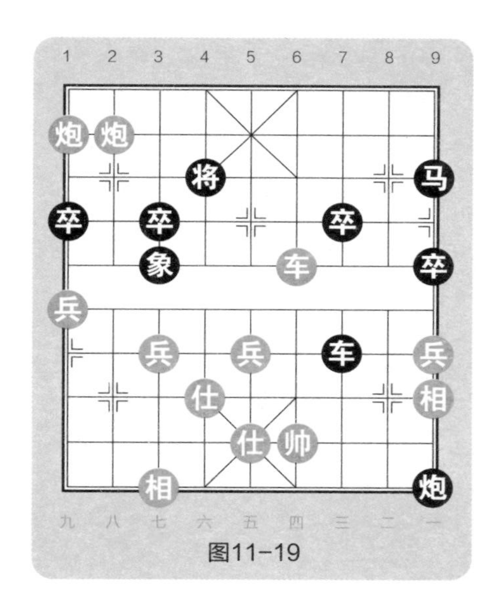
图11-19

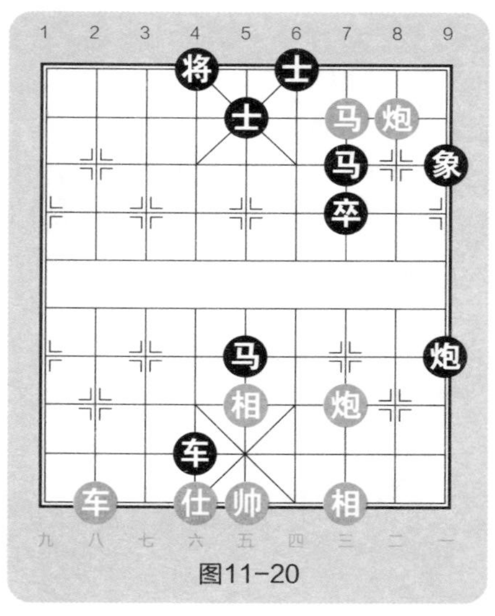
图11-20

如图 11-20，红方先行。

①车八进九　将 4 进 1　②马三进五　士 5 进 6

③马五退四　将 4 平 5　④车八退一　将 5 进 1

⑤炮三进五　将 5 平 6　⑥炮二退一（红胜）

如图 11-21，红方先行。

①炮三退一　将 4 进 1　　②车五平七　后车退 2

③炮三退一　士 6 退 5

黑方如改走将 4 退 1，则车七退一，将 4 退 1，炮三进二，士 6 进 5，炮二进一，红胜。

④炮二退一　将 4 退 1　　⑤车七退一　将 4 退 1

⑥炮三进二（红胜）

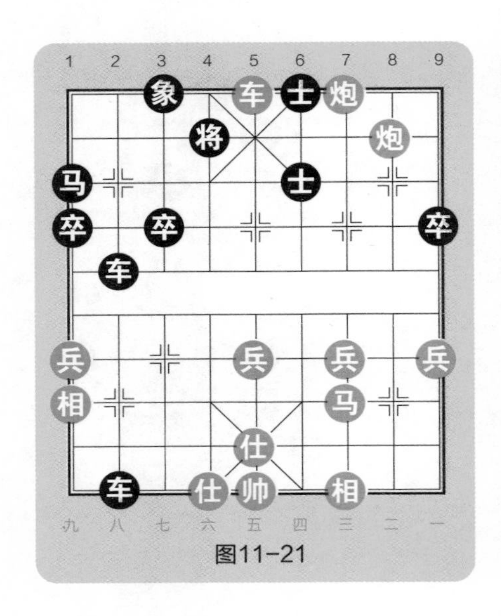

图11-21

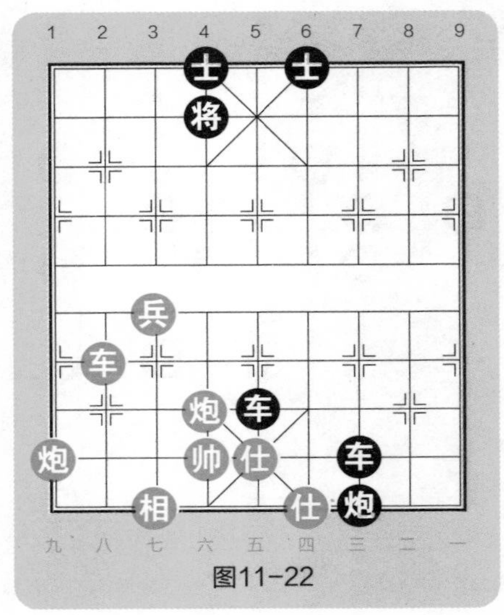

图11-22

如图 11-22，红方先行。

①炮六进五　士 4 进 5

黑方如改走将 4 平 5，则车八进五，将 5 退 1，炮九进八，士 4 进 5，炮六进二，红胜。

②车八进五　将 4 退 1　　③炮六进一　将 4 平 5

④炮九进八　士 5 进 4　　⑤炮六平七　将 5 进 1

⑥炮七退一　将 5 退 1　　⑦炮七进二（红胜）

第 12 课　八角马

和对方将（帅）处在九宫的对角线上，对将（帅）起到牵制作用的马称为八角马。用其他子力配合八角马将死对方，称为八角马杀法。

【要点】

1. 八角马的特点是将（帅）能够活动的两个点完全被马控制，攻方的其他子力无论从哪个方向进攻都能将死对方。

2. 在实施八角马杀法时，一般是马车配合较为多见，马车配合有竖线杀和横线杀两种形式。

【难点】

实施八角马杀法要找到和挂角马杀法的不同之处，并学会与挂角马杀法进行组合运用。

【例局 1】马车配合竖线杀

如图 12-1，红方先行。

① 马五进六　将 5 平 6　　② 车五平四　炮 9 平 6
③ 车四进三　士 5 进 6　　④ 车八平四（红胜）

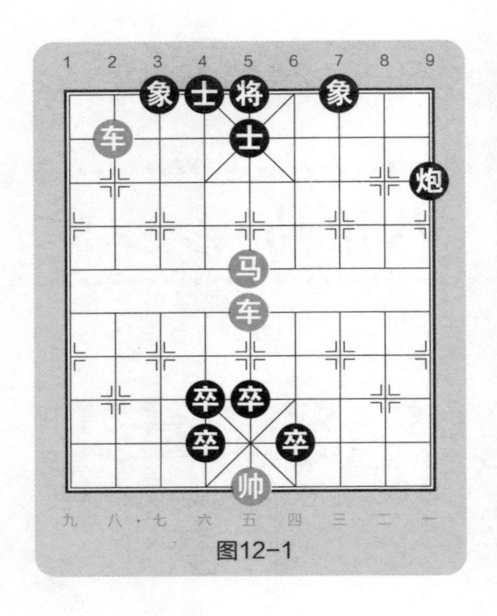

图12-1

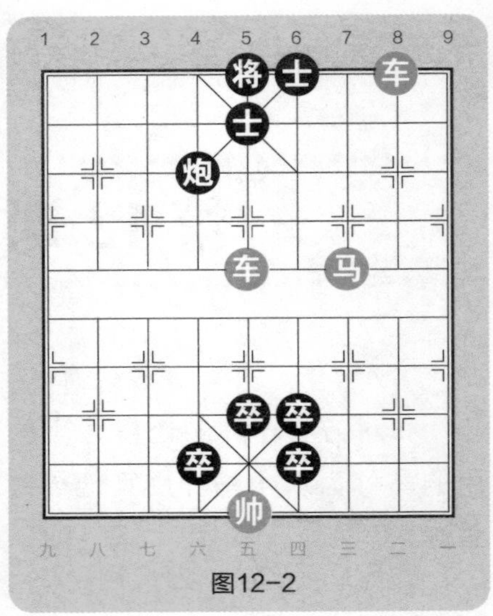

图12-2

【例局 2】马车配合横线杀

如图 12-2，红方先行。

①马三进四　将 5 平 4　　②车二平四　士 5 退 6

③车五进四（红胜）

练习题

如图 12-3，红方先行。

①车三进一　象 5 退 7

黑方如改走士 5 退 6，则马八进七，将 5 进 1，车三退一，红胜。

②马八进六　将 5 平 6　　③马一进二（红胜）

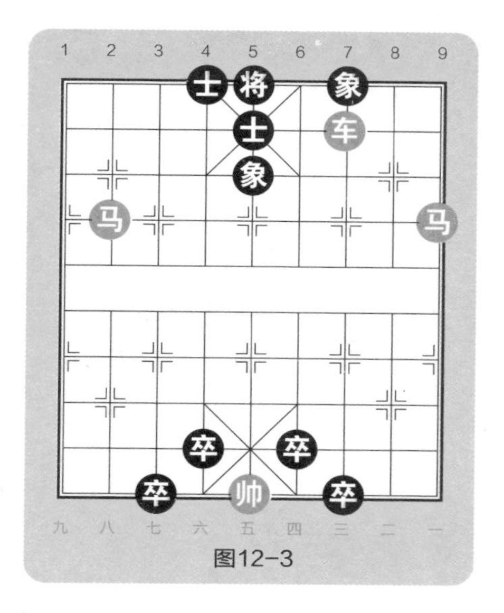
图12-3

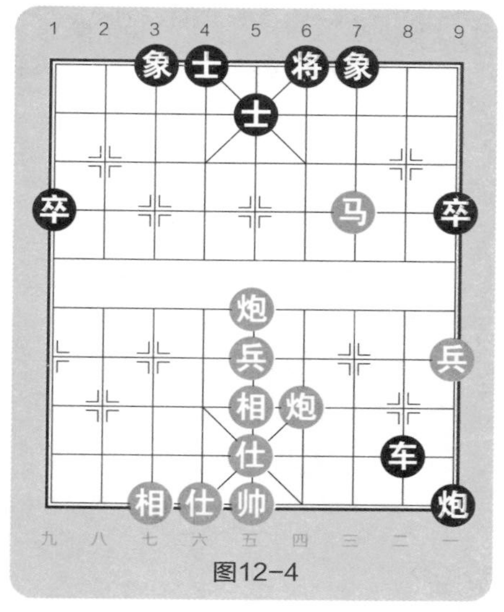
图12-4

如图 12-4，红方先行。

①马三进四　　士 5 进 6

黑方如改走将 6 进 1，则炮五平四，红胜。

②马四退六　　士 6 退 5

③炮五平四（红胜）

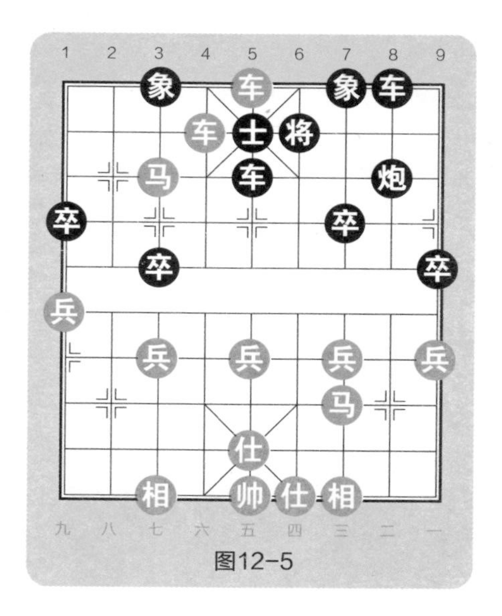
图12-5

如图 12-5，红方先行。

①马七进六

红方伏车五平三，将 6 进 1，车三退二的杀着。

①……　　　　将 6 进 1

②车五平四　　士 5 退 6

③车六平四（红胜）

如图 12-6，红方先行。

① 马六进四　将 4 退 1　　② 车七进九　象 1 退 3

黑方如改走马 5 退 3，则马九进七，红胜。

③ 马九进八（红胜）

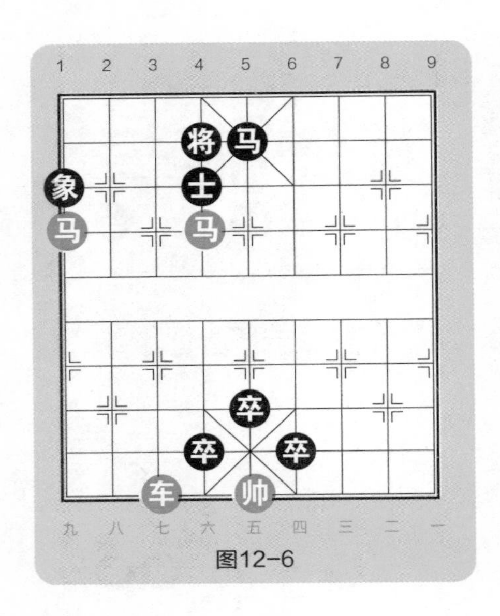

图12-6

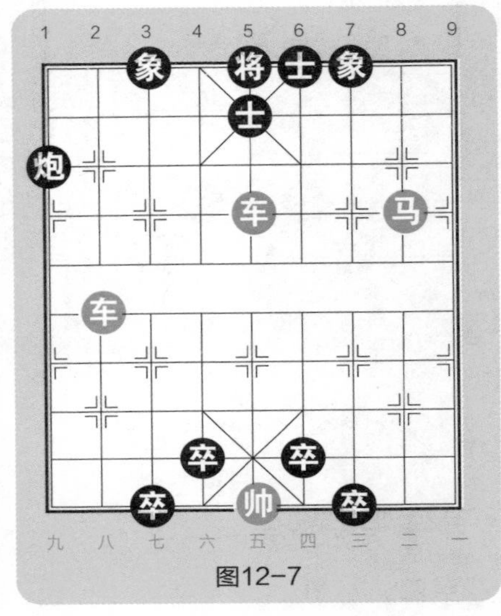

图12-7

如图 12-7，红方先行。

① 马二进四　将 5 平 4

② 车八平六　炮 1 平 4

③ 车六进三　士 5 进 4

④ 车五进三（红胜）

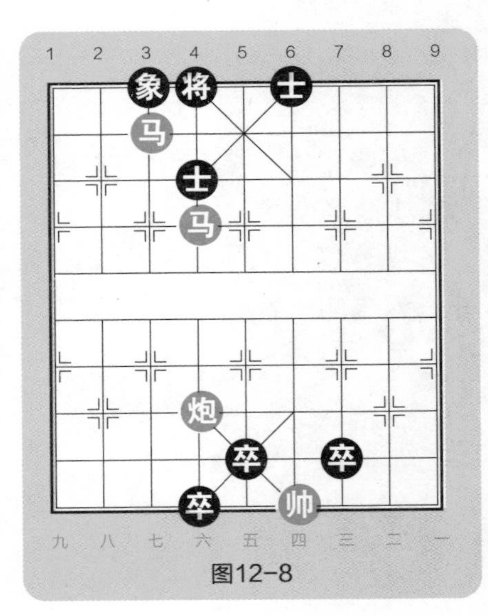

图12-8

如图 12-8，红方先行。

① 马六进四　士 4 退 5

② 马七退六　士 5 进 4

③ 马六退八　士 4 退 5

④ 马八进七（红胜）

如图 12-9，红方先行。

①炮三进三　象 5 退 7　②马二进四　马 4 退 6

③兵六进一　将 5 平 4　④车七进一（红胜）

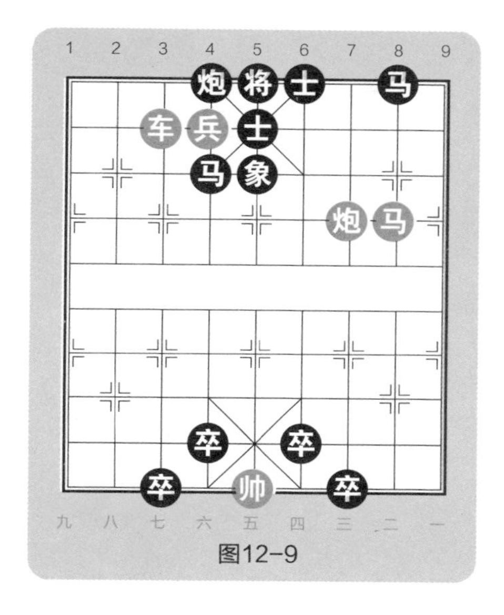
图12-9

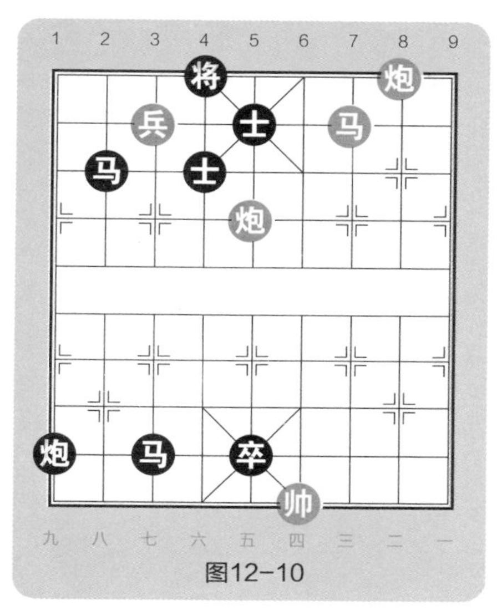
图12-10

如图 12-10，红方先行。

①马三进五　士 5 退 6

②马五退四　士 6 进 5

③兵七进一　马 2 退 3

④炮五平六（红胜）

如图 12-11，红方先行。

①马三进四　将 5 平 4

②车一平六　炮 8 平 4

③炮九平六　炮 4 进 6

④炮五平六（红胜）

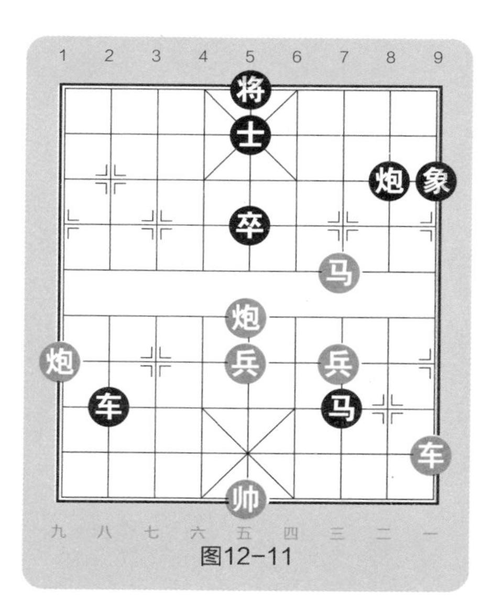
图12-11

如图 12–12，红方先行。

① 车四进九　士 5 退 6　　② 车八平六　将 4 进 1

③ 马二进四　将 4 进 1　　④ 兵六进一（红胜）

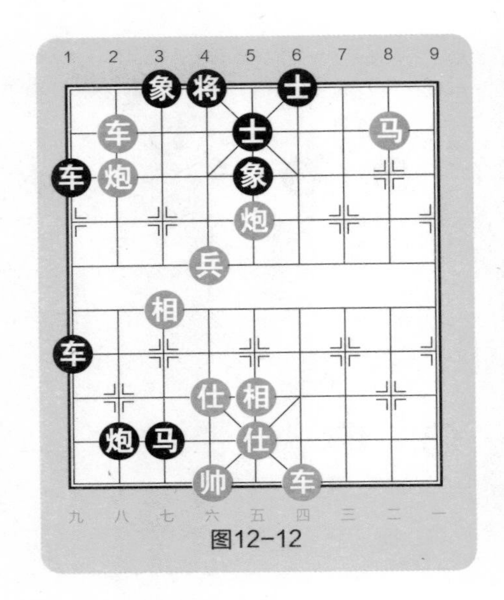

图12–12

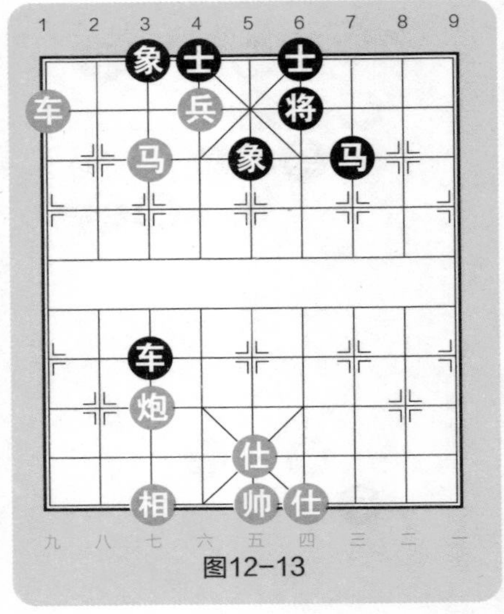

图12–13

如图 12–13，红方先行。

① 马七进六　将 6 进 1

② 车九退四　车 3 平 6

③ 炮七平六　马 7 进 6

④ 车九平二

至此，红方下一着车二进三即胜。

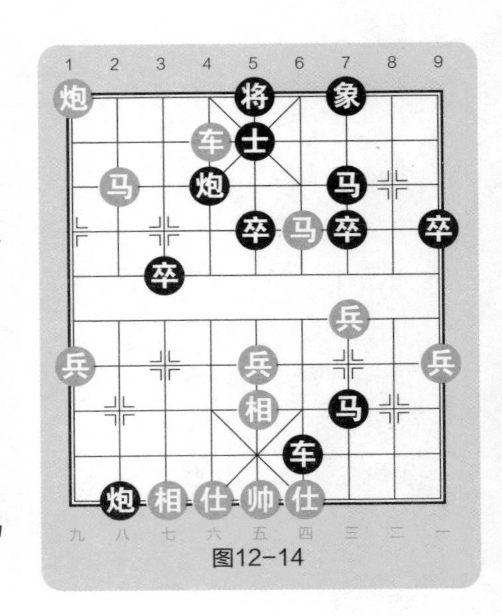

图12–14

如图 12–14，红方先行。

① 马八进七　炮 2 退 9

② 车六平五　将 5 平 6

黑方如改走马 7 退 5，则马七退六，双将杀。

③ 马七退六　炮 2 进 9　　④ 车五平四（红胜）

如图 12-15，红方先行。

① 马六退五　将 6 进 1　　② 车八退一　将 6 进 1

③ 马五进六　前炮平 6　　④ 车八退一　象 7 进 5

⑤ 车八平五（红胜）

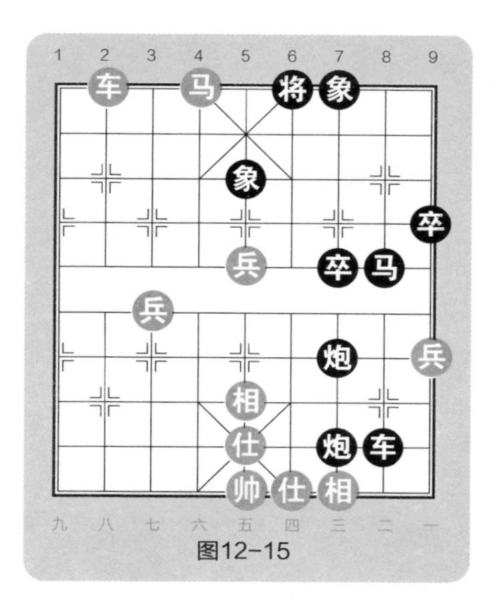

图12-15

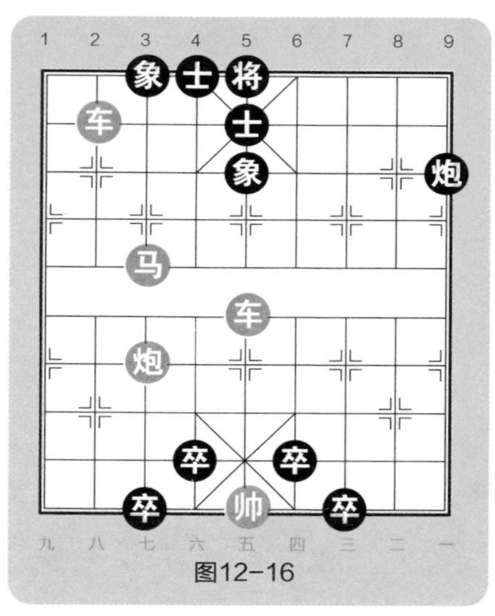

图12-16

如图 12-16，红方先行。

① 炮七进六　象 5 退 3　　② 马七进六　将 5 平 6

③ 车五平四　炮 9 平 6　　④ 车四进三　士 5 进 6

⑤ 车八平四（红胜）

如图 12-17，红方先行。

① 车四进三　将 6 进 1　　② 马五进六　士 4 退 5

③ 炮五进五　士 5 进 4　　④ 炮五退六　士 4 退 5

⑤ 炮五平四（红胜）

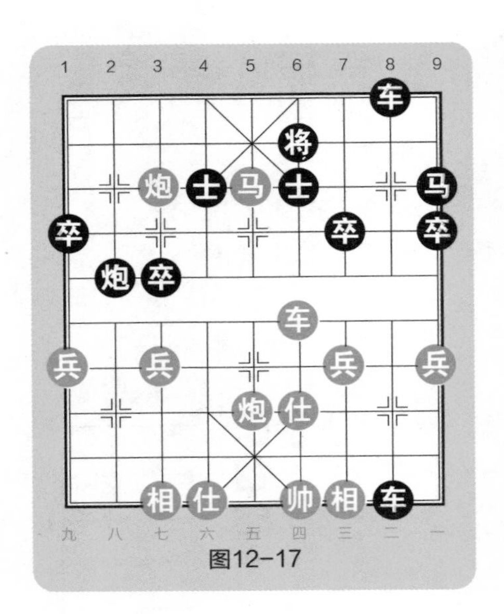

图12-17

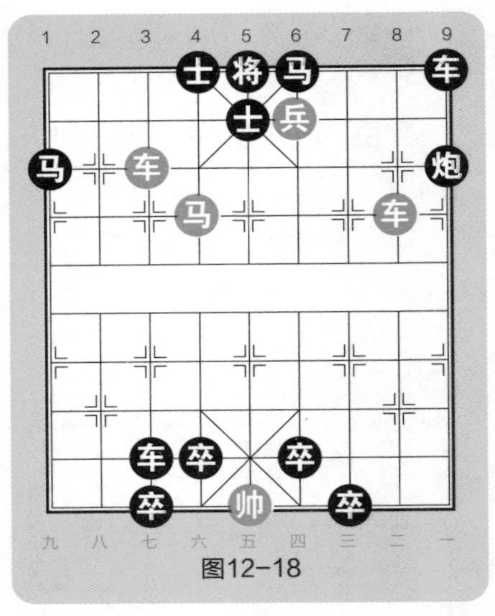

图12-18

如图 12-18，红方先行。

①兵四平五　士 4 进 5　②马六进四　将 5 平 4

③车二平六　炮 9 平 4

④车六进一　士 5 进 4

⑤车七平六　马 6 进 4

⑥车六进一（红胜）

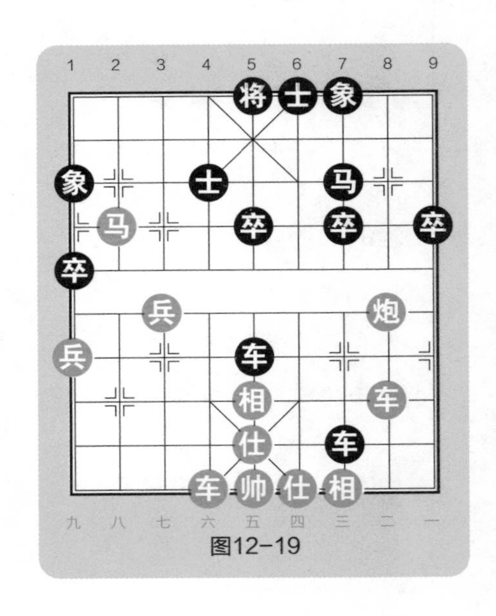

图12-19

如图 12-19，红方先行。

①马八进六　将 5 进 1

②炮二平五　车 5 退 1

③车二进六　将 5 进 1

④马六进八　士 6 进 5

⑤车六进七　士 5 进 4

⑥马八进六　将 5 平 6

⑦车二平四（红胜）

如图 12-20，红方先行。

①马三进五　士 4 进 5　②马五进三　将 5 平 4
③车四进五　士 5 退 6　④炮二进四　士 6 进 5
⑤马三进五　士 5 退 6　⑥马五退四　士 6 进 5
⑦炮五平六　后马进 4　⑧兵七平六（红胜）

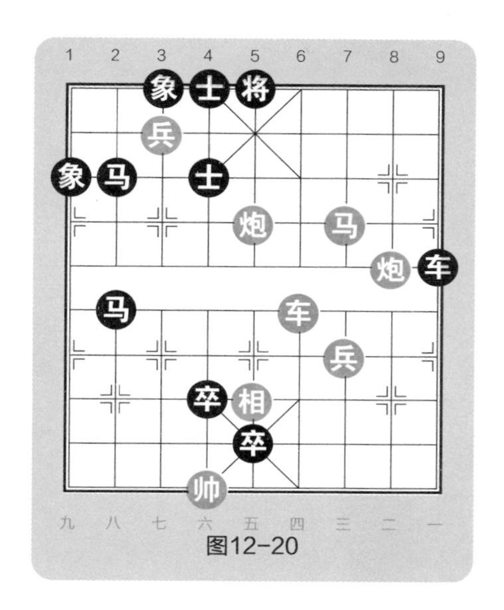

图12-20

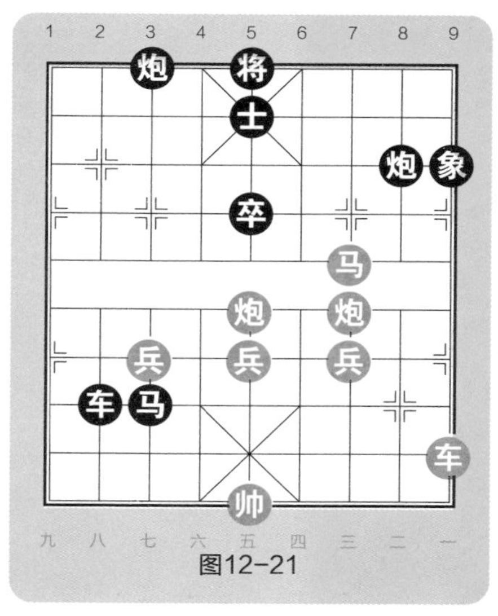

图12-21

如图 12-21，红方先行。

①马三进四　将 5 平 4　②车一平六　士 5 进 4
③炮五平六　士 4 退 5　④炮六平九　士 5 进 4
⑤炮三平六　士 4 退 5　⑥炮六平八　士 5 进 4
⑦炮九进五　炮 3 进 1　⑧炮八进五（红胜）

如图 12-22，红方先行。

①马六退四　将5进1
②马四进二　车9退7
③车六进六　将5平4
④车四进二　士4进5
⑤马二进四　将4进1
⑥炮二进五　象5进3
⑦车四退一　象3退5
⑧车四平五（红胜）

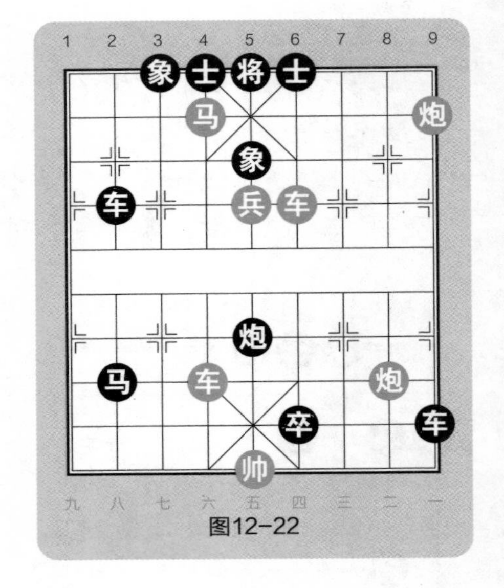

图12-22

第 13 课 高钓马

在对方 3、7（三、七）路卒（兵）起始位置上的马称为高钓马，运用高钓马对对方肋道进行控制，再用车配合将死对方，称为高钓马杀法。

【要点】

高钓马顾名思义即是通过车马配合，把对方将（帅）像钓鱼一样从底线钓至高位士角，进而成杀。

【难点】

1. 车在马前面时，可采取送将或闪将两种手段。利用送将手段时，要注意兜底将军的盲点以及双将杀法的应用。而利用闪将手段时，要注意马是否有被捉或被换掉的危险。

2. 车在马后面时，可把高钓马跳至对方（2.2）位或（8.2）位即“金钩马”的位置，进而转换为穿心车的杀棋。

3. 对方中心没有士的时候，车应先占将位，预防将回中路，同时择机迫使对方回中心士，然后再组织高钓马杀法。

【例局 1】送将

如图 13-1，红方先行。

① 车八进四　象 5 退 3	② 车八平七　将 4 进 1
③ 马六进七　将 4 进 1	④ 车七退二　将 4 退 1
⑤ 车七进一	

至此，黑方如将 4 退 1，则车七进一，红胜。又如将 4 进 1，则车七平六，红胜。

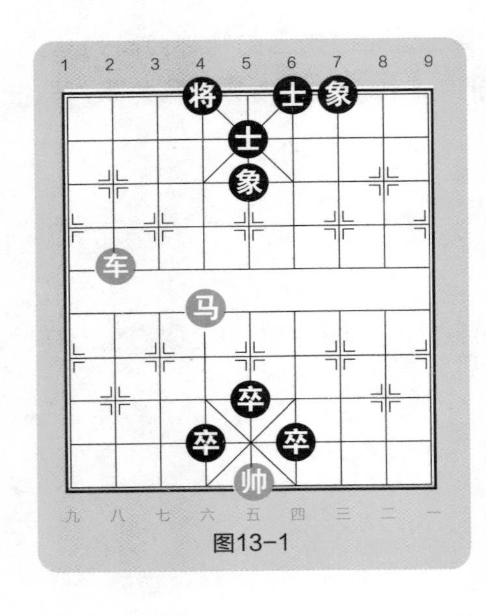

图13-1

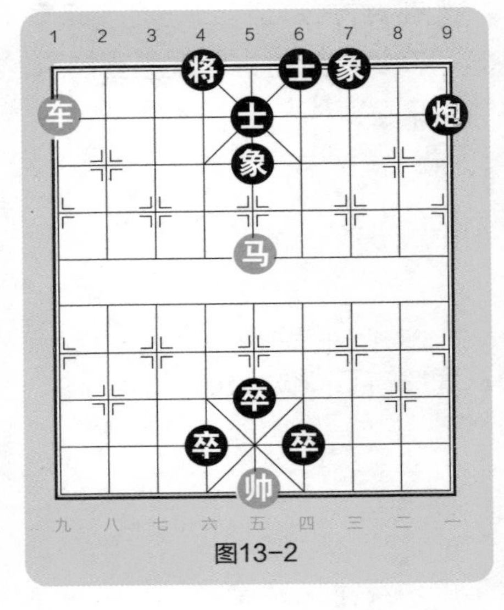

图13-2

【例局 2】闪将

如图 13-2，红方先行。

① 车九进一　象 5 退 3	② 车九平七　将 4 进 1
③ 马五进七　将 4 进 1	④ 车七退二　将 4 退 1
⑤ 车七平八　将 4 退 1	⑥ 车八进二（红胜）

【例局 3】车先占中

如图 13-3，红方先行。

① 车二进二　将 6 退 1　　② 车二进一　将 6 进 1

③ 车二平五　士 4 进 5　　④ 马二进三　将 6 进 1

⑤ 车五平二

至此，红方下一着再车二退二即胜。

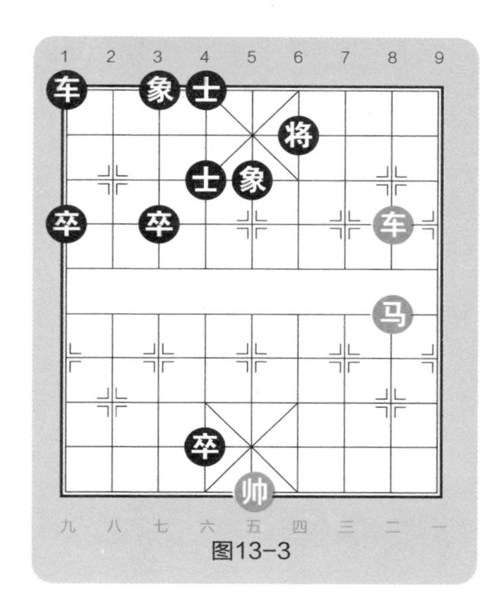

图13-3

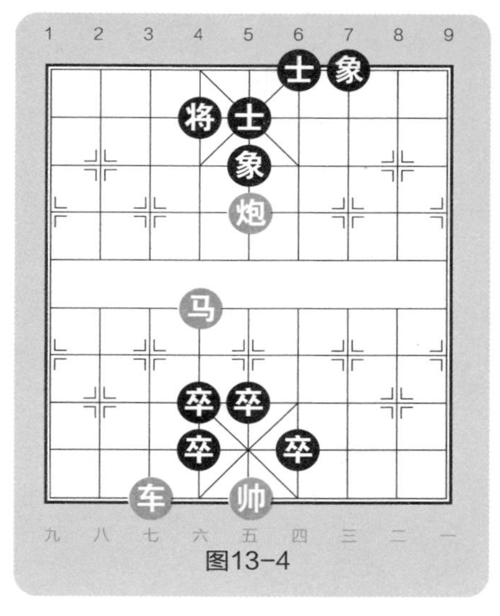

图13-4

【例局 4】金钩马配合穿心车

如图 13-4，红方先行。

① 马六进七　将 4 退 1　　② 马七进八　将 4 进 1

③ 车七进八　将 4 进 1　　④ 车七平五（红胜）

练习题

如图 13-5，红方先行。

① 车六进五　将 5 平 4　　② 车八进一　将 4 进 1

③ 马五退七　将 4 进 1　　④ 车八退二（红胜）

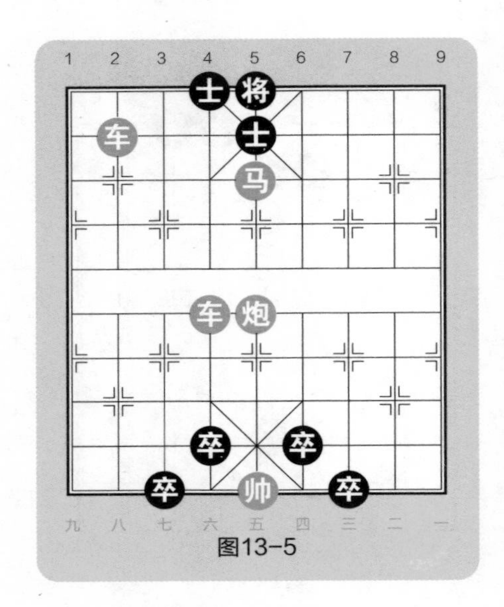

图13-5

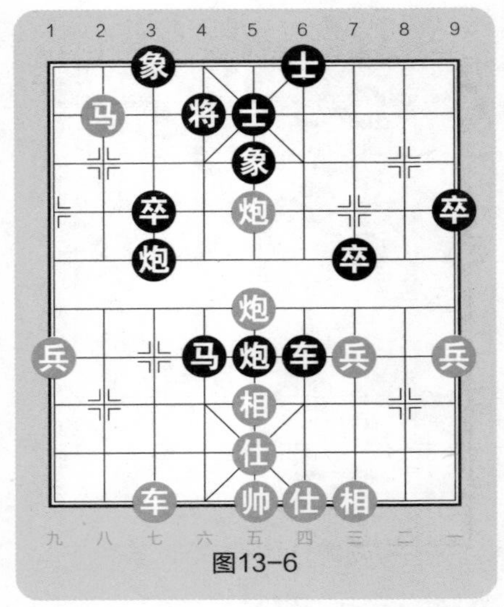

图13-6

如图 13-6，红方先行。

① 马八退七　将 4 退 1

② 马七进八　将 4 进 1

③ 后炮平九　炮 3 平 1

④ 车七进八　将 4 退 1

⑤ 车七平五（红胜）

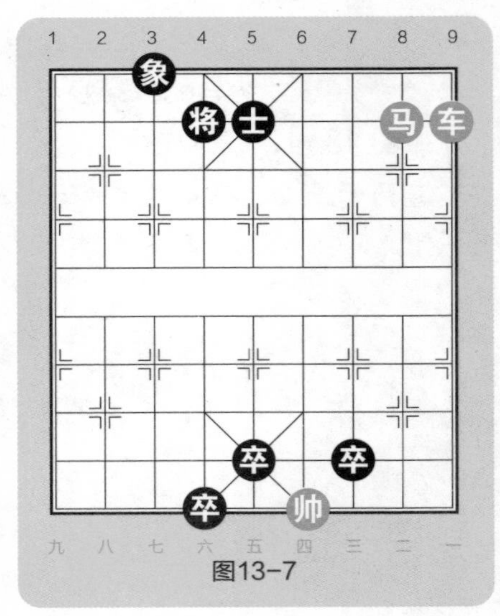

图13-7

如图 13-7，红方先行。

① 马二退四　将 4 进 1

② 马四退五　将 4 平 5

③ 马五进七　将 5 平 4

④车一退一　象3进5　　　⑤车一平五（红胜）

如图13-8，红方先行。

①车六进九　士5退4

黑方如改走将6进1，则车三进二，将6进1，车六平四，士5退6，马七进六，士6进5，车三退一，将6退1，马六退五，将6退1，车三进二，红胜。

②马七进六　士4进5　　　③车三进三　将6进1

④马六退五　将6进1　　　⑤车三退二（红胜）

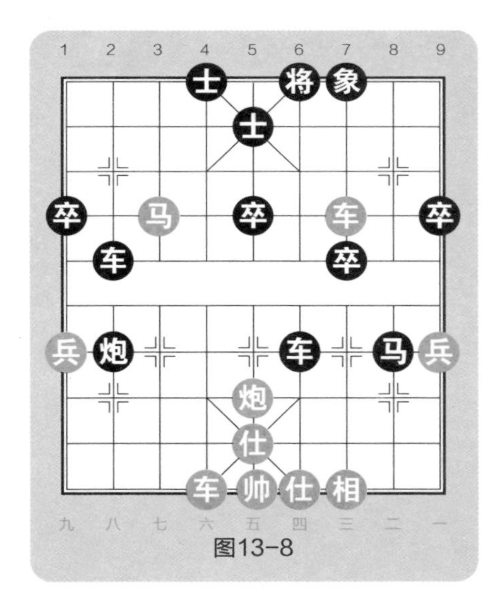
图13-8

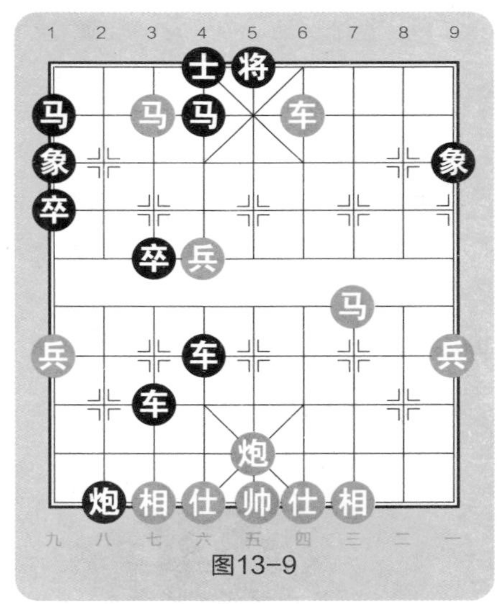
图13-9

如图13-9，红方先行。

①马三进五　车4平5

黑方如改走士4进5，则车四平五，将5平6，车五进一，将6进1，马五进三，将6进1，车五退二，红胜。

②车四平六　将5平6　　　③车六进一　将6进1

④马五进三　将6进1　　　⑤车六平四（红胜）

如图 13-10，红方先行。

① 马五进七	将 4 进 1	② 马七进八	将 4 退 1
③ 炮三进四	士 5 进 4	④ 炮三退一	士 4 退 5
⑤ 马八退七	将 4 退 1	⑥ 车二进一（红胜）	

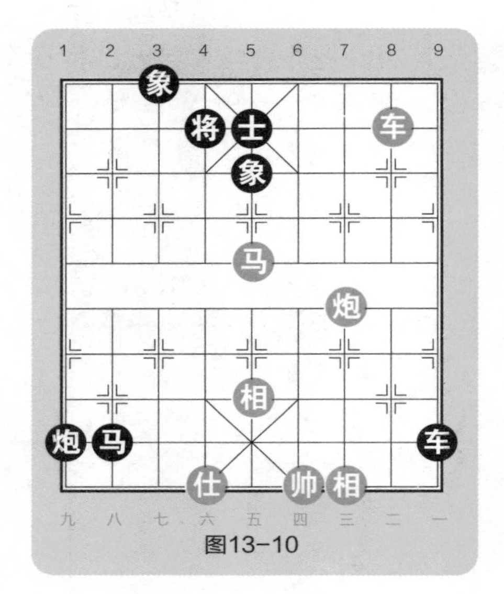
图13-10

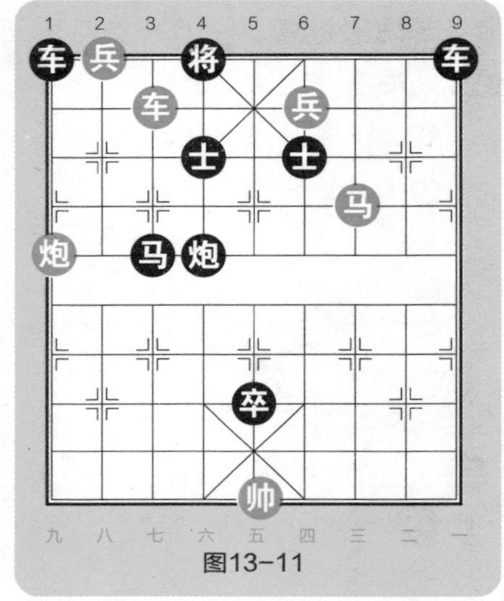
图13-11

如图 13-11，红方先行。

① 马三进五　士 4 退 5
② 车七进一　将 4 进 1
③ 马五退七　将 4 进 1
④ 车七退二　将 4 退 1
⑤ 车七平九　将 4 退 1
⑥ 炮九进四（红胜）

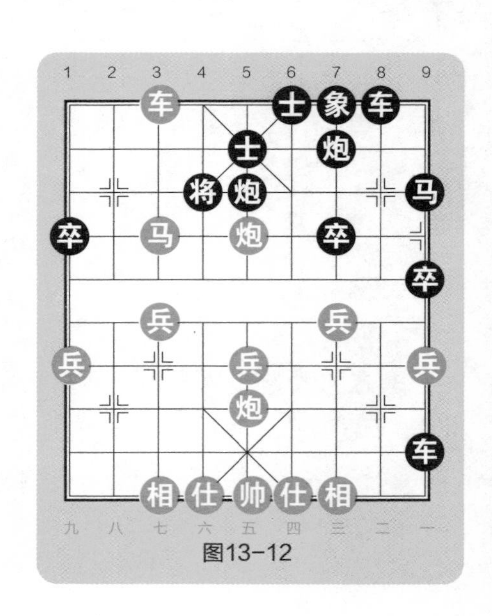
图13-12

如图 13-12，红方先行。

① 前炮进二　士 6 进 5
② 炮五进五　象 7 进 5
③ 车七退二　将 4 退 1

④ 车七平八　将 4 退 1　　⑤ 车八进二　象 5 退 3
⑥ 车八平七（红胜）

如图 13-13，红方先行。

① 车六进一　将 5 平 4　　② 车八进九　将 4 进 1
③ 车八平五　士 6 进 5　　④ 马九退七　将 4 进 1
⑤ 车五平八　马 7 进 6　　⑥ 车八退二（红胜）

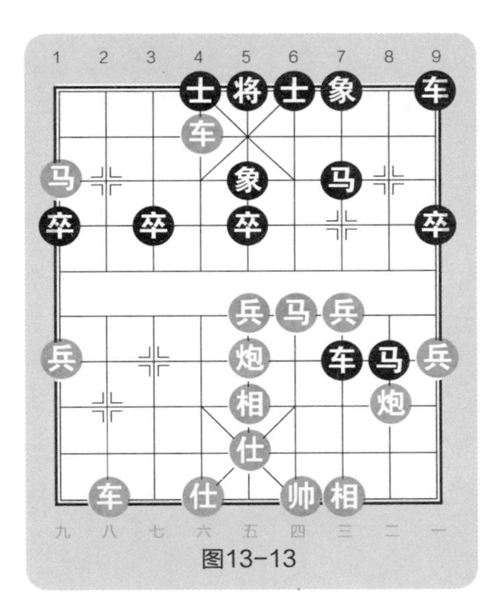
图13-13

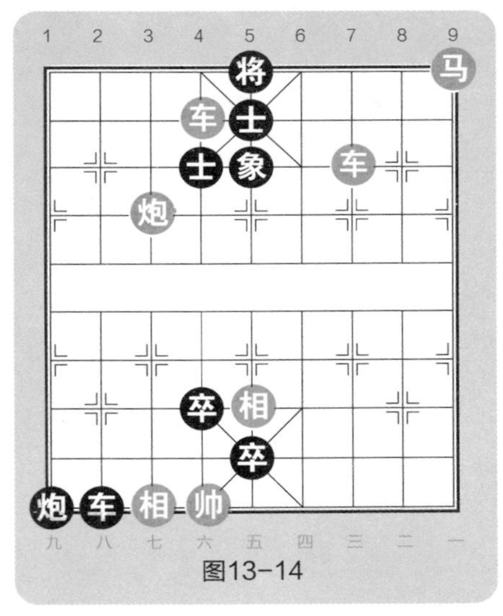
图13-14

如图 13-14，红方先行。

① 马一退三　将 5 平 6　　② 车三平四　士 5 进 6
③ 马三退五　士 6 退 5　　④ 车六进一　将 6 进 1
⑤ 马五退三　将 6 进 1　　⑥ 炮七进一（红胜）

如图 13-15，红方先行。

① 兵七进一　将 4 退 1　　② 兵七平六　将 4 进 1
③ 马九进七　将 4 退 1　　④ 马七进八　将 4 进 1
⑤ 车七进四　将 4 退 1　　⑥ 车七平五（红胜）

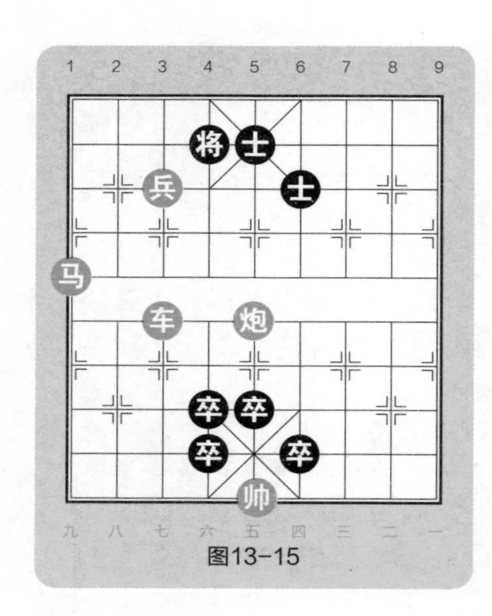
图13-15

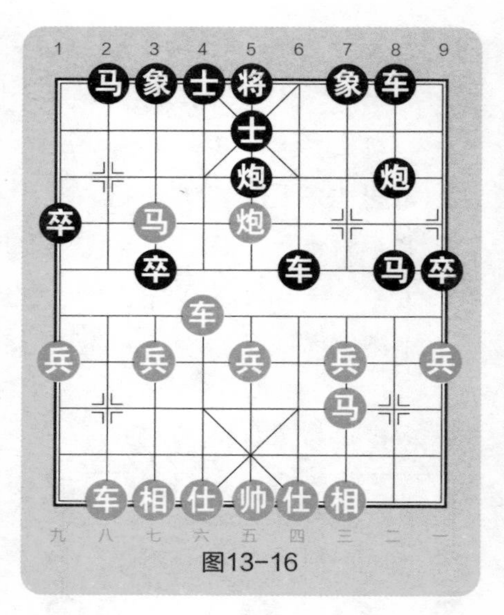
图13-16

如图 13-16，红方先行。

①车六进五　将 5 平 4　　②车八进九　炮 5 平 3

③车八平七　将 4 进 1　　④车七退二　象 7 进 5

黑方如改走士 5 进 6，红方可用送将方法取胜。

⑤车七平八　将 4 退 1

⑥车八进二（红胜）

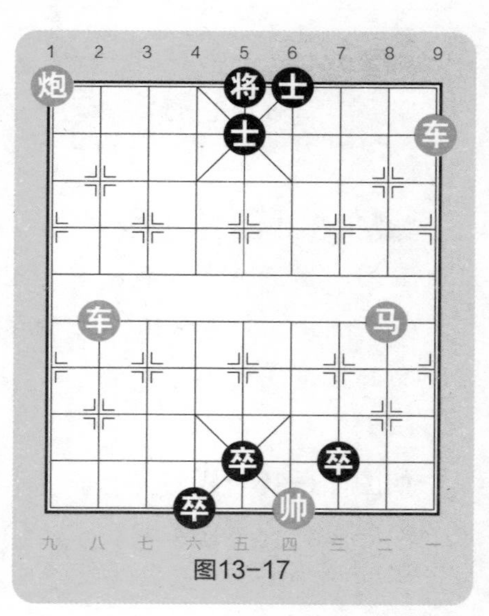
图13-17

如图 13-17，红方先行。

①车八进五　士 5 退 4

②车一平五　将 5 进 1

③车八退一　将 5 进 1

④马二进三　将 5 平 4

⑤马三退五　将 4 平 5

⑥马五进七　将 5 平 4

⑦车八平六（红胜）

如图 13-18，红方先行。

① 车三进一　士 5 退 6　　② 兵六平五　将 5 进 1

③ 车三退一　将 5 进 1　　④ 马一进三　将 5 平 4

⑤ 马三退五　将 4 平 5　　⑥ 马五进七　将 5 平 4

⑦ 车三平六（红胜）

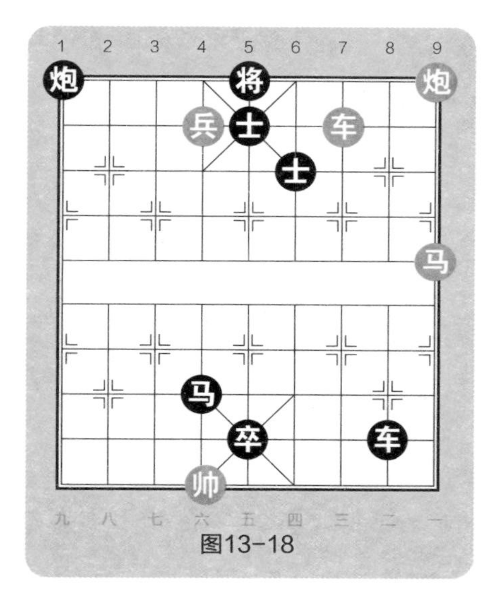

图13-18

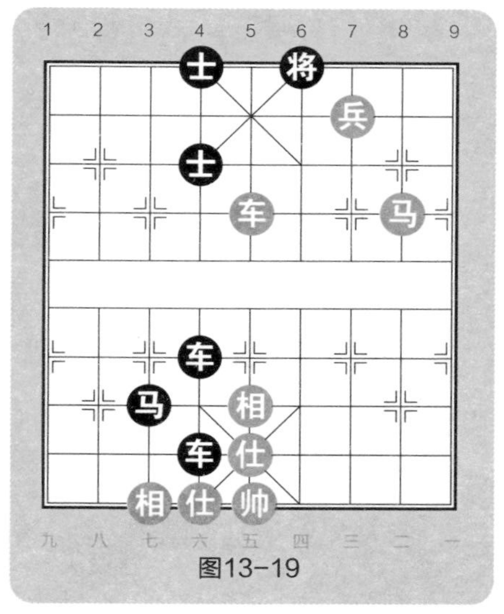

图13-19

如图 13-19，红方先行。

① 车五平四　将 6 平 5

② 马二进四　将 5 平 6

③ 兵三进一　将 6 进 1

④ 马四进二　将 6 平 5

⑤ 车四平五　将 5 平 6

⑥ 马二退三　将 6 进 1

⑦ 车五进一（红胜）

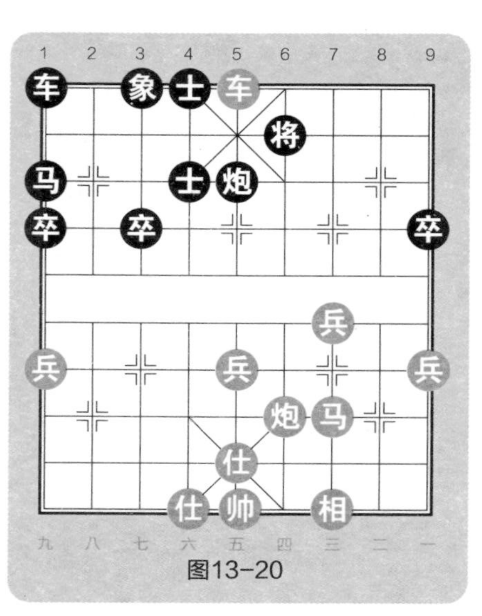

图13-20

如图 13-20，红方先行。

① 马三进四　炮 5 平 6

②马四进三　炮6平7　　③兵三进一　士4进5
④兵三平四　士5进6　　⑤兵四进一　车1平2
⑥兵四进一　将6进1　　⑦车五平四（红胜）

如图13-21，红方先行。

①马三进五　士6进5　　②车二进三　将4进1
③马五退七　将4进1　　④车二平七　车7平3
⑤车七退二　将4退1　　⑥车七进一　将4退1
⑦车七进一（红胜）

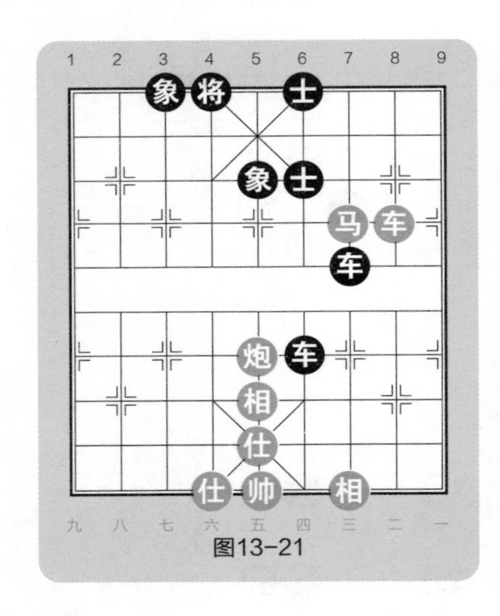

图13-21

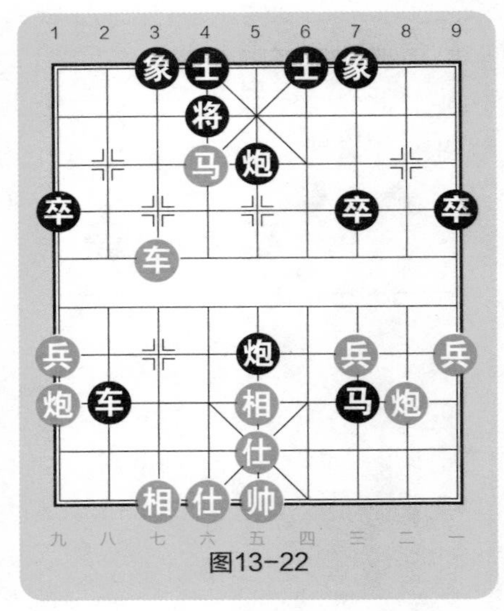

图13-22

如图13-22，红方先行。

①马六退五　士4进5

黑方如改走炮5进1，则车七进三，将4进1，马五进七，前炮平4，车七退一，将4退1，车七平五，红胜。

②车七进三　将4退1　　③车七进一　将4进1
④马五进七　将4进1　　⑤车七退一　前炮平4
⑥炮二进五　士5进6　　⑦马七退五（红胜）

如图 13-23，红方先行。

①炮五进四　车 4 平 9

黑方如改走车 4 退 3，则车八平七，将 4 进 1，车一平八，红方形成双车错杀势。

②车八平七　将 4 进 1　　③马五进六　士 5 进 4

④车七平五　士 4 退 5　　⑤马六进七　将 4 进 1

⑥车五平八　车 9 平 5　　⑦车八退二（红胜）

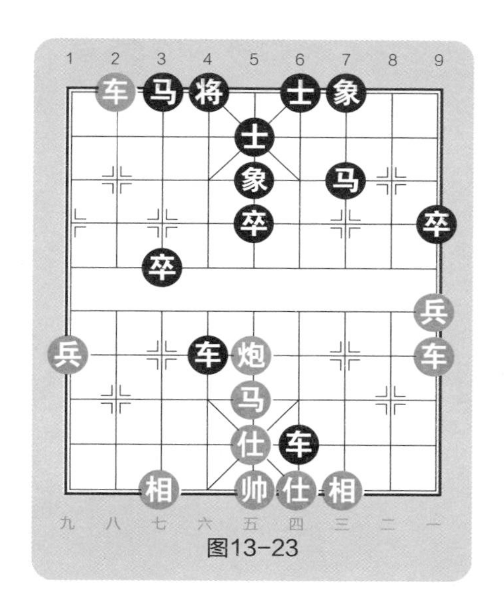
图13-23

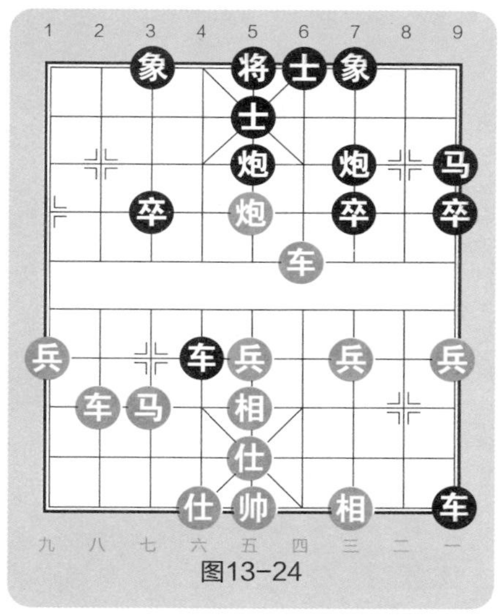
图13-24

如图 13-24，红方先行。

①车八进七　将 5 平 4　　②车八平七　将 4 进 1

③马七进八　车 4 退 4　　④马八进七　车 4 平 3

⑤车七退一　将 4 退 1　　⑥车四平八　车 3 退 1

⑦车八进四　车 3 退 1　　⑧车八平七（红胜）

第 14 课　立马车

马在对方（3.3）位、（3.1）位、（4.4）位，或对方另一侧的（7.3）位、（7.1）、（6.4）位上控制对方将（帅）的两个移动位置，再用车配合将死对方，称为立马车杀法。

【要点】

1. 马和对方将（帅）处在大田字格对角线或小方格的对角线上。

2. 马控制九宫内两个位置，对方将（帅）只有一个方向可以移动。

【难点】

1. 对方中心有士时要注意马和车配合的位置关系。

2. 要能熟练掌握一些特殊棋形下的立马车杀法。

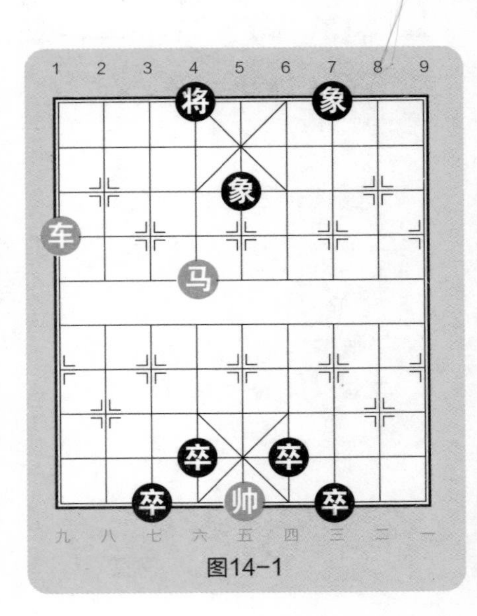

图14-1

【例局 1】马在对方（3.3）位

如图 14-1，红方先行。

着法一：

① 马六进七　将 4 平 5

红马和黑将处在大田字格的对角线上。

② 车九进三（红胜）

着法二：

① 马六进七　将 4 进 1

红马和黑将处在小方格的对角线上。

② 车九平六（红胜）

【例局 2】马在对方（4.4）位

如图 14-2，红方先行。

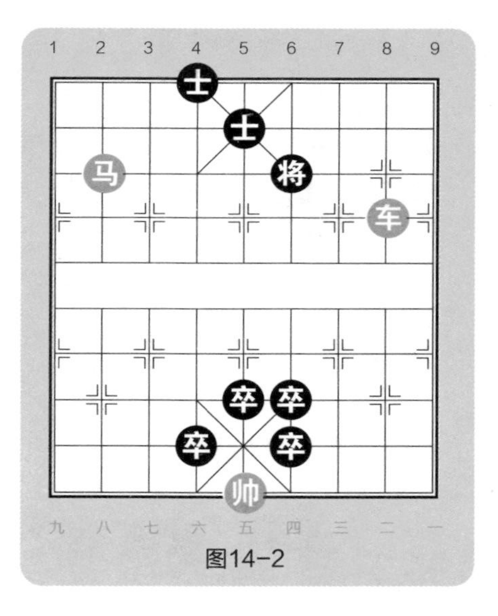

图14-2

着法一：

① 马八退六　将 6 退 1

红马和黑将处在大田字格的对角线上。

② 车二平四　士 5 进 6

③ 车四进一（红胜）

着法二：

① 马八退六　将 6 平 5

红马和黑将处在小方格的对角线上。

② 车二进一　士 5 进 6　　③ 车二平四（红胜）

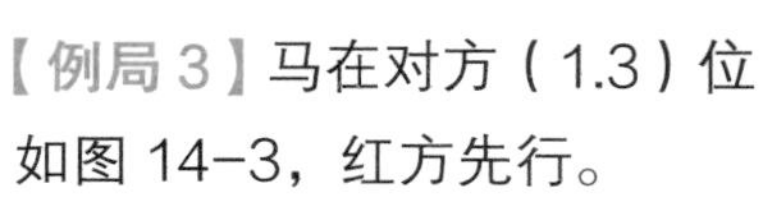

【例局 3】马在对方（1.3）位

如图 14-3，红方先行。

着法一：

① 马九进七　将 4 平 5

红马和黑将处在大田字格的对角线上。

② 车九进一　士 5 进 4　　③ 车九平六（红胜）

着法二：

① 马九进七　将 4 退 1

红马和黑将处在小方格的对角线上。

②车九平六　士5进4　　③车六进一（红胜）

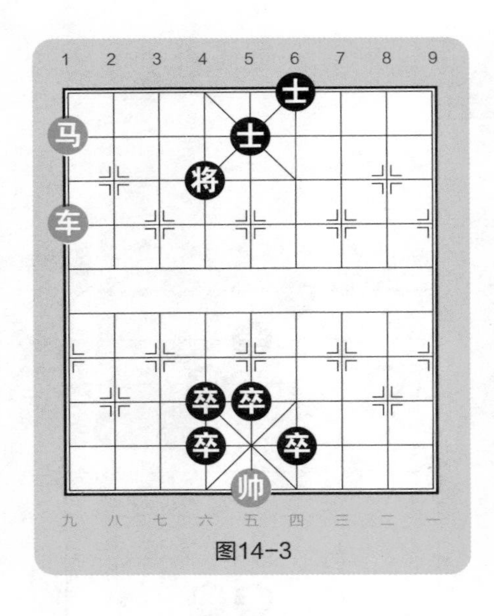
图14-3

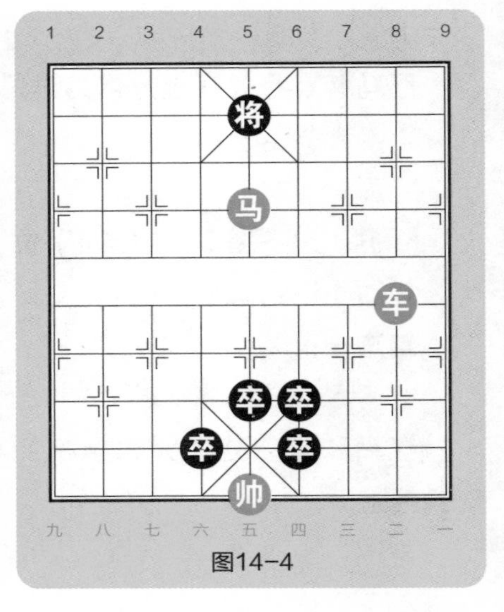
图14-4

【例局4】特殊棋形

如图14-4，红方先行。

①马五进七

此时，黑方如将5退1或将5平4则成立马车定式，如将5平6，则车二平四杀。又如将5进1，则车二进三杀，红方胜定。

此形在残局中运用较多，在车马冷着中是成杀的重要基本型之一。

如图14-5，红方先行。

①炮三进七　象5退7　　②车八进四　士5退4

③车八平六（红胜）

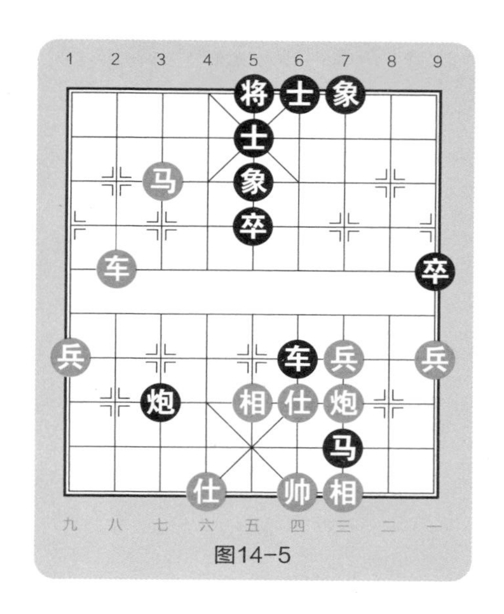

图14-5

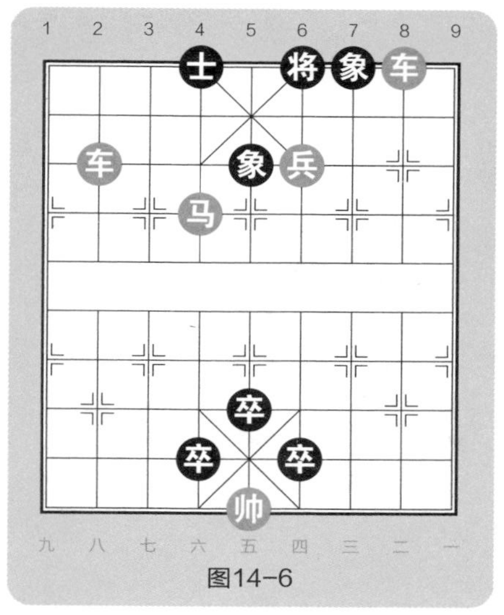

图14-6

如图 14-6，红方先行。

① 车二平三　象 5 退 7

② 兵四进一　将 6 进 1

黑方如将 6 平 5，则马六进七，红胜。

③ 车八平四（红胜）

如图 14-7，红方先行。

① 马四退二　将 6 平 5

② 马二进三　将 5 退 1

黑方如改走将 5 平 4，则车四平六，红胜。

③ 车四进五（红胜）

本局是立马车常见型之一。

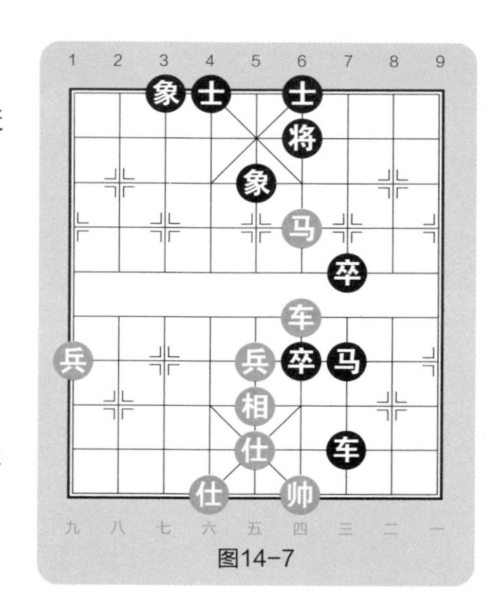

图14-7

如图 14-8，红方先行。

①马一进二　将6退1　②马二进三　将6进1

③车八平四　士5进6　④车四进三（红胜）

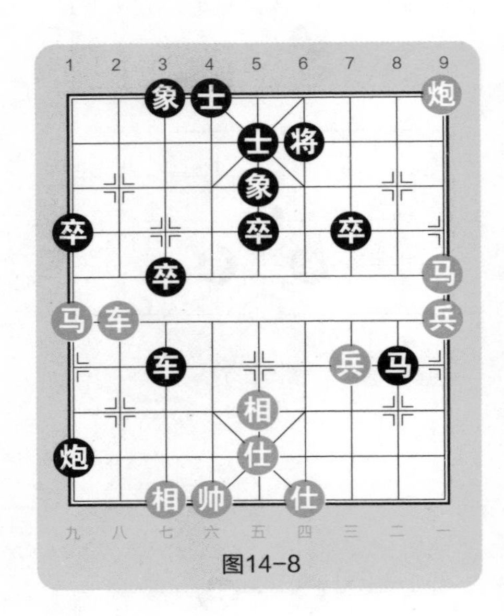

图14-8

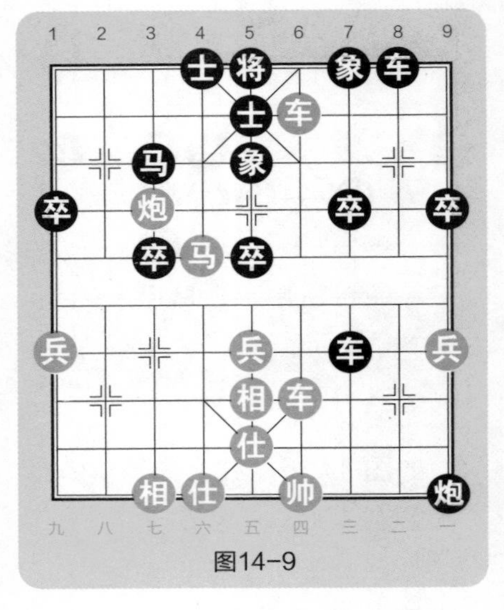

图14-9

如图 14-9，红方先行。

①前车进一　士5退6

②车四进七　将5进1

③马六进七　将5平4

④车四平六（红胜）

如图 14-10，红方先行。

①车四进八　将5平6

②炮二进七　将6进1

③车一平四　炮7平6

④车四进七（红胜）

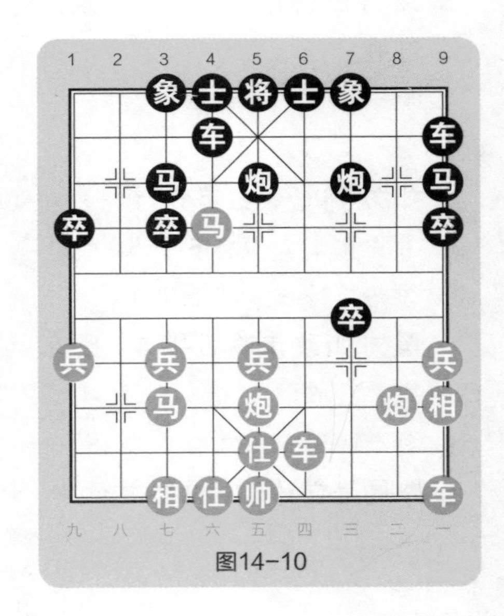

图14-10

如图 14-11，红方先行。

①兵六进一　将 5 平 4　　②马八退七　将 4 平 5

黑方如改走将 4 进 1，则车九平六，红胜。

③车九进三　象 5 退 3　　④车九平七（红胜）

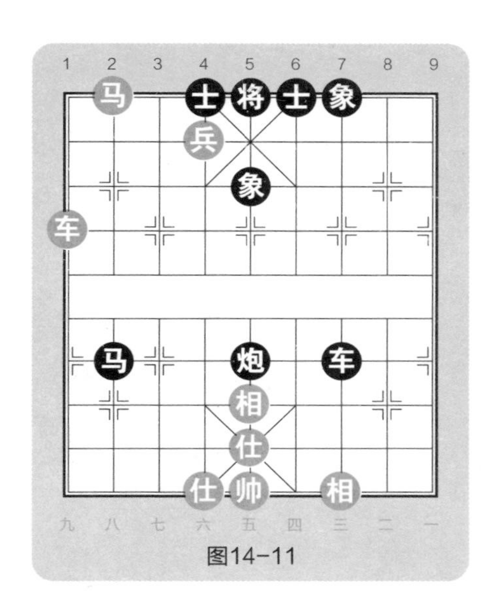

图14-11

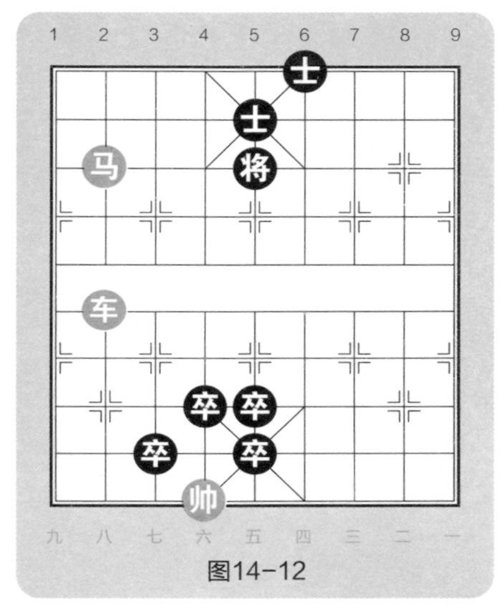

图14-12

如图 14-12，红方先行。

①车八平五　将 5 平 6

黑方如改走将 5 平 4，则马八进七　将 4 退 1，车五平六，士 5 进 4，车六进三，红胜。

②马八退六　将 6 退 1

③车五平四　士 5 进 6

④车四进三（红胜）

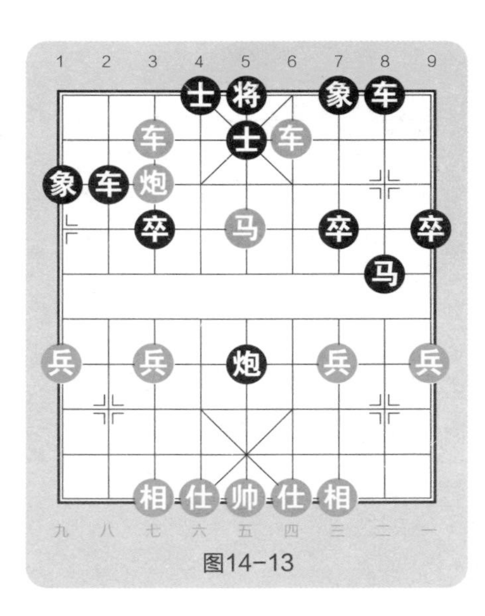

图14-13

如图 14-13，红方先行。

①车七平八　车 2 平 3

②马五进七　马 8 退 7

③ 车八进一　象 1 退 3　　④ 车八平七

至此，红方有车四平五弃车，再车七平六的杀着，胜定。

如图 14–14，红方先行。

① 炮五进四　将 5 平 6

黑方如改走士 5 进 4，则马四进五，士 4 退 5，马五进三，将 5 平 6，车六平四，红胜。

② 马四进三　将 6 进 1　　③ 马七进六　士 5 退 4

④ 车六平四（红胜）

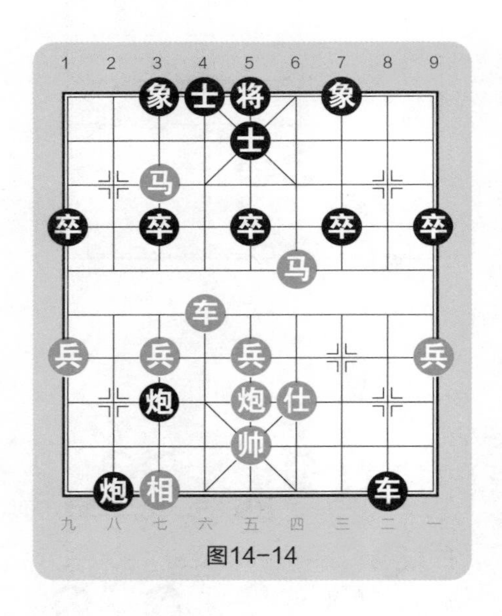
图14–14

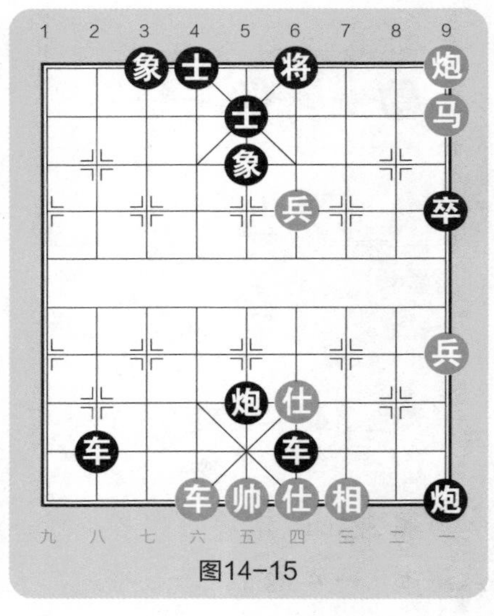
图14–15

如图 14–15，红方先行。

① 马一进三　将 6 进 1　　② 马三退二　将 6 退 1

③ 车六进九　士 5 退 4　　④ 马二进三　将 6 进 1

⑤ 兵四进一（红胜）

如图 14–16，红方先行。

① 马八进七　车 4 退 2　　② 车九进三　士 5 退 4

③车九平六　将5进1

④马二进三　将5平6

⑤车八平四（红胜）

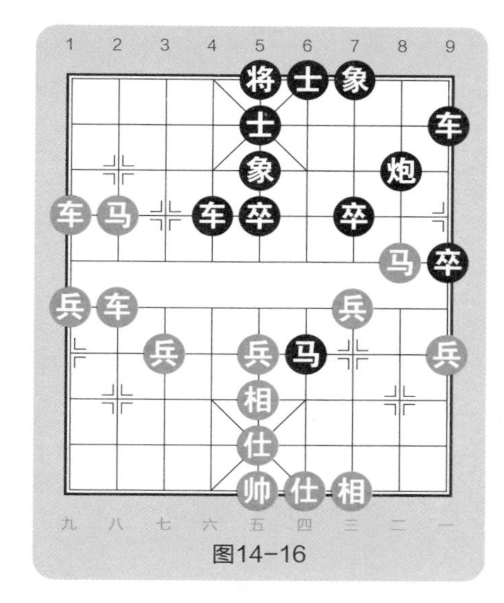
图14-16

如图14-17，红方先行。

①车七退一　将4进1

②马八进七　将4平5

黑方如改走将4退1，则车七平六，士5进4，车六进一，红胜。

③车七进一　炮4退2

④车七平六　士5进4

⑤车六进五（红胜）

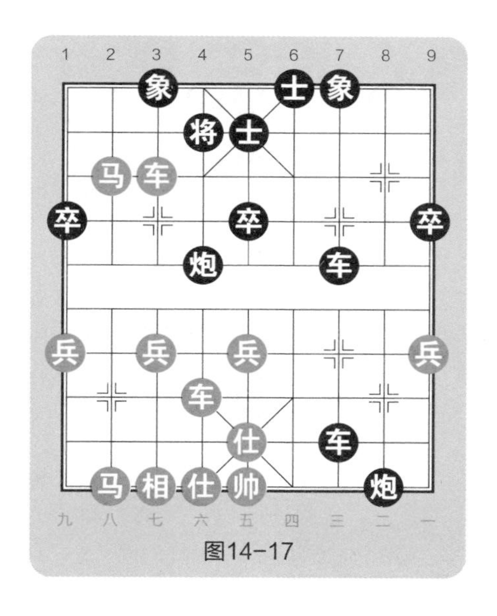
图14-17

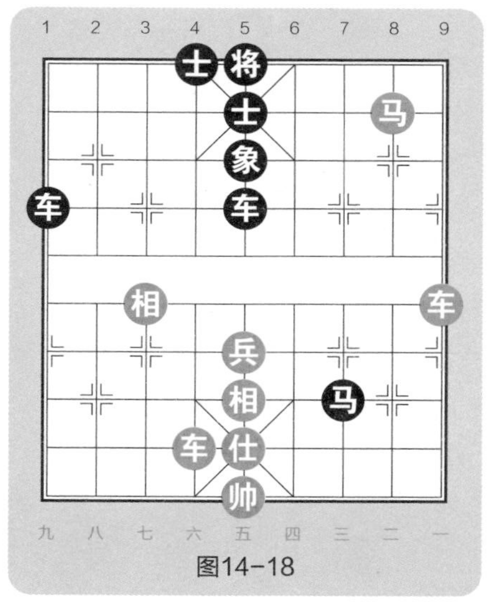
图14-18

①车一进五　象5退7　　②车一平三　士5退6

③马二进四　将5进1　　④车三退一　将5退1

⑤马四退三

红方下一着车三进一即胜，黑方无解。

如图 14-19，红方先行。

① 马九进八　将 4 进 1　　② 车七退二　将 4 退 1

③ 车七退三　将 4 进 1　　④ 马八进七　将 4 平 5

黑方如改走将 4 退 1，则车七平六，士 5 进 4，车六进三，红胜。

⑤ 车七进三　士 5 进 4　　⑥ 车七平六（红胜）

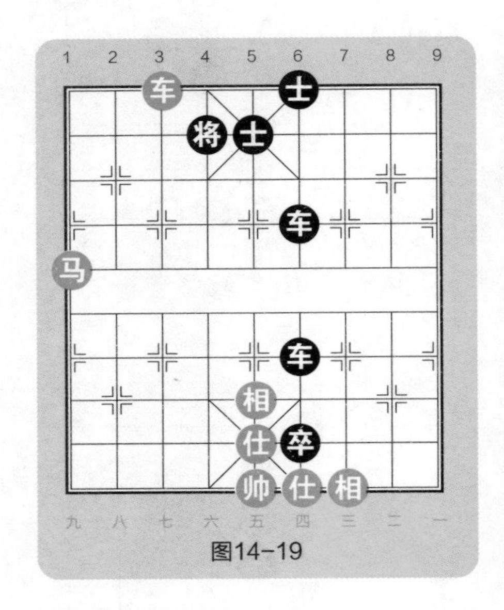
图14-19

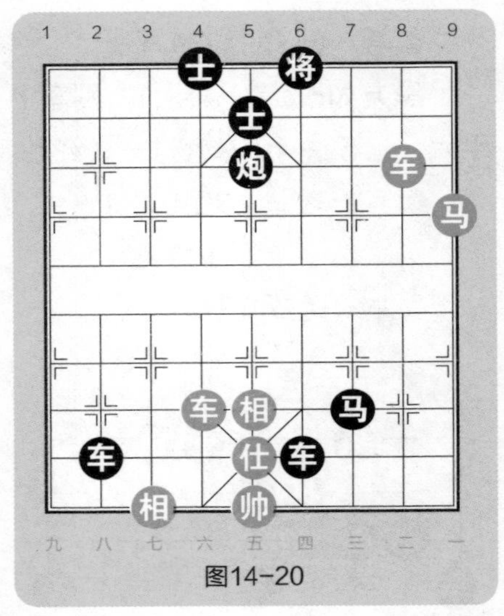
图14-20

如图 14-20，红方先行。

① 车二进二　将 6 进 1

② 车二退一　将 6 退 1

③ 车六进七　士 5 退 4

④ 马一进三　将 6 平 5

⑤ 车二进一　车 6 退 8

⑥ 车二平四（红胜）

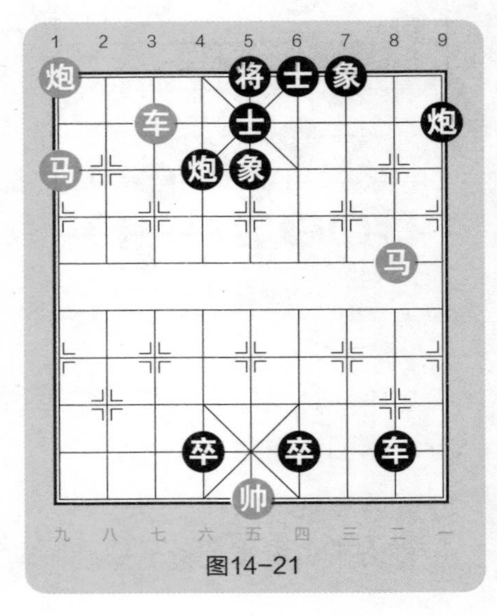
图14-21

如图 14-21，红方先行。

① 马九进八　士 5 退 4

② 马八退七　士 4 进 5

③ 车七进一　士5退4　　④ 车七平六　将5进1
⑤ 马二进三　将5平6　　⑥ 车六平四（红胜）

如图14-22，红方先行。

① 车八进一　士5退4　　② 车八平六　将5进1
③ 炮六平五　象5进3　　④ 马六退五　象3退5
⑤ 马五进三　将5平6　　⑥ 车六平四（红胜）

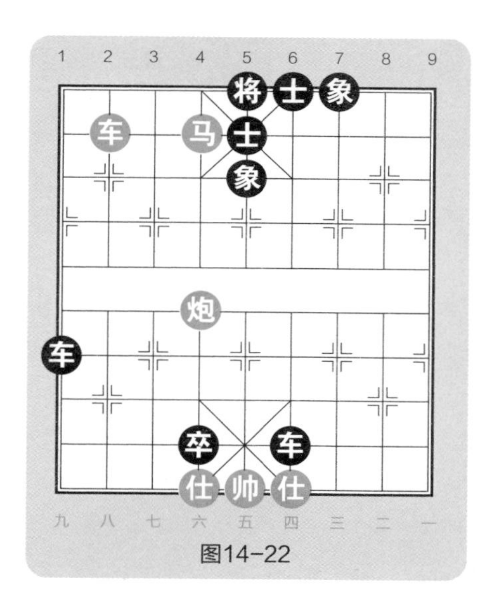
图14-22

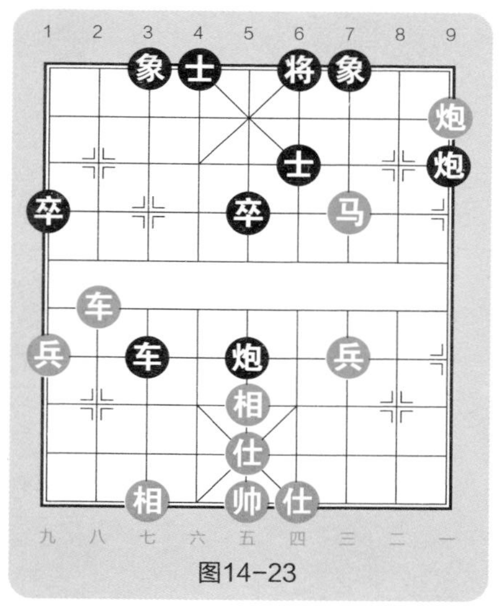
图14-23

如图14-23，红方先行。

① 炮一进一　象7进5　　② 马三进二　将6平5
③ 马二退四　将5平6　　④ 马四进三　将6进1
⑤ 车八平四　炮9平6　　⑥ 车四进三（红胜）

如图 14-24，红方先行。

①前炮进三　象 5 退 7
②炮三进六　将 4 进 1
③车八进八　将 4 进 1
④马三进四　将 4 平 5
⑤车八退一　士 5 进 4
⑥车八平六（红胜）

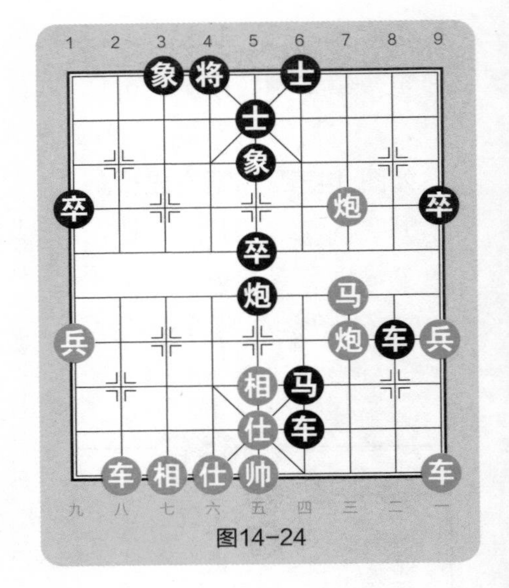

图14-24

第四章　特殊杀法

本章包括臣压君、双马饮泉、闷杀、双将四个基本杀法。它们的共同特点如下。

1. 初学者在实战中应用较少，基本没有典型的固定成杀的棋形可以简单套用。

2. 需要点、线、面的结合，形成立体攻势，在实战中驾驭难度大。

3. 在构思攻杀方案时需有创新意识和融会贯通的能力，特别需要注意在组织攻杀时可能出现的盲点。

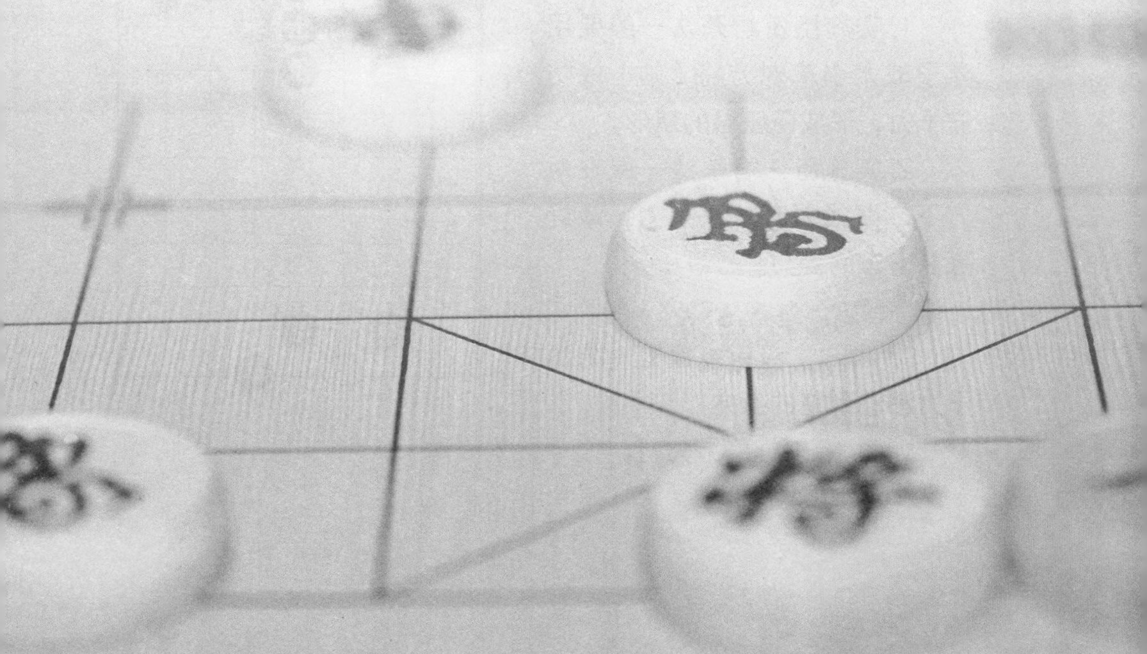

第 15 课　臣压君

通过照将或控制，使对方将（帅）被其自己参与防守的大子压在下面，失去避将的空间而被将死，称为臣压君杀法。

【要点】

1. 把对方参与防守的大子吸引或逼迫到将（帅）上方造成臣压君。

2. 把对方的将（帅）吸引或逼迫到其自己防守大子的下方造成臣压君。

【难点】

1. 实施臣压君杀法一般要用弃子战术引离对方将（帅）或防守子力，形成臣压君的棋形。

2. 实施臣压君杀法一般在对方下二路线要有攻杀兵力，最好是能有车的参与。

【例局 1】吸引或逼迫对方的子力移动到将的上方

如图 15-1，红方先行。

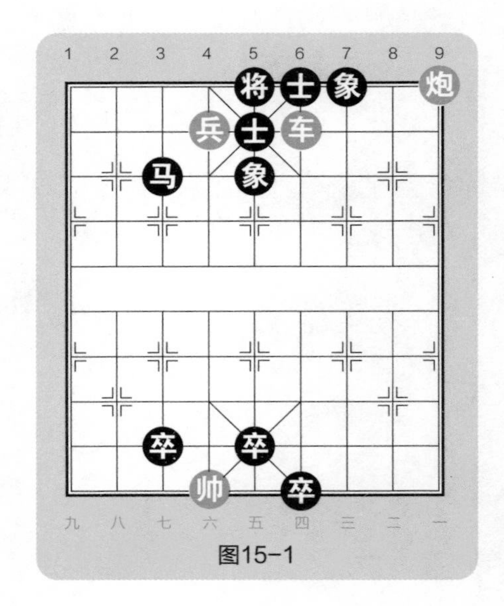

图15-1

① 兵六平五　马 3 退 5

② 车四进一（红胜）

【例局 2】逼迫将移动到其自己兵力的下方

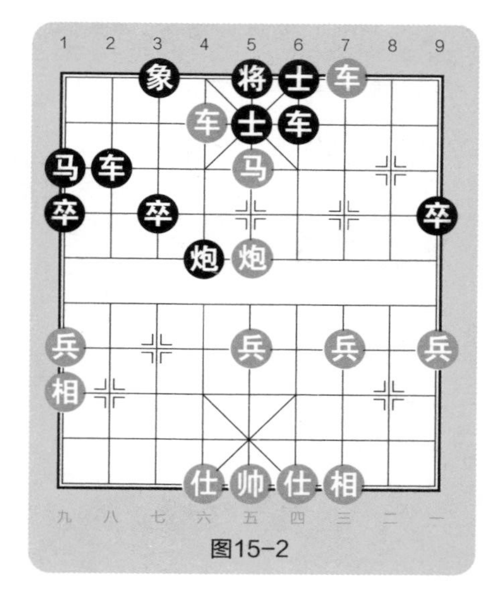

图15-2

如图 15-2，红方先行。

① 车三平四　将 5 平 6

黑方如改走车 6 退 1，则马五进三，双将杀。

② 车六进一（红胜）

练习题

如图 15-3，红方先行。

① 兵四平五　将 5 平 6　　② 兵三平四　马 8 退 6

③ 兵五进一　炮 7 平 5　　④ 马四进二（红胜）

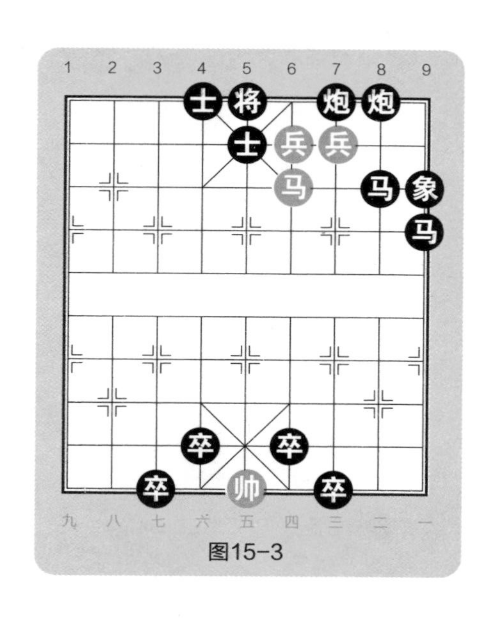

图15-3

如图 15-4，红方先行。

①前车平四　车6退5　　②马八进七　将5平6

③车二进五　象9退7　　④车二平三（红胜）

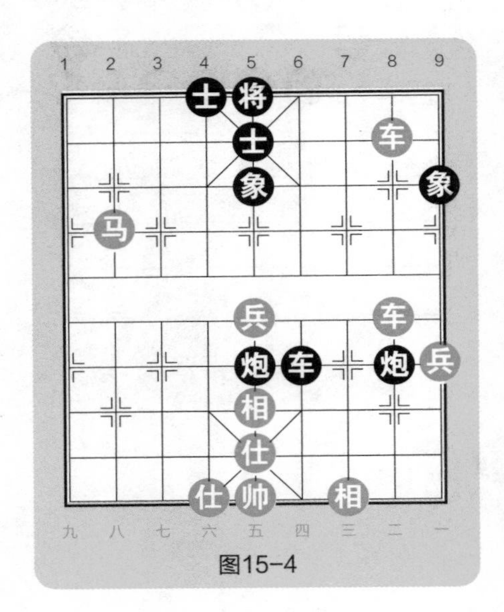
图15-4

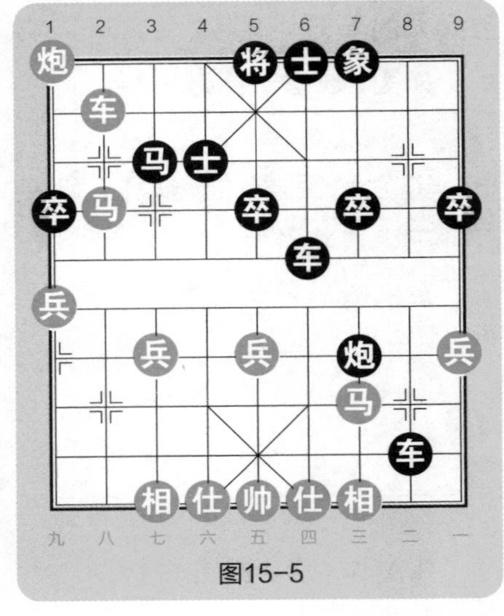
图15-5

如图 15-5，红方先行。

①马八进六　将5平4

②马六进七　马3退2

③马七退六　马2进4

④车八进一（红胜）

如图 15-6，红方先行。

①马八进七　马5退4

②车八平七　士5退4

③车七平六　将5平4

④车四进一（红胜）

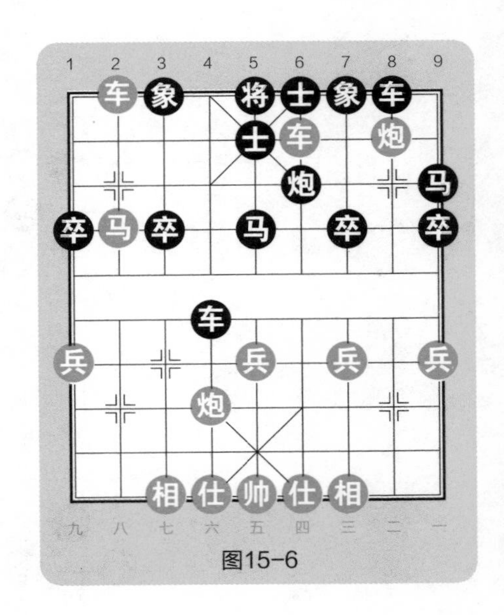
图15-6

如图 15-7，红方先行。

① 车八平四　马 5 退 6　　② 炮八进二　象 3 进 5

③ 炮六进七　象 5 退 3　　④ 炮六退一（红胜）

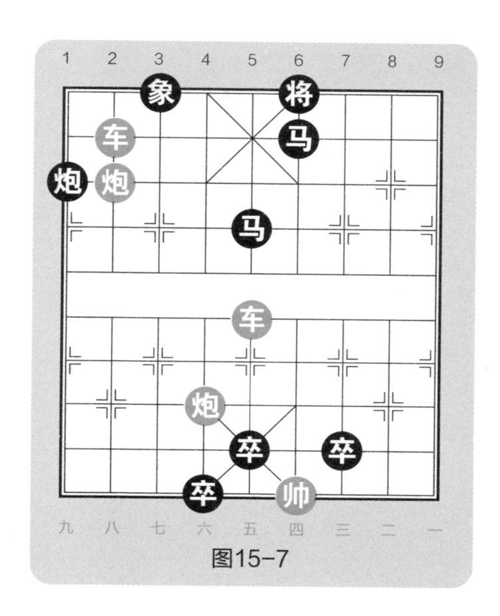

图15-7

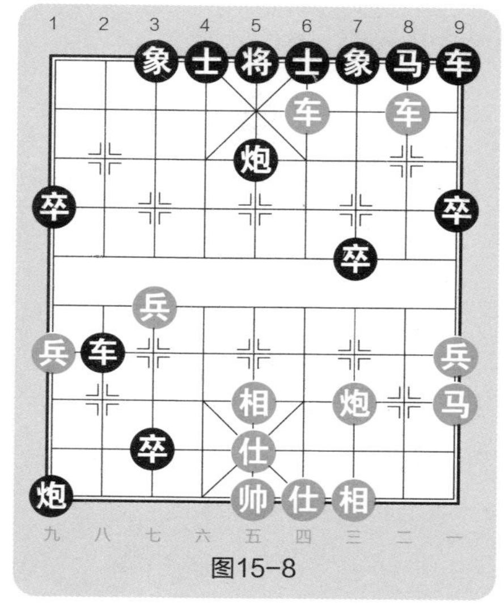

图15-8

如图 15-8，红方先行。

① 炮三进七　士 6 进 5

② 车四进一　将 5 平 6

③ 炮三平一　马 8 进 6

④ 车二进一（红胜）

如图 15-9，红方先行。

① 马三进四　将 5 平 6

② 马四进三　马 7 退 8

③ 马三退二　马 8 进 6

④ 车二进一（红胜）

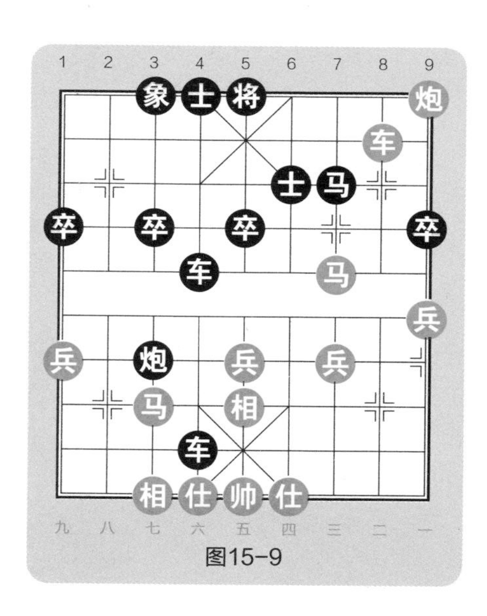

图15-9

如图 15-10，红方先行。

①车三平五　炮 5 退 5　　②车九平六　炮 6 平 4

③炮一进五　象 7 进 9　　④炮二进七（红胜）

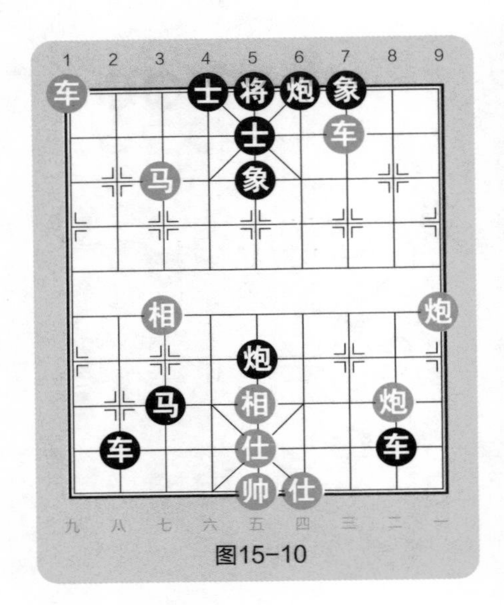

图15-10

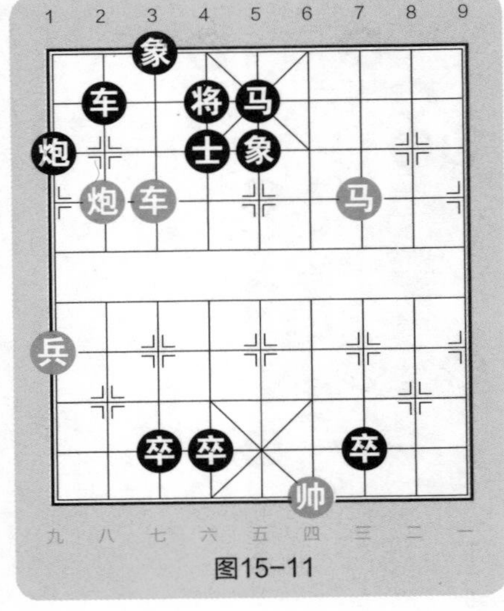

图15-11

如图 15-11，红方先行。

①车七进二　将 4 退 1

②车七平六　将 4 平 5

黑方如改走车 2 平 4，则炮八进三，红胜。

③马三进一　车 2 平 4

④马一进三　将 5 平 4

⑤炮八进三（红胜）

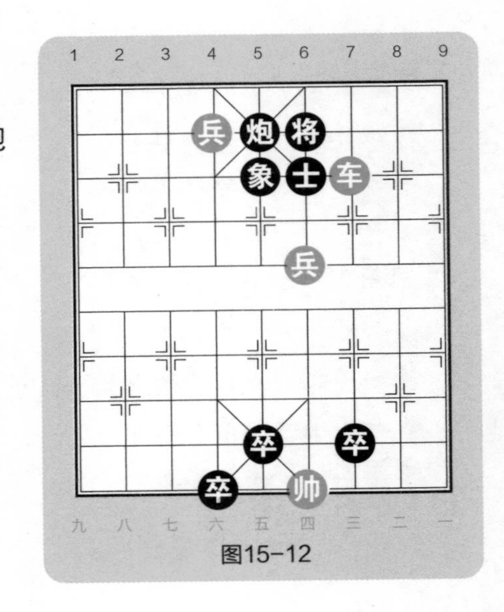

图15-12

如图 15-12，红方先行。

①车三平四　将 6 进 1

②兵四进一　将 6 退 1

③兵四进一　将 6 退 1

④兵四进一　将6平5　⑤兵四进一（红胜）

如图 15-13，红方先行。

①马六进七　车2平3　②车六平五　将5平6

③马七进五　象7进5　④车五平四　车4平6

⑤车七平六（红胜）

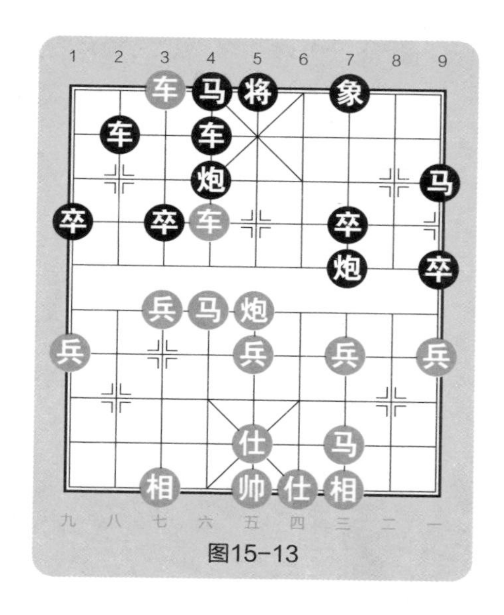

图15-13

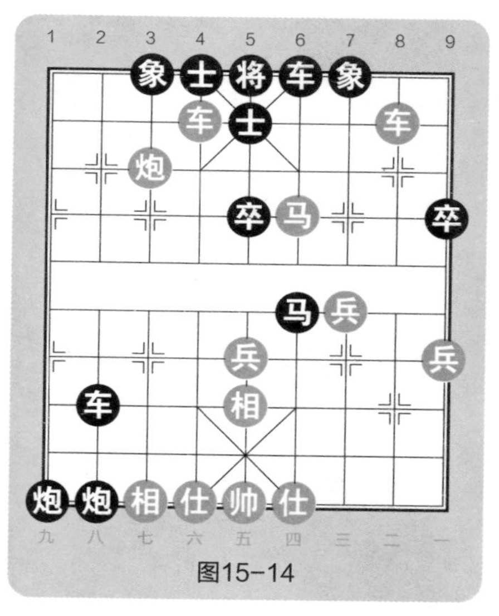

图15-14

如图 15-14，红方先行。

①炮七平五　象7进5　②马四进三　车6进1

③车二进一　士5退6　④车二平四　将5平6

⑤车六进一（红胜）

如图 15-15，红方先行。

①炮七平六　车3平4　②兵七平六　将4退1

③兵六进一　将4平5　④兵六平五　马7退5

⑤车四进一（红胜）

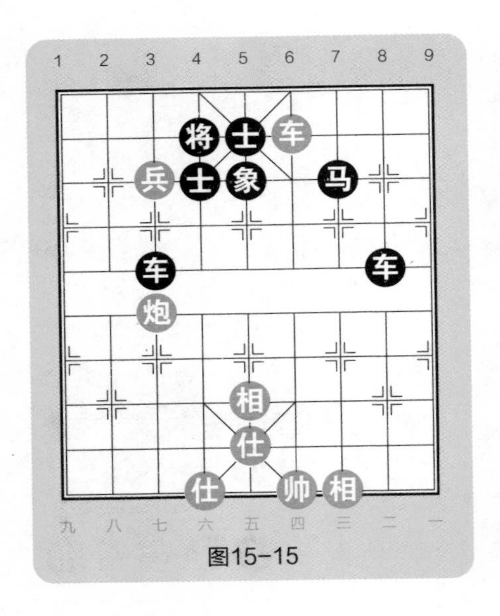
图15-15

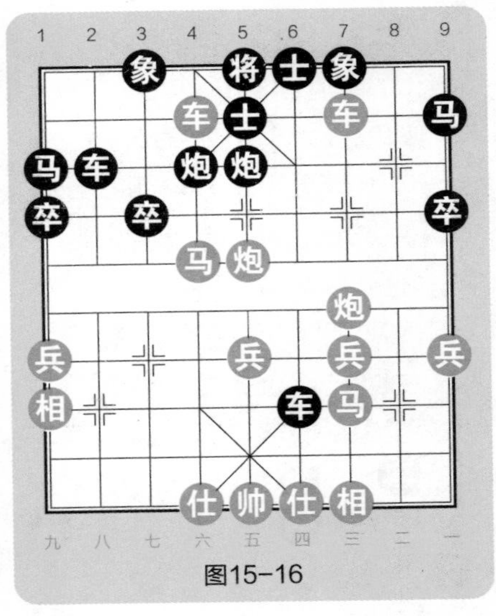
图15-16

如图 15-16，红方先行。

①炮三进五　马 9 退 7　　②车三进一　车 6 退 6

③马六进五　炮 4 进 2

黑方如改走车 6 进 1，则车六平五，将 5 平 4，车五进一，将 4 进 1，车三退一，红胜。

④车三平四　将 5 平 6

⑤车六进一（红胜）

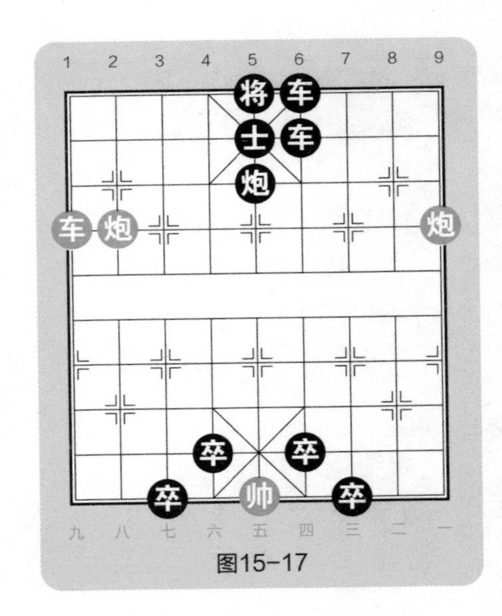
图15-17

如图 15-17，红方先行。

①车九进三　士 5 退 4

②炮八进三　士 4 进 5

③炮八平四　士 5 退 4

④炮一进三　将 5 平 6

⑤车九平六　炮 5 退 2

⑥车六平五（红胜）

如图 15-18，红方先行。

①前车进二	象 9 退 7	②马三进二	炮 1 平 8
③车三进九	将 6 进 1	④车三退一	将 6 退 1
⑤炮一进四	马 8 进 6	⑥车三进一（红胜）	

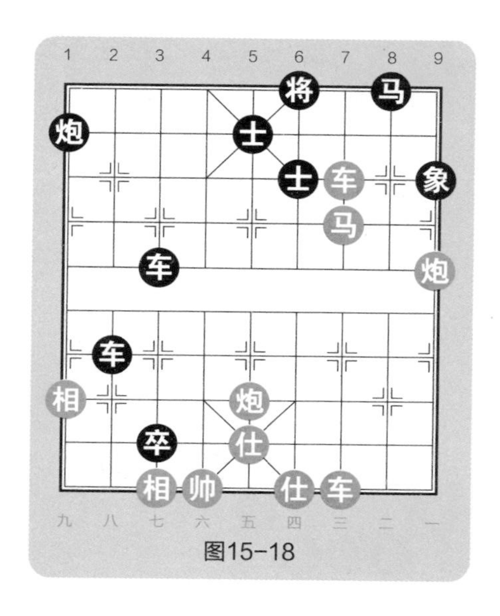

图15-18

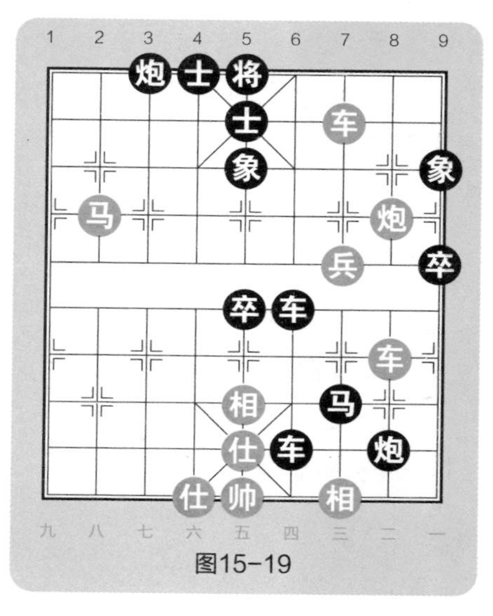

图15-19

如图 15-19，红方先行。

①炮二平四　炮 8 进 1

②车二退三　后车退 2

③车三平四　后车退 2

④马八进七　将 5 平 6

⑤车二进九　象 9 退 7

⑥车二平三（红胜）

如图 15-20，红方先行。

①车三进五　士 5 退 6

②炮七平五　士 4 进 5

③马二进四　马 4 退 6

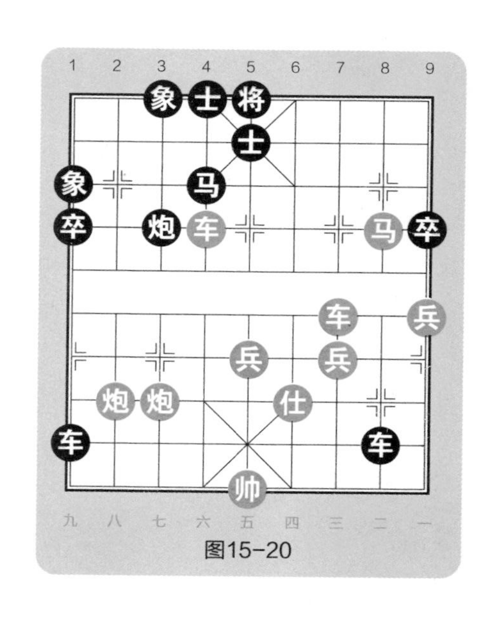

图15-20

④车三平四　将5平6　　⑤车六进三　士5退4

⑥马四进六　士4进5　　⑦炮八进七（红胜）

如图15-21，红方先行。

①炮四进六　士5进6　　②车八进二　将4进1

③车八退一　将4退1

黑方如改走将4进1，则炮九退二，马3进2，炮九平五，红方得车胜定。

④炮四平七　车4进1　　⑤炮七进一　马3退2

⑥炮七退二　马2进4　　⑦车八进一（红胜）

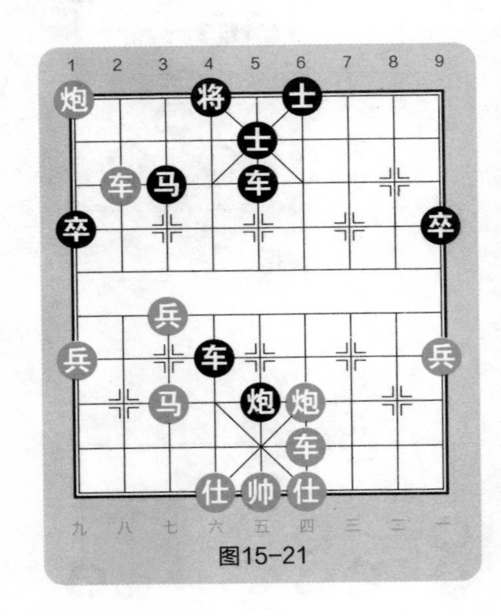
图15-21

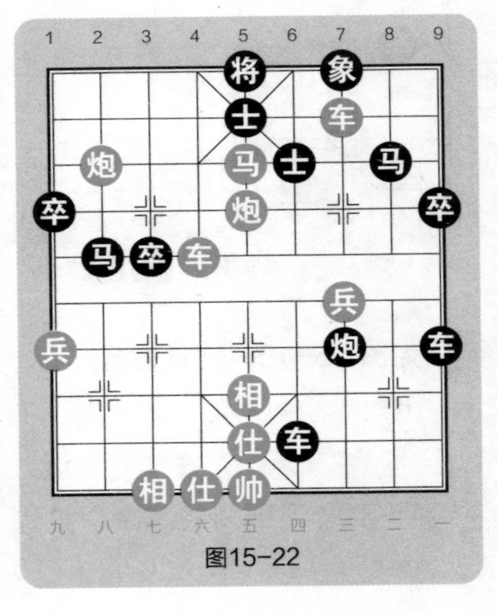
图15-22

如图15-22，红方先行。

①马五进七　将5平6　　②车六进四　士5退4

③炮八进二　士4进5　　④马七进五　士5退4

⑤马五退六　士4进5　　⑥车三平四　马8退6

⑦马六进五　士5退4　　⑧马五退四　士4进5

⑨马四进二（红胜）

第16课 双马饮泉

狭义的双马饮泉是指一个马在对方（2.2）位或（8.2）位，另一个马卧槽，双马利用交替将军的方式调整位置，最后将死对方，后引申为只要是双马配合，交替将军成杀的，都可称为双马饮泉杀法。

【要点】

双马饮泉源自古典杀局，把其列为基本杀法是因为其有明确的棋形定义，并且在实战中双马配合，变化精妙，技术含量高。

【难点】

1. 要注意掌握“马”这个子力回旋跳跃、辗转腾挪的特点，特别是要意识到马向后跳也是进攻的方式之一。

2. 当有其他兵种参与作战时，要注意双马和其他子力配合的时机。

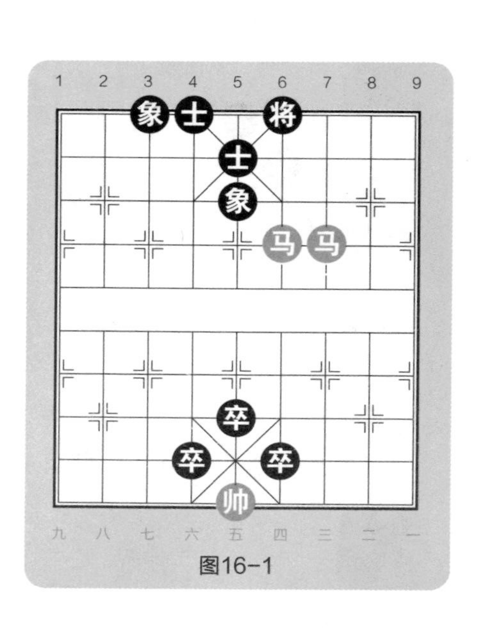

图16-1

【例局】

如图16-1，红方先行。

① 马三进二　将6平5

②马四进三　将5平6　　③马三退五　将6平5

黑方如改走将6进1，则马五退三，红胜。

④马五进七（红胜）

如图16-2，红方先行。

①车四进五　炮2平6　　②马九退七　将5平4

③马七退五　将4平5　　④马五进三（红胜）

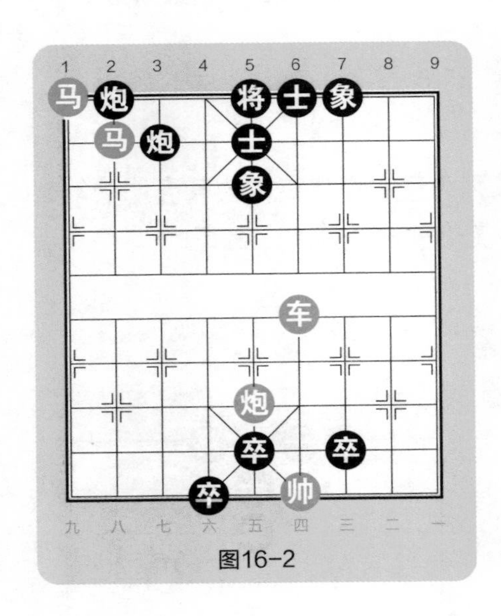

图16-2

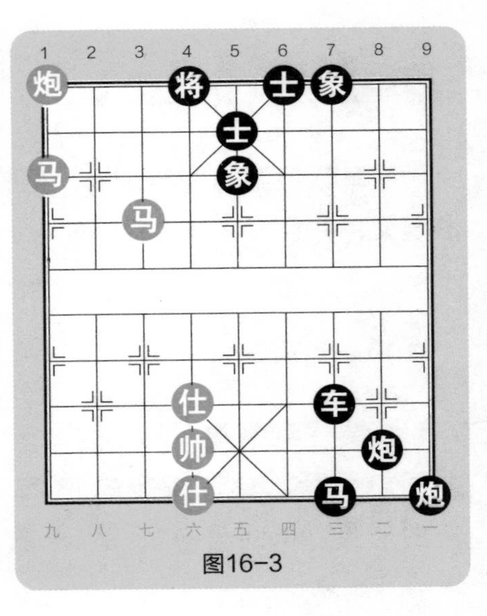

图16-3

如图16-3，红方先行。

①马九进八　象5退3　　②马八退七　将4进1

③前马退九

红方也可走马七进九，将4进1，马九进七，红胜。

③……　将4进1　　④马九进八（红胜）

如图 16-4，红方先行。

①兵四进一　将 5 平 6　　②后马进二　将 6 平 5

③马一退三　将 5 平 6　　④马三退四　将 6 平 5

⑤马四进六（红胜）

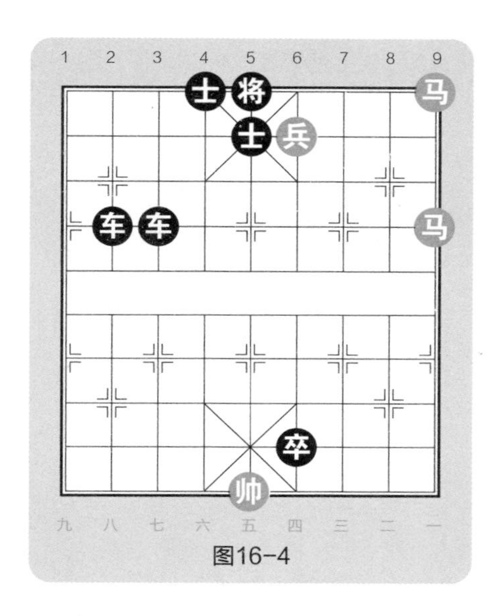

图16-4

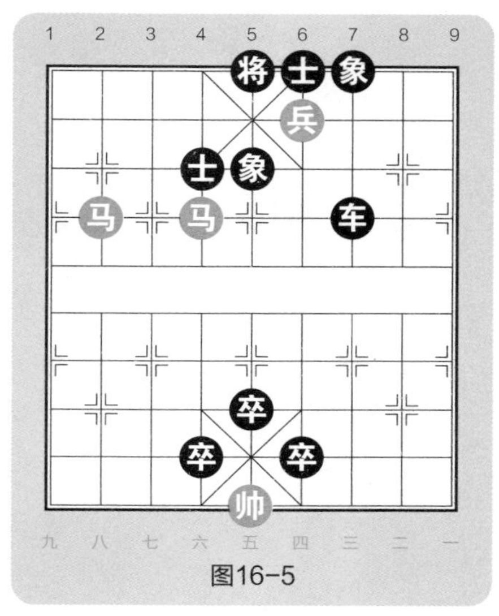

图16-5

如图 16-5，红方先行。

①马八进六　将 5 平 4

②前马进八　将 4 平 5

③马六进七　将 5 平 4

④马七退五　将 4 进 1

黑方如改走将 4 平 5，则马八退六，红胜。

⑤马五进四（红胜）

如图 16-6，红方先行。

①马五进三　将 6 进 1

②车七平六　士 5 进 4

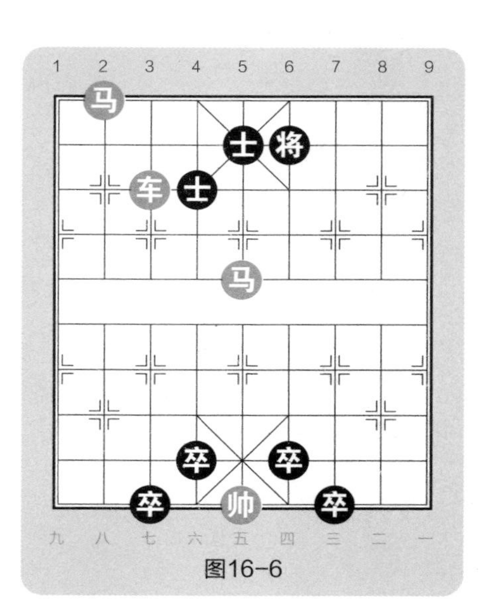

图16-6

③ 马八退六　士 4 退 5　　④ 马三进二　将 6 退 1

⑤ 马六退五（红胜）

如图 16-7，红方先行。

① 车七进一　象 5 退 3　　② 马五进六　将 5 平 4

③ 马六进八　将 4 平 5　　④ 马九进七　将 5 平 4

⑤ 马七退五　将 4 进 1　　⑥ 马五退七（红胜）

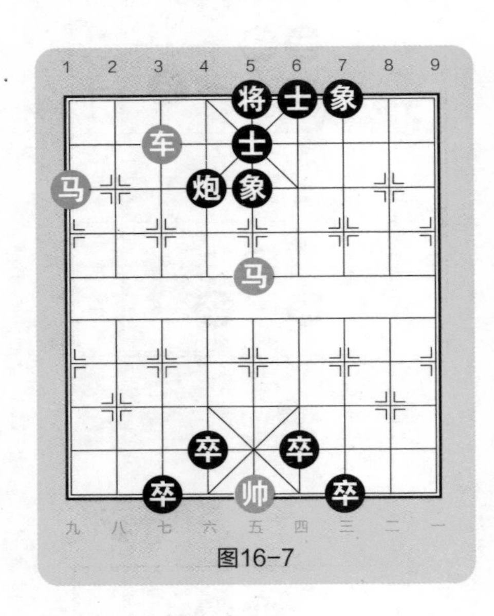
图16-7

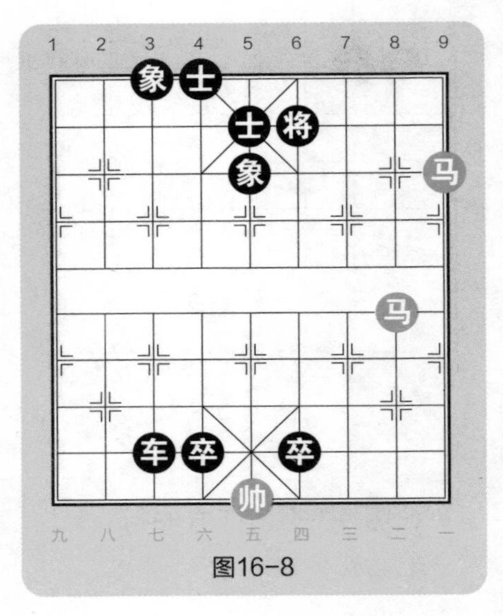
图16-8

如图 16-8，红方先行。

① 马二进三　将 6 退 1　　② 马三进二　将 6 平 5

③ 马一进三　将 5 平 6　　④ 马三退五　将 6 平 5

⑤ 马五进三　将 5 平 6　　⑥ 马三退四　将 6 平 5

黑方如改走将 6 进 1，则马四进二，红胜。

⑦ 马四进六（红胜）

如图 16–9，红方先行。

① 车四平七　马 8 退 6

黑方如改走将 5 平 4，则车七进一，将 4 进 1，马八进七，将 4 平 5，车七退一，红胜。

② 车七进一　将 5 进 1　　③ 马三退四　将 5 进 1

④ 马八进七　将 5 平 6　　⑤ 马七退五　将 6 平 5

⑥ 车七平五　士 4 退 5　　⑦ 马四退六（红胜）

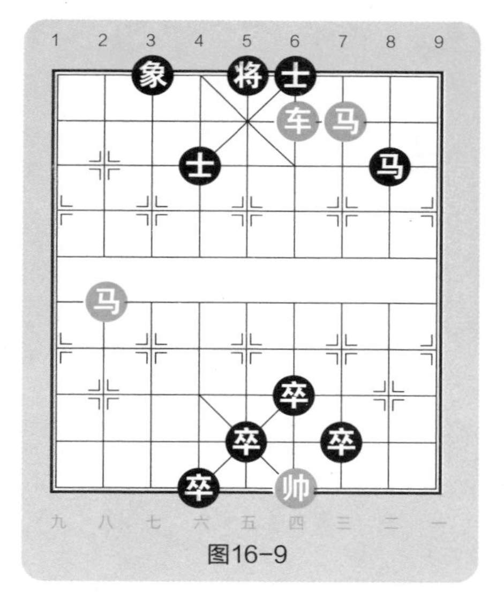
图16–9

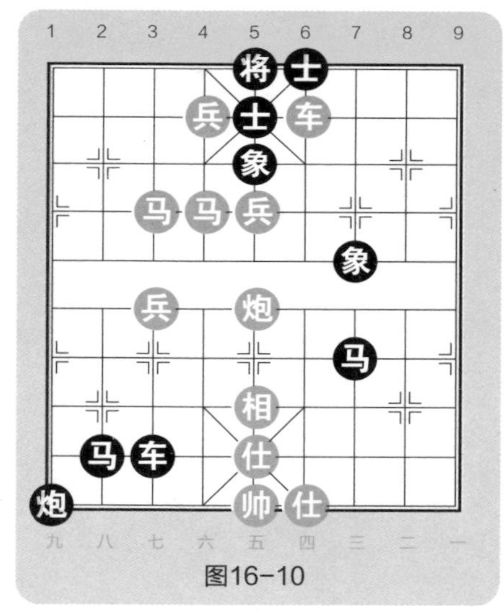
图16–10

如图 16–10，红方先行。

① 兵六进一　将 5 平 4　　② 马七进八　将 4 平 5

③ 马六进七　将 5 平 4　　④ 马七退五　将 4 平 5

⑤ 马五进七　将 5 平 4　　⑥ 车四进一　士 5 退 6

⑦ 马七退六　将 4 进 1　　⑧ 马六进八（红胜）

如图 16-11，红方先行。

①兵五进一　士 4 进 5
②兵四平五　将 5 平 6
③兵五进一　将 6 平 5
④马二进四　将 5 平 6
⑤前马进二　将 6 平 5
⑥马四进三　将 5 平 6
⑦马三退五　将 6 进 1
⑧马五退三（红胜）

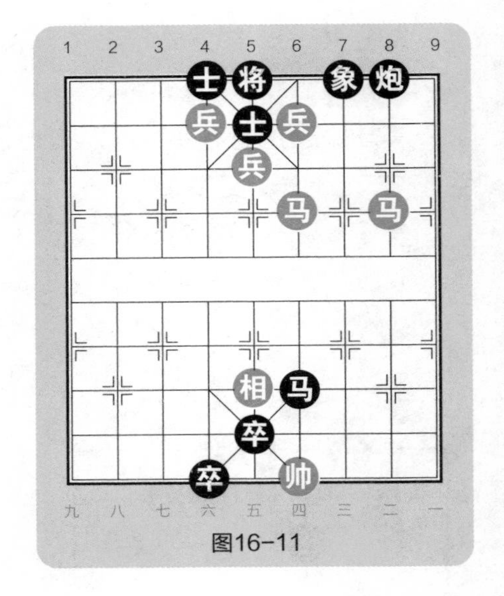

图16-11

第17课 闷杀

利用控制或阻塞的方法，使对方将（帅）失去移动的空间而被将死，称为闷杀杀法。

【要点】

1. 控制或阻塞的可以是对方将（帅）的活动通道。
2. 控制或阻塞的同样可以是对方其他兵力的腾挪空间。

【难点】

1. 闷杀杀法没有固定的基本形和定式套路。
2. 要能控制或堵塞住对方将（帅）的全部移动方向。

【例局1】阻塞将的活动通道

如图17–1，红方先行。

①车六进三　士5退4
②炮七进五　士4进5
③马七进六（红胜）

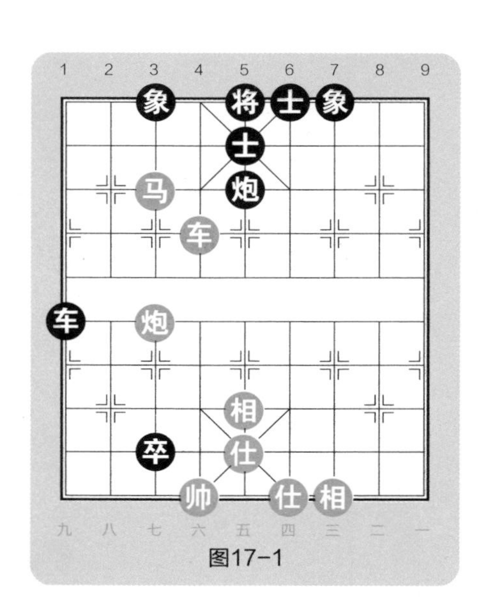

图17–1

本局黑方士4进5解将，自阻将路，被红方进马闷杀。

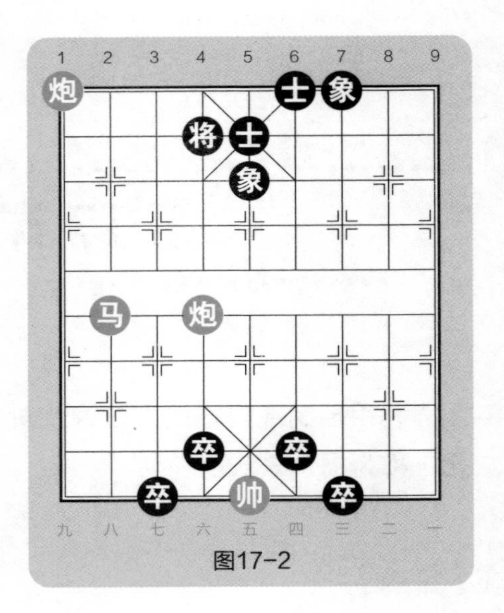

图17-2

【例局2】阻塞对方兵力的腾挪

如图17-2，红方先行。

①马八进七　将4退1

②马七进八　将4平5

③炮六进五　象5退3

④炮六退一（红胜）

红方炮六退一塞住象眼，阻塞黑方底象的腾挪，形成闷杀。

练习题

如图17-3，红方先行。

①马七进八　炮4退2　　②马八退六　炮4进9

③马六进八　炮4退9　　④马八退六（红胜）

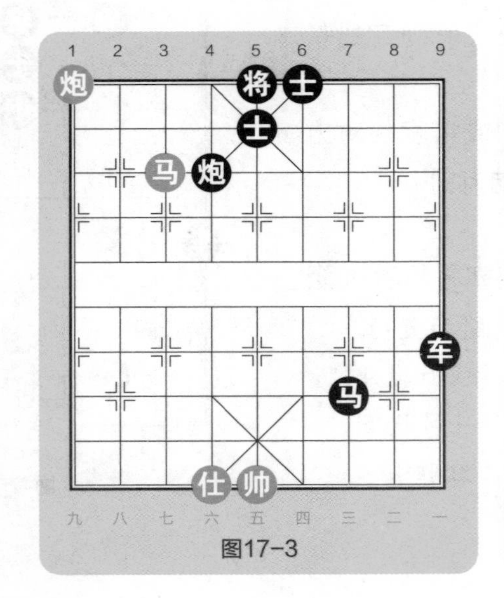

图17-3

如图 17-4，红方先行。

①炮一进一　马 9 退 8　②车四进一　士 5 退 6
③炮一平三　士 6 进 5　④炮四进七（红胜）

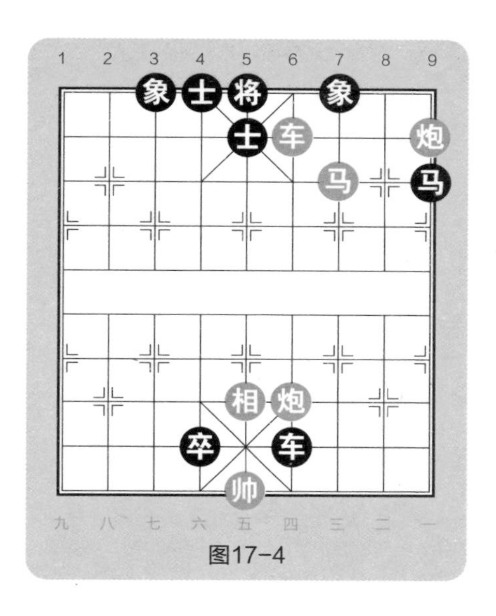
图17-4

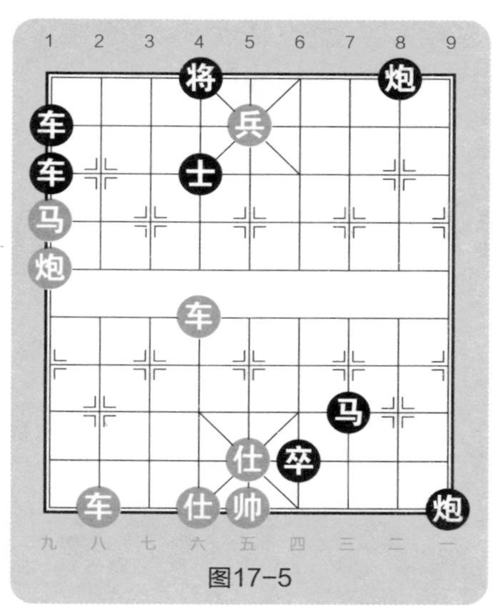
图17-5

如图 17-5，红方先行。

①车六进三　前车平 4
②车八进九　炮 8 平 2
③马九进八　车 1 平 2
④炮九进四（红胜）

如图 17-6，红方先行。

①车六进一　将 5 进 1
②车六平五　将 5 平 6
③车八进四　炮 4 退 1
④车八平六（红胜）

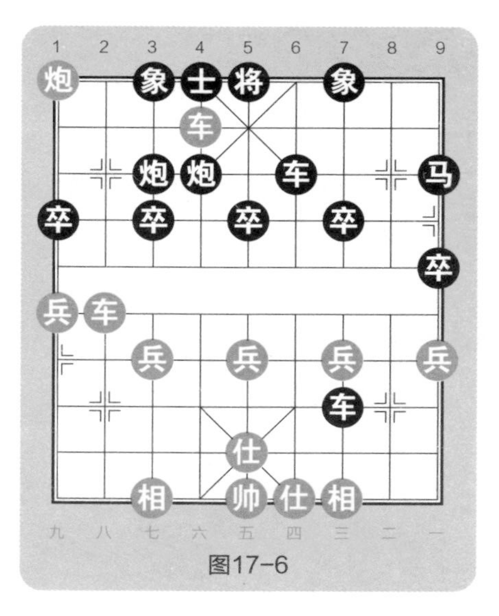
图17-6

如图 17-7，红方先行。

①马六进七　炮 3 退 2　　②车六进一　将 5 进 1

③炮八退一　马 3 退 5　　④车六退一（红胜）

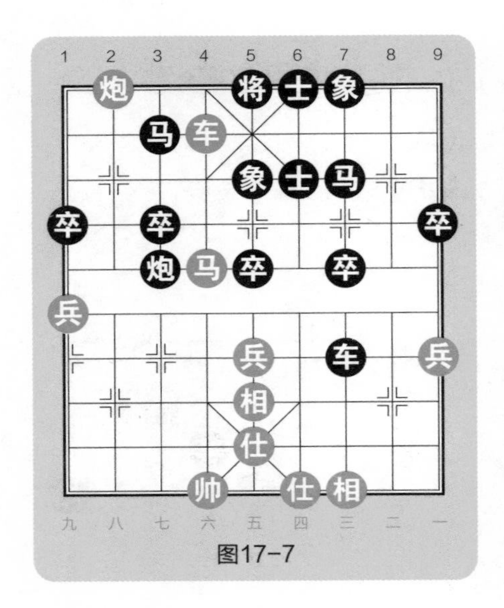

图17-7

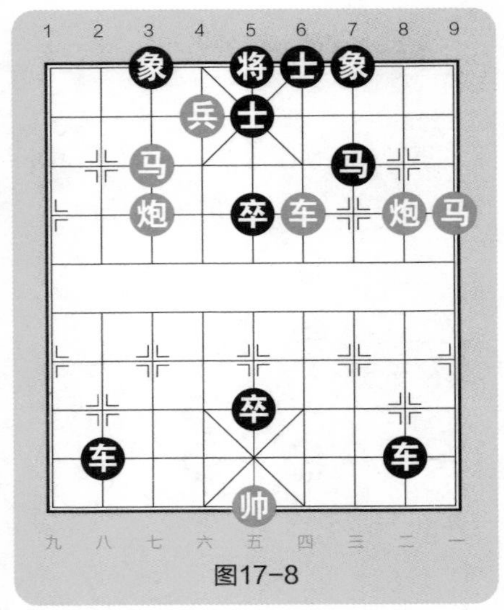

图17-8

如图 17-8，红方先行。

①车四进三　将 5 平 6

②马一进二　将 6 进 1

黑方如改走将 6 平 5，则兵六平五，马 7 退 5，马二退四，将 5 平 6，炮二平四，马 5 进 6，炮七平四，红胜。

③兵六平五　马 7 退 5

④马七进六（红胜）

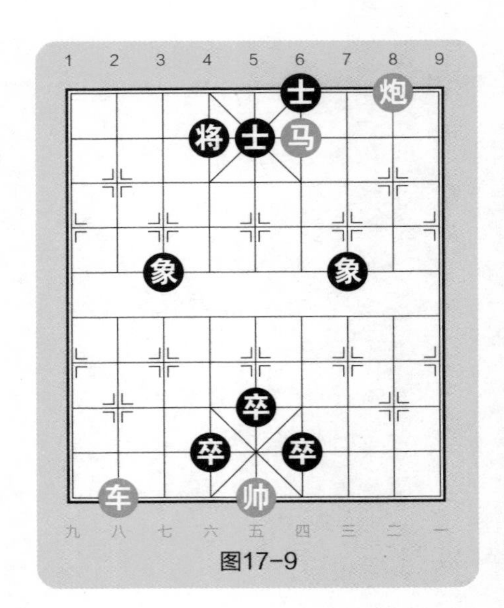

图17-9

如图 17-9，红方先行。

①马四退五　象 3 退 5

②车八进八　将 4 进 1

③炮二退二　士 5 进 6

黑方如改走象 5 进 3，则车八退一，红胜。

④马五退七（红胜）

如图 17–10，红方先行。

①车二平四　士 5 退 6　　②炮二进五　象 5 退 7

黑方如改走士 6 进 5，则车四进五，红胜。

③车四平五　象 3 进 5　　④车五进三（红胜）

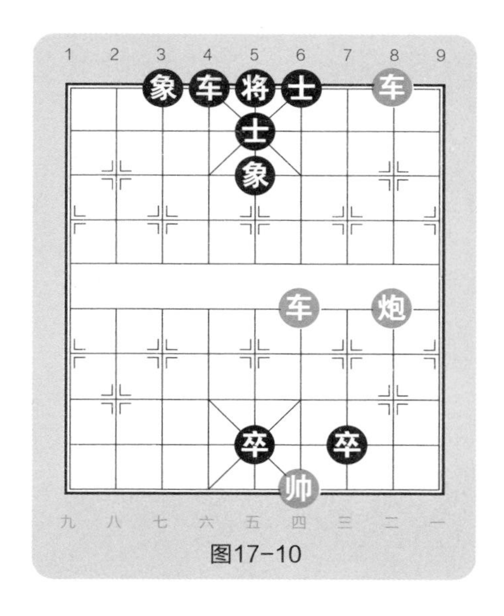

图17–10

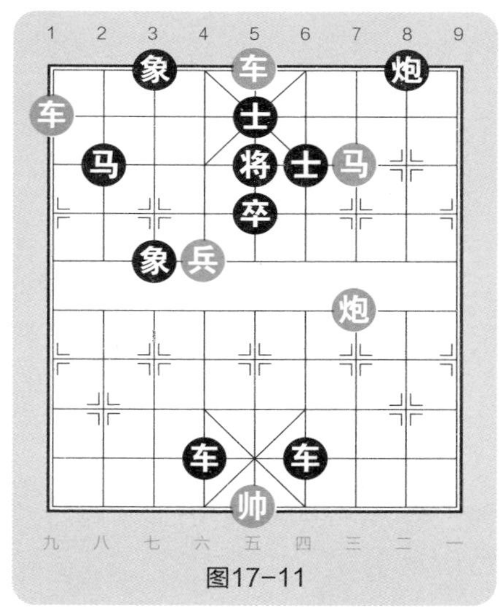

图17–11

如图 17–11，红方先行。

①马三进四　将 5 平 4　　②车九平六　马 2 退 4

黑方如改走将 4 退 1，则车五平六，将 4 退 1，炮三进五，红胜。

③兵六进一　车 4 退 5　　④炮三进三（红胜）

如图 17–12，红方先行。

① 车四进一　将 5 退 1　　② 前炮进一　马 1 退 2

③ 车四平五　将 5 进 1　　④ 车八进六　将 5 退 1

⑤ 炮八进九（红胜）

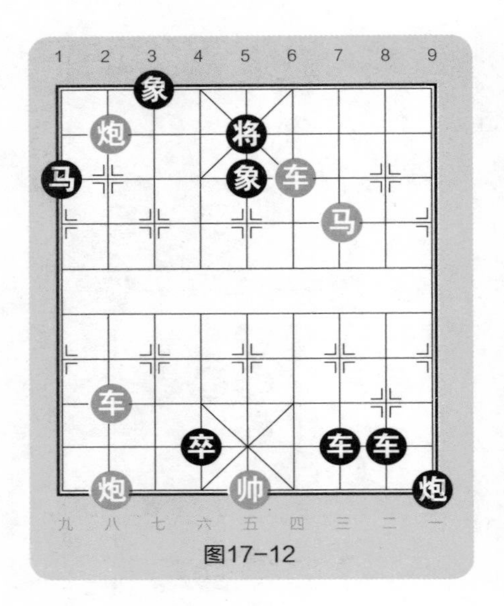
图17–12

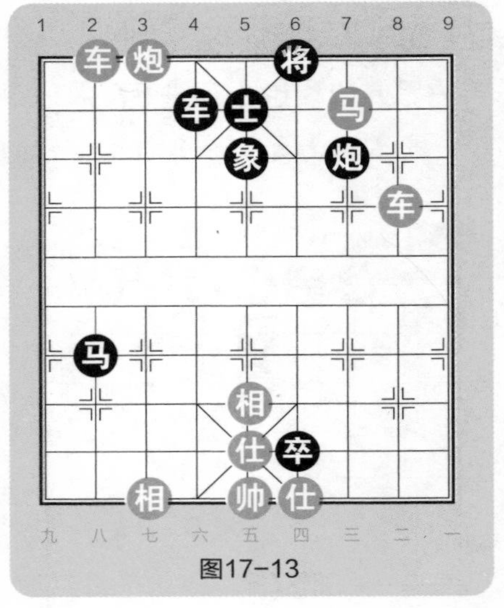
图17–13

如图 17–13，红方先行。

① 炮七退一　将 6 进 1

② 车二平四　炮 7 平 6

③ 车四进一　将 6 进 1

④ 车八平四　士 5 退 6

⑤ 马三退二（红胜）

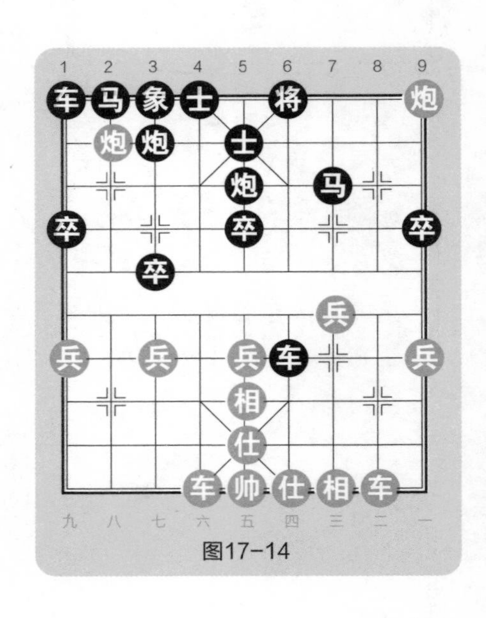
图17–14

如图 17–14，红方先行。

① 车六进九　将 6 进 1

② 车二进八　将 6 进 1

③ 炮一退二　马 7 退 6

④ 车六平四　士 5 退 6

⑤ 车二退一（红胜）

如图 17-15，红方先行。

① 车六进一　将 5 平 4

② 车九平六　将 4 平 5

黑方如改走炮 2 平 4，则马九进八，将 4 平 5，炮九进七，炮 4 退 2，车六进四，红胜。

③ 车六进四　将 5 平 4

④ 马九进八　将 4 平 5

⑤ 炮九进七（红胜）

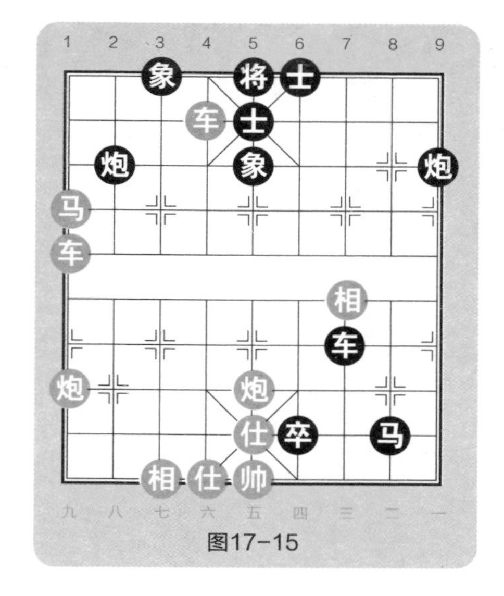
图17-15

如图 17-16，红方先行。

① 炮七进二　象 1 退 3

② 车三进一　车 9 平 7

③ 马八进七　将 5 平 6

④ 马一进三　车 7 进 2

⑤ 炮五平四（红胜）

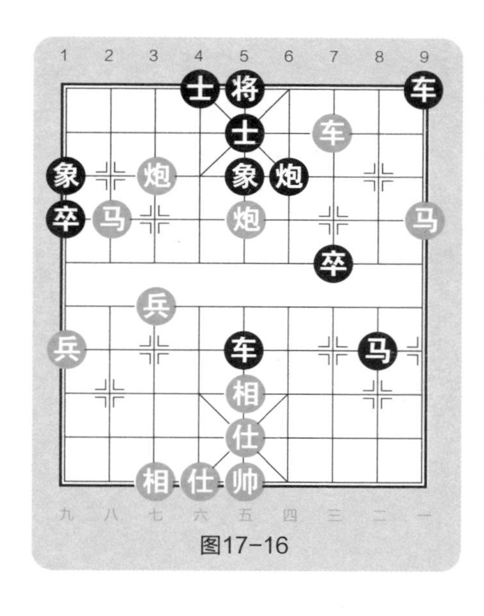
图17-16

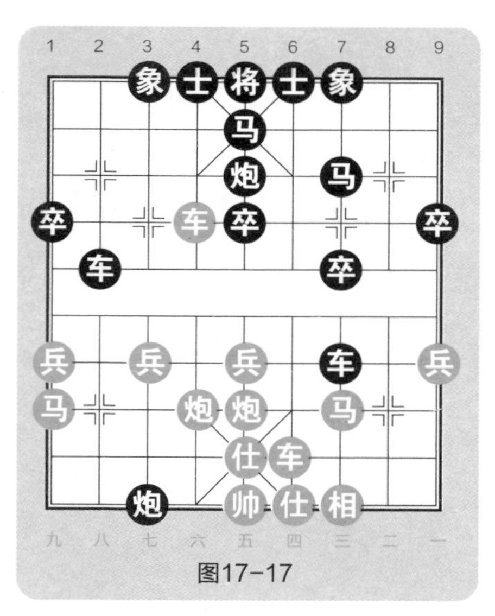
图17-17

如图 17-17，红方先行。

① 炮五进四　马 7 进 5

黑方如改走它着，红方有帅五平六准备铁门栓杀的手段。

②车四进八　将5平6　　③车六进三　将6进1

④炮六进六　将6进1　　⑤车六平四（红胜）

如图17-18，红方先行。

①车八进六　将4进1　　②马六进七　马1退3

③车八退一　将4退1　　④马七进五　马3退5

⑤车八进一　将4进1　　⑥马五退七（红胜）

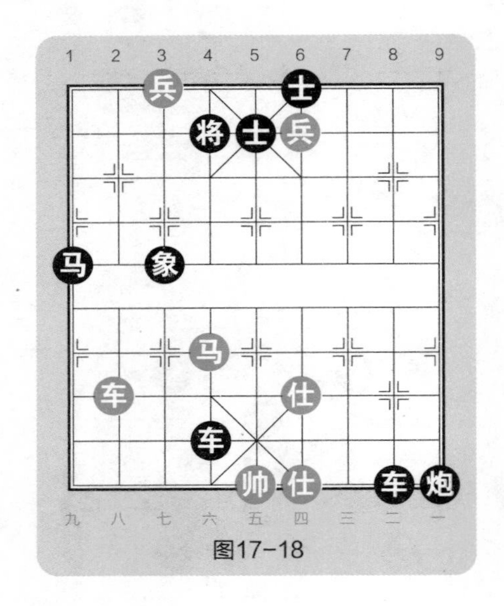

图17-18

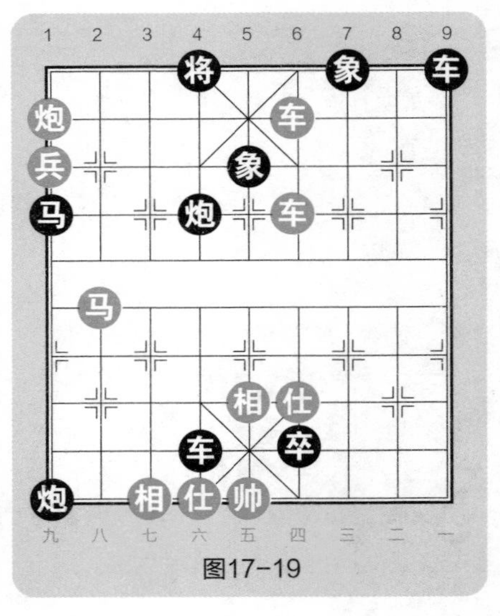

图17-19

如图17-19，红方先行。

①前车进一　将4进1　　②马八进七　马1退3

③后车进二　将4进1　　④前车平六　马3退4

⑤车四平六　炮4退2　　⑥马七退五（红胜）

如图17-20，红方先行。

①炮二进一　士6退5　　②炮五进三　士5进6

③炮五进二　士6退5　　④马四进五　士5进6

⑤马五退六　士6退5　　⑥马六进八（红胜）

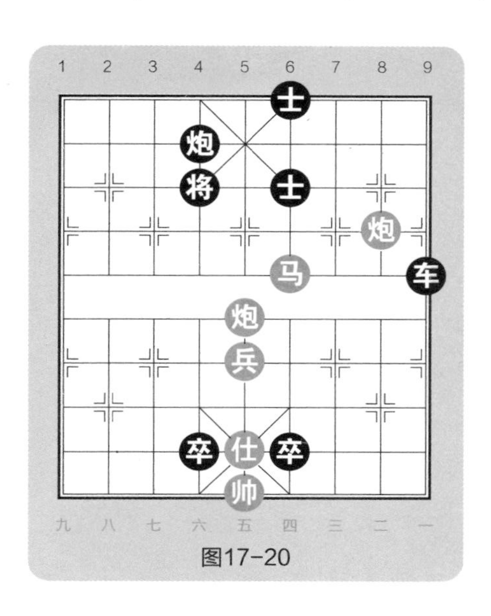
图17-20

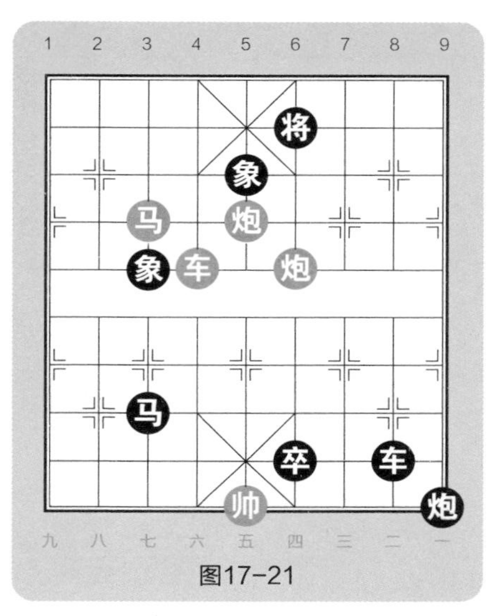
图17-21

如图 17-21，红方先行。

①车六进三　将6退1　　②车六进一　将6进1

③车六平四　将6退1

④马七进六　将6进1

⑤马六退四　将6进1

⑥炮五平四（红胜）

如图 17-22，红方先行。

①车七进一　将4进1

②马三进四　马6退5

③车七退一　将4退1

④马四退五　士4退5

⑤车四平六　车4退1

⑥炮四进八（红胜）

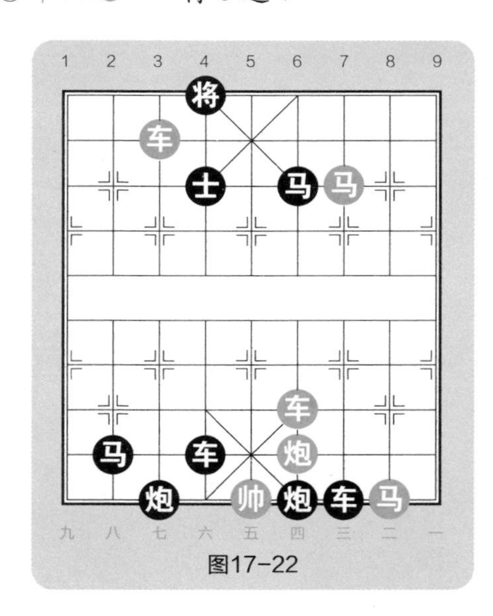
图17-22

第18课 双将

走出一步棋后，使己方有两个子同时对对方将（帅）形成将军，对方无法同时解除两个威胁而被将死，称为双将杀法。

【要点】

1. 车、炮、兵可形成同一个方向的双将。
2. 车、马、炮、兵的多兵种配合，可形成不同方向的双将。

【难点】

不同方向的双将，关键在于马的运用。

【例局1】同一方向的双将

如图18-1，红方先行。

① 车八平五　将6平5
② 车六进四　将5退1
③ 炮九进一　士4进5
④ 车六进一

至此，红方形成在同一方向上的双将杀。

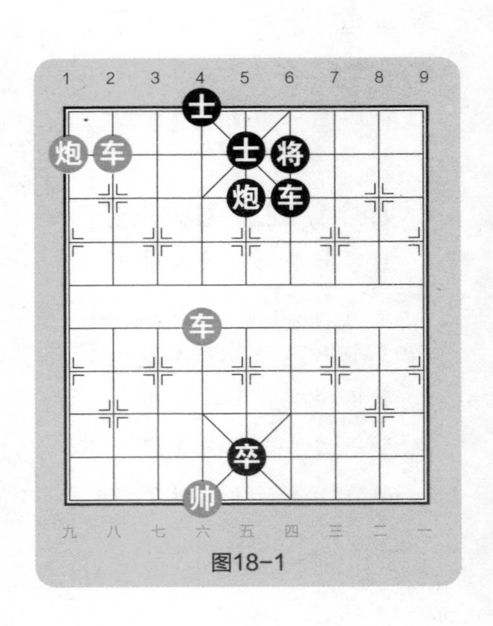

图18-1

【例局 2】不同方向的双将

如图 18-2，红方先行。

① 马六进四　将 5 平 6

② 炮九平四　车 9 平 6

③ 车六进五　士 5 退 4

④ 马四进六

至此，红方形成在不同方向上的双将杀。

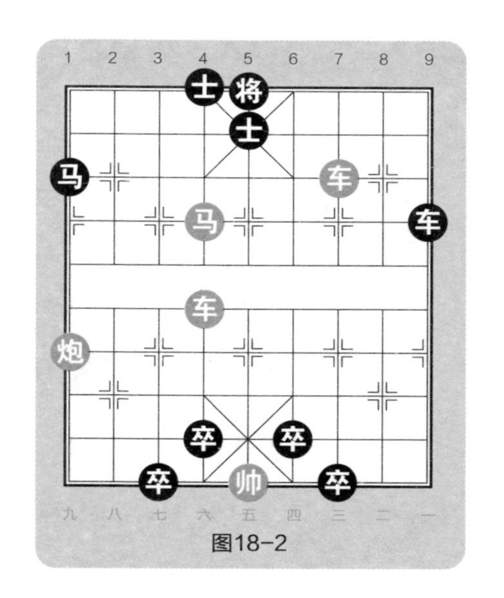

图18-2

练习题

如图 18-3，红方先行。

① 炮二进四　象 7 进 5　　② 车三进三　士 5 退 6

③ 车六平五　士 6 退 5　　④ 车三平四（红胜）

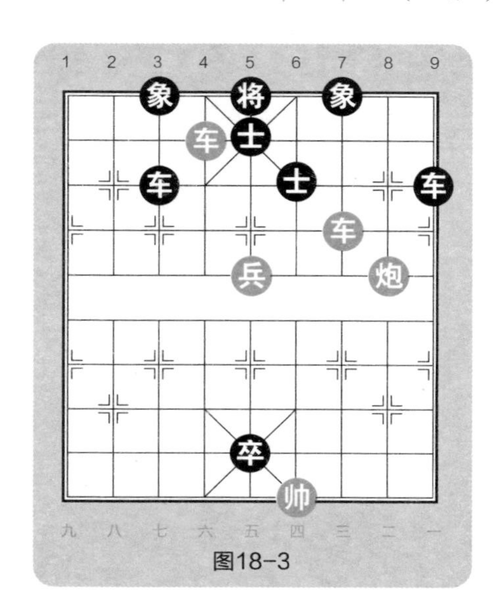

图18-3

如图 18-4，红方先行。

①车一平六　将 4 平 5　　②马八进六　将 5 平 4

③兵七进一　象 5 退 3　　④马六进八（红胜）

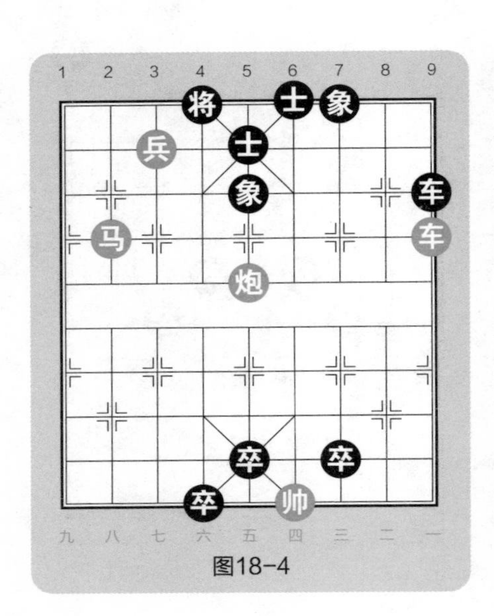

图18-4

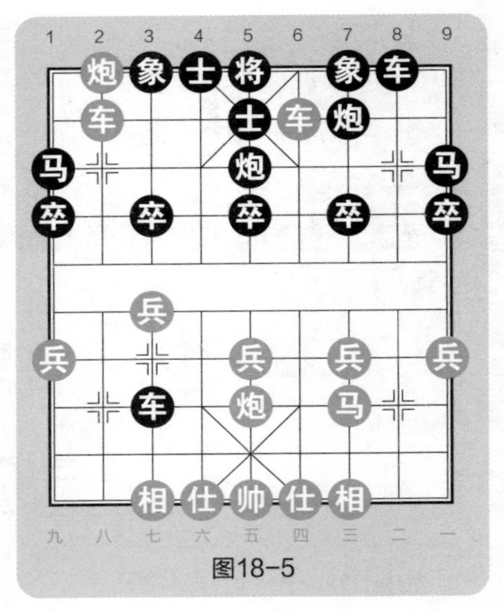

图18-5

如图 18-5，红方先行。

①车四平五　将 5 平 6

②车五平四　将 6 平 5

③炮五进四　炮 5 平 3

④车八平五（红胜）

如图 18-6，红方先行。

①车三进一　车 8 平 7

②马五进三　车 2 平 8

③炮一进二　车 8 退 8

④马三退四（红胜）

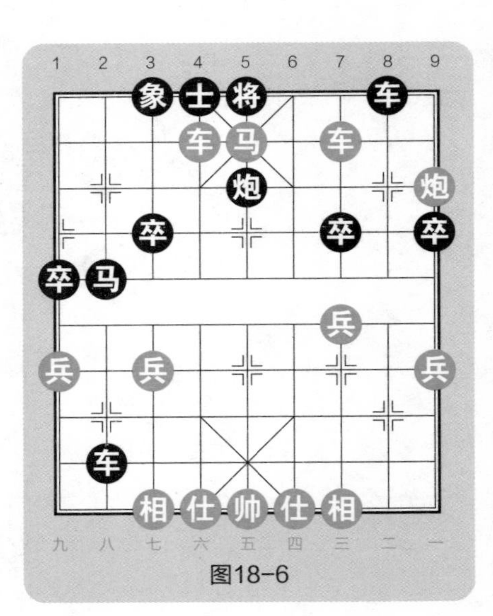

图18-6

如图 18-7，红方先行。

① 车五退二　象 3 进 5　② 马八退六　士 4 进 5

③ 炮九进五　象 5 进 3　④ 马六退八　象 3 退 5

⑤ 马八退六（红胜）

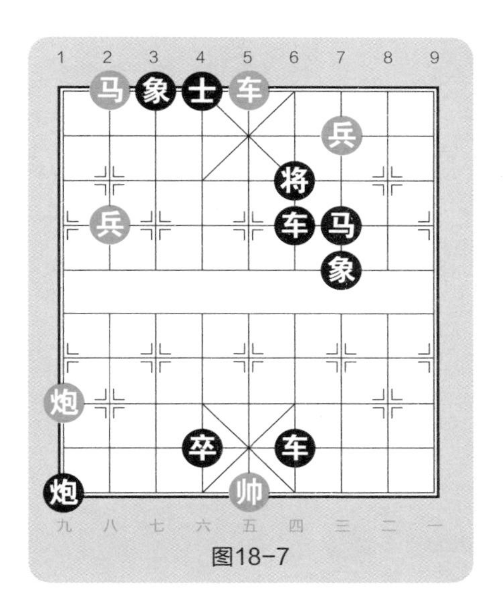

图18-7

图18-8

如图 18-8，红方先行。

① 马八进六　象 3 进 5

② 炮一平四　士 6 退 5

③ 车二平四　将 6 进 1

④ 兵五进一　将 6 退 1

⑤ 兵五平四（红胜）

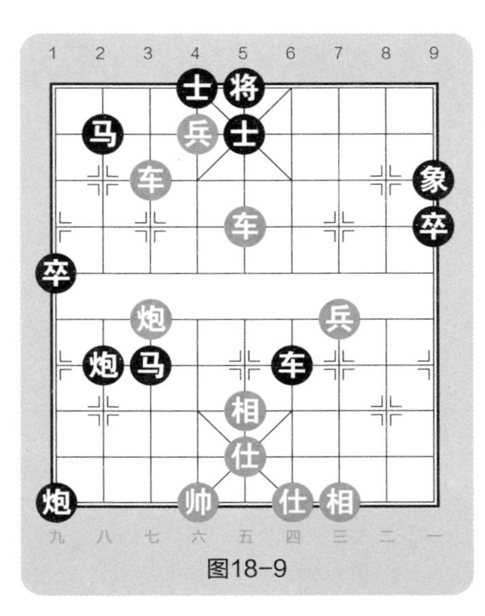

图18-9

如图 18-9，红方先行。

① 车五进二　将 5 平 6

黑方如改走士 4 进 5，则车七进二，马 2 退 4，车七平六，士 5 退 4，炮七进五，士 4 进 5，兵六进一，双将杀。

②车七平四　车6退4　　③车五进一　将6平5

④炮七进五　士4进5　　⑤兵六进一（红胜）

如图18–10，红方先行。

①车六进五　士5进4　　②炮一平六　士4退5

③马七进六　士5进4　　④车三平六　将4进1

⑤马六进七（红胜）

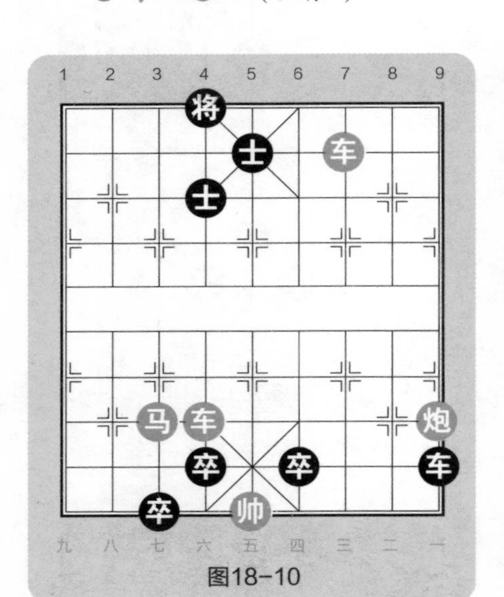

图18–10

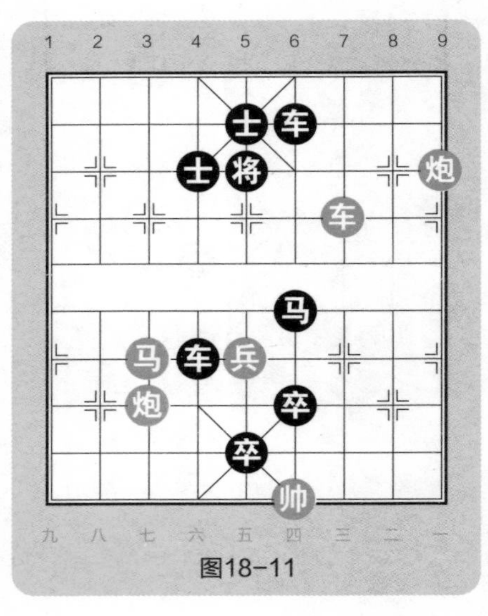

图18–11

如图18–11，红方先行。

①马七进六　马6退4　　②车三平五　将5平6

③车五平四　将6平5　　④炮七平五　卒6平5

⑤车四进一（红胜）

如图18–12，红方先行。

①车六进三　士5进4　　②马八进六　将5平4

③炮五平六　马3进4　　④马六进四　将4平5

⑤马四进六（红胜）

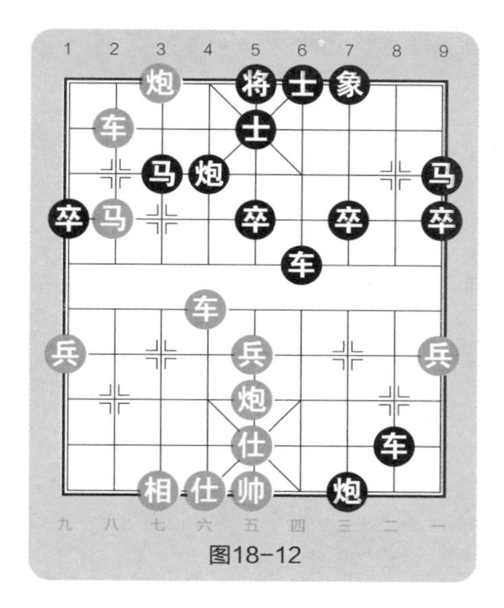

图18-12

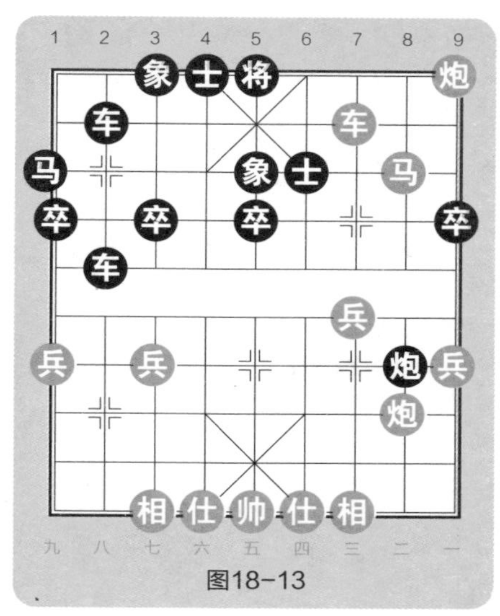

图18-13

如图 18-13，红方先行。

①马二进三　炮 8 退 6　　②车三平五　将 5 平 6

黑方如改走士 6 退 5，则马三退四，红胜。

③炮二平四　前车平 6

④马三退四　炮 8 进 2

⑤马四进三（红胜）

如图 18-14，红方先行。

①马三进五　士 6 进 5

黑方如改走车 7 进 1，则炮二平五，黑方同样无法抵抗。

②炮二平五　士 5 进 6

③马五进四　将 5 平 6

④炮九平四　车 7 平 6

⑤马四进二（红胜）

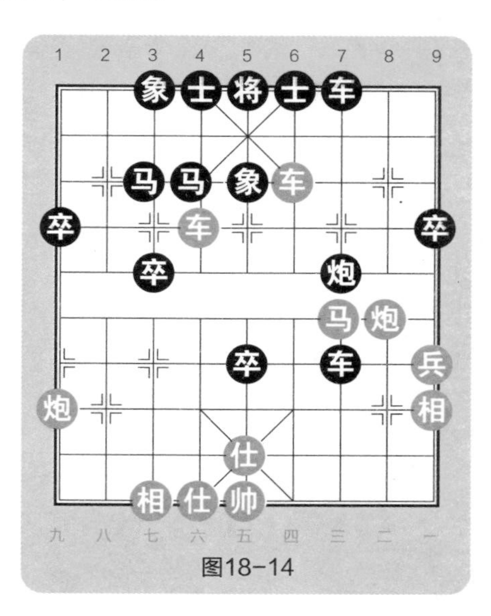

图18-14

如图 18–15，红方先行。

①马六进五　士 6 进 5　　②车六平三　将 5 平 6

黑方如改走车 5 退 1，则车三进五，士 5 退 6，车三平四，红胜。

③车三平四　车 8 平 6　　④车四进三　将 6 平 5

⑤马五进七（红胜）

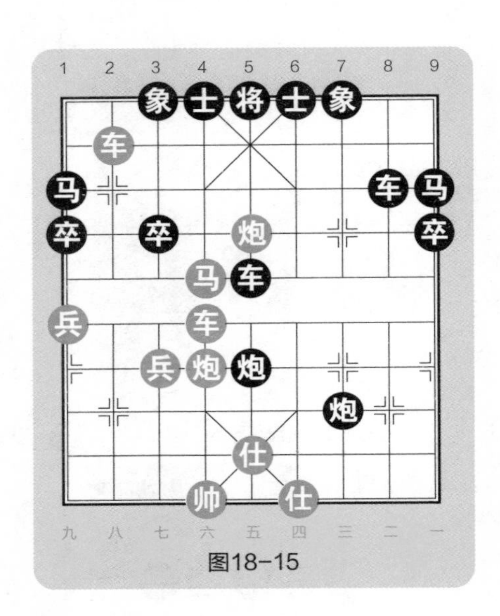
图18–15

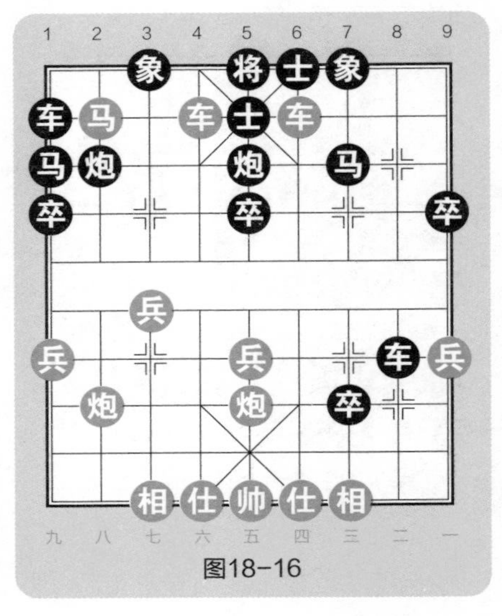
图18–16

如图 18–16，红方先行。

①车六进一　士 5 退 4

②马八退六　车 1 平 4

③车四平六　炮 5 进 4

黑方如改走士 6 进 5，则车六进一，将 5 平 4，炮八平六，红胜。

④炮五平六　士 6 进 5

⑤车六进一（红胜）

如图 18–17，红方先行。

①马二进三　将 5 平 6

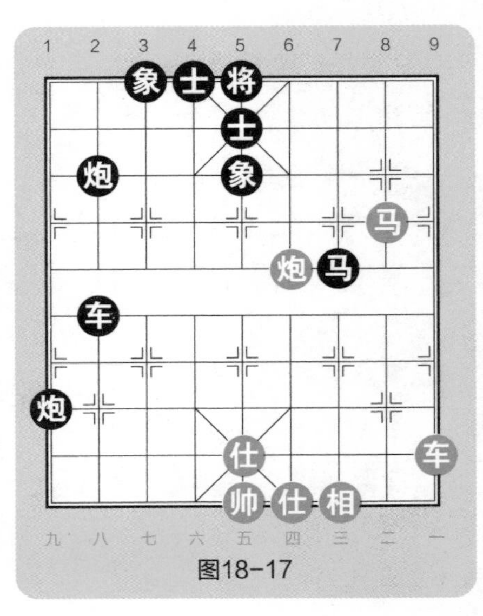
图18–17

②马三退四　士5进6　　③车一进八　象5退7

④车一平三　将6进1　　⑤车三平五

红方下一着再走马四进二，即可形成双将杀。

如图18-18，红方先行。

①炮五进四　将5平6　　②马八进六　炮6退1

③马六进五　炮6平4　　④车三平四　将6平5

⑤车四退一

至此，红方下一着再走马五进三，即可形成双将杀。

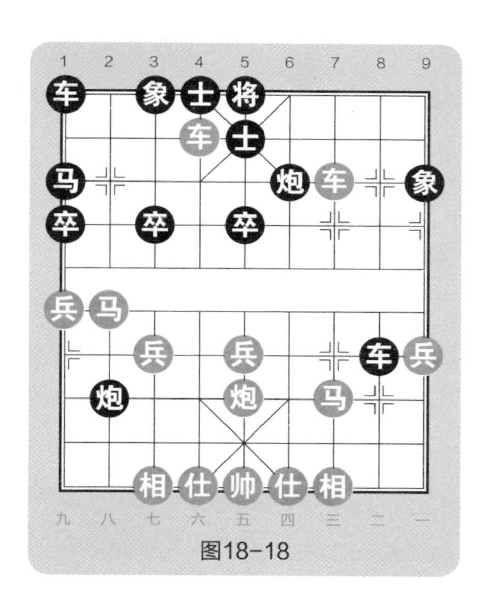

图18-18

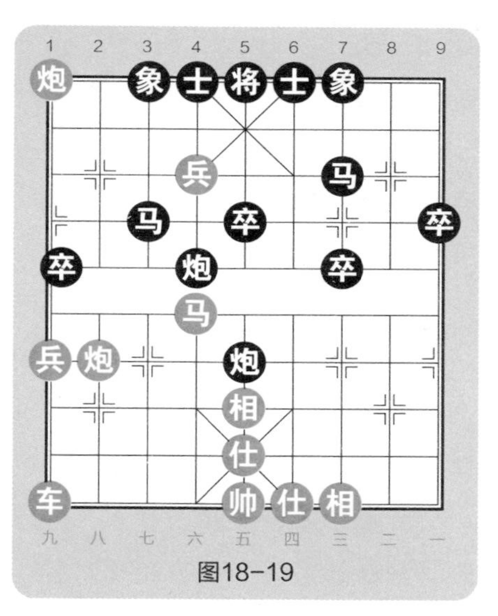

图18-19

如图18-19，红方先行。

①车九平七　马3进4　　②车七进九　马4进2

③车七退六　士4进5　　④兵六进一　炮4平3

⑤车七平八

红方接下来伏车八进六，士5退4，车八平六的手段，黑方无解。

如图 18-20，红方先行。

① 炮九进八　象 3 进 1　　② 兵六进一　将 5 平 4

③ 车四平六　士 5 进 4　　④ 炮二平六　士 4 退 5

⑤ 马四进六　车 7 平 4　　⑥ 马六进七（红胜）

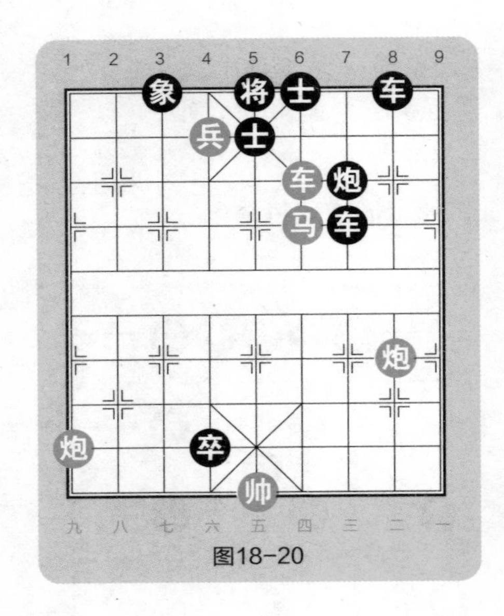

图18-20

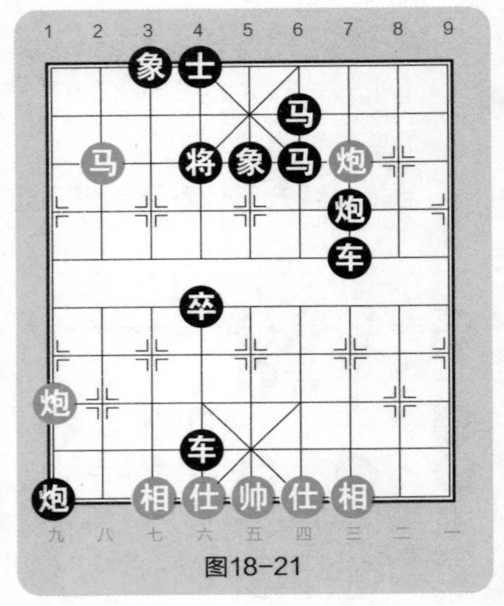

图18-21

如图 18-21，红方先行。

① 马八进七　将 4 退 1　　② 马七退八　将 4 平 5

③ 炮三进一　将 5 退 1　　④ 炮九进七　士 4 进 5

⑤ 马八进七　士 5 退 4　　⑥ 马七退六（红胜）